書髓樓藏書目

徐世昌　撰

國家圖書館出版社

圖書在版編目(CIP)數據

書髓樓藏書目 / 徐世昌撰.-- 北京:國家圖書館出版社,2017.8

ISBN 978 -7 -5013 -5936 -3

Ⅰ.①書…　Ⅱ.①徐…　Ⅲ.①私人藏書—圖書目録—中國—現代　Ⅳ.①Z842.7

中國版本圖書館 CIP 數據核字(2016)第 210871 號

書　　名　書髓樓藏書目
著　　者　徐世昌　撰
責任編輯　張慧霞　陳　卓
封面設計　九雅工作室

出　　版　國家圖書館出版社(100034　北京市西城區文津街 7 號)
(原書目文獻出版社　北京圖書館出版社)
發　　行　010—66114536　66126153　66151313　66175620
66121706(傳真)　66126156(門市部)
E - mail　nlcpress@ nlc. cn(郵購)
Website　www. nlcpress. com→投稿中心
經　　銷　新華書店
印　　裝　北京華藝齋古籍印務有限公司
版　　次　2017 年 8 月第 1 版　2017 年 8 月第 1 次印刷

開　　本　787 × 1092(毫米)　1/16
印　　張　48.25

書　　號　ISBN 978 -7 -5013 -5936 -3
定　　價　320.00 圓

出版説明

《書髓樓藏書目》八卷，徐世昌撰，民國二十四年（1935）鉛印本。四册。

徐世昌（1855—1939），字卜五，號菊人，又號弢齋，晚號水竹邨人，直隸天津（今天津市）人。清光緒十二年（1886）進士，入翰林院編修。庚子（1900）之夏，列强入侵，徐世昌入袁世凱幕，後官至軍機大臣、東三省總督、郵傳部尚書。民國初曾隱退，後袁世凱請其出山，出任國務卿。民國七年（1918）由安福學會選爲北洋政府第五任總統，成爲北洋政府五任總統中唯一一位文人出身的總統。民國十一年（1922）下野，從此寓居天津，以詩文、書畫爲樂，熱衷於編刻書集，以著述終老。

徐世昌與書有不解之緣，『半日讀書半日静坐之齋』是其自題齋名。他不僅愛讀書，而且好藏書，愛印書。徐世昌藏書頗豐，遇有好書必心嚮往之，並設法搜羅。清朝末年，建『書髓樓』以藏之，所藏古籍有明清刊本、稿本、殿本、鉛印本，其主要爲清人詩文集，專録清人别集書目約兩千七百種。徐世昌豐厚的藏書爲日後編寫《晚晴簃詩彙》《清儒學案》《書髓樓藏書目》等著作打下了堅實的基礎，爲中國傳統文化和典籍的傳承做出了可貴的貢獻。

《書髓樓藏書目》八卷，此目『所載上賅經史，旁逮雜家，參列方書，别羅集部』。以經、史、子、集四部法分類，著録有經部四百部、史部一千部、子部八百部、集部五千部，共計七千餘部書籍，數量頗爲可觀。書前有郭則澐《書髓樓藏書目序》，所録各書標注書名、卷數、撰者、版本等項。此書目反映了徐世昌先生的藏書狀況，爲研究其生平與學術狀況提供了重要依據。

書髓樓藏書的下落，據李新乾《藏書家刻書家陶湘與修綆堂書店》一文記載，徐氏家屬將編纂《清儒學案》時所購底本捐贈給了國家，並藏於中國科學院圖書館。

宋文娟

二〇一七年六月

目録

徐世昌 撰

書髓樓藏書目

一九三五年印本

乙亥冬印

書髓樓藏書目

水竹邨人

書髓樓藏書目序

書目之著尚矣遠則館標脈望齋署汗芸西亭之稱池北冠三王之列降而平津三編廉石兩卷棟亭精校繡谷濃熏聚瑤籤於顧海四庫失收序珍籍於徐樓千文代紀卽至醉心清綺翩翩給諫之孫縱目瀨源嶽嶽侍郎之里大率廣蒐藝圃徧挹文江集金題錦躞之華極紫字丹書之賞然而瑑函選秘等搜逸於酉陽綈槧儲奇罕殫勤於戊夜是何異卣彝之求古珧璲之夸時也哉若迺肩中外之重手不釋編躬顯晦之遺東惟笠簃取供孟晉奚必士禮精鐫積共居諸漸及太龢博擥合韋組而綴緝呈蜜酪於辛甕則惟我

弢齋師有之焉溯自蘭臺早戢近依藜火之輝槐市冷攤閒問麻沙之價每鎮瓜而戰誦或拾葉而借鈔美除千石不換書㢊蕭寺一椽卽爲秘閣迨於投袂戎旃珥毫政幄雖疲符牒猶狎丹鉛補北堂之闕帙訪自安仁斠東序之紕文議從惠蔚以啟經綸蓋繇稽古固知軒衮須出讀書是以百家斟酌資潤色於黃圖五典皋牢愜游心於玄圃繇斯景其文教重譯被其儒風比夏訂十朝學案而高絜金繩選一代風謠而平量玉尺編摩旣久藏庋益繁爰輯爲書髓樓書目而命則澐序之竊維書目所載上賅經史旁逮雜家衆列友書別羅集部宋明餘馥偶採璆琳殿局近栞亦收縑簡是爲講帷

所肄匪矜揷架之娱龍符旣韲青鐙之味詎抛鴻寶必闚石室之儲不負又食學承顏李重梓遺編友篤賀劉敦求佚草萃蓬嶠之眞經琳瑯雲笈繙棠湖之賸譜縹緲靈墳斯出手刊附於目外延明籤帙乏其詳覈安陸圖史遜此精婷矣今者六籍湮淪久謎東閣九流騰沸兼咲溺冠王庫曹倉之燬委擲徦瀛孔堂汲冢之遺欷歔殘刼獨吾師以維嵩之望爲學澥所宗掇拾墜文導揚群雅坐擁百城有茂先所未讀扶衰百代微昌黎其孰翿是編軼秘錄於西齋振英光於東壁赤水殫求珠之力琁山綠積玉以成猥以及門獲容寓目問奇有日會乞一鴟而來塈氣如虹定爲嬰龍所守筆而述之

有餘幸焉門下士郭則澐謹識時乙亥重九

書髓樓藏書目卷一

水竹邨人

經部

易類

周易正義九卷附音義一卷 唐孔穎達疏 通行本

易說六卷 宋司馬光撰 聚珍版

易說六卷 宋司馬光撰 王朗梧校本

誠齋易傳二十卷 宋楊萬里撰 湖北局本

誠齋易傳二十卷 宋楊萬里撰 忠節堂本

誠齋易傳二十卷 宋楊萬里撰 忠節堂本

誠齋易傳二十卷 宋楊萬里撰 義聞堂本

周易雜論精義一卷 宋呂祖謙撰 寫本案古逸叢書本作繫辭精義二卷

周易傳義大全二十四卷 明胡廣等奉敕撰 朝鮮大字本

易憲四卷 明沈泓撰

周易折中二十二卷 聖祖御纂 殿本

周易折中二十二卷 聖祖御纂 殿本

周易詳法三卷 不著撰人名氏 稿本

易經傳義合闡十二卷 陳瑚撰 理學社刊本

易圖明辨十卷 胡渭撰 耆學齋本

周易數理分解八卷 謝維嶽撰 通行本

周易傳注七卷附一卷 李塨撰 博陵養正堂本

易漢學四卷 惠棟注

易確二十一卷 許桂林撰 道光十一年刊本

易經詮義十四卷 汪烜撰

周易函書約存十五卷約注十八卷別集十六卷卜法詳考

四卷 胡煦撰

周易洗心十卷 任啓運撰 龔芳軒本

易簡錄四卷 不著纂人名氏 道光刊本

周易舊注十二卷 徐鼒撰 光緒丙戌日本刊本

周易通義十六卷 蔣忠楨撰 洽城山館刊本

易經遵朱五卷　吳光默撰　稿本

槎溪易學三卷　陳鼒撰　保定蓮池刊本

易經太義三卷　鄒嵋撰

易經全解六卷　藍煦撰

易翼述信十二卷　王又樸

周易古本摘十二卷　姜國伊撰

易理三種一卷　孫霽颿撰

知非齋易注易釋六卷　陳懋侯撰

周易象義集成三卷　陳洪冠撰　羣玉書局本

周易時義上經六卷下經無卷數附詩一卷　日本長井江衍撰

書類

尚書正義二十卷 舊題漢孔安國傳唐孔穎達疏 宋本

尚書正義二十卷 舊題漢孔安國傳唐孔穎達疏 日本足利影宋本

尚書表注二卷 宋金履祥撰 金華文粹本

書疑九卷 宋王柏撰 通志堂本

尚書旁通十卷尚書通考十卷 旁通元陳師凱撰通考元黄鎮成撰 按四庫書目尚書旁通六卷

書經便蒙詳節二卷 薛明益批 按薛明益未詳何時人書似明刊本

書傳大全十卷 明胡廣等奉敕撰 朝鮮大字本

禹貢合注五卷圖一卷 明夏允彝撰

書經傳説彙纂二十一卷 康熙六十年王頊齡等奉敕撰 殿本

古文尚書疏證八卷朱子古文書疑一卷 閻若璩撰 眷西堂本

古文尚書疏證八卷朱子古文書疑一卷 閻若璩撰 振綺堂補刊本

禹貢錐指二十卷圖一卷 胡渭撰 漱六軒刊本

尚書約指四卷 任啓運 任氏家刻本 按清史稿作約注

古文尚書正辭三十三卷 吳光耀撰

尚書通義二卷 邵懿辰撰 辛未年邵氏刊本

寫定尚書三卷 吳汝綸撰 石印本

尚書古文辨惑二十二卷 張諧之撰

尚書大傳四卷考異一卷補遺一卷 盧文弨撰

書古微十卷 魏源撰 按清史稿作十二卷

詩類

毛詩傳箋二十卷 漢毛亨傳鄭玄箋 仿殿本

毛詩傳箋二十卷 漢毛亨傳鄭玄箋 丁維祺校本

毛詩傳箋二十卷附音義二卷 漢毛亨傳鄭玄箋 木瀆周氏校刊本

毛詩傳箋二十卷 漢毛亨傳鄭玄箋 局本

毛詩注疏三十卷附詩譜一卷 鄭玄注孔穎達疏 淮南局本

韓詩故二卷 漢韓嬰撰沈瑞清輯

詩集傳名物鈔八卷 元許謙撰 胡鳳丹校刊本

鍾批詩經四卷 明鍾惺批 原刊本

讀風臆說十五卷 明戴君恩撰陳繼揆補輯 按四庫全書說作評

詩經傳說彙纂二十卷序說二卷 康熙六十年王鴻緒奉敕撰

詩義折中二十卷 乾隆二十年傅恒等奉敕撰

詩本音十卷 顧炎武撰 顧氏音學五書本

詩毛氏傳疏三十卷附釋毛詩音四卷毛詩說一卷傳義類一卷鄭氏箋考徵一卷 陳奐撰 掃葉山莊陳氏刊本

詩毛氏傳疏三十卷附四種七卷 陳奐撰 掃葉山房本

毛詩異義四卷附詩譜一卷 汪龍撰 歙縣鮑氏刊本

毛詩異義四卷附詩譜一卷 汪龍撰 蘭和松靜軒本

詩經名物集覽十二卷 陳大章撰

詩經通論十八卷 姚際恆撰 成都書局本

毛詩古音考五卷屈宋古音義三卷 明陳第撰 崇本山堂本

詩聲類十二卷附分例一卷 孔廣森撰

詩小學三十卷 吳樹聲撰 同治刊本

詩考補二卷詩疑義釋二卷 胡文英撰

詩古微二卷 魏源撰 原刊本

詩經補箋二十卷 王闓運撰

詩經思無邪序傳四卷 姜國伊撰

毛詩學三十卷 馮其昶撰 馬氏排印本

毛詩學三十卷 馮其昶撰 馬氏排印本

毛詩會箋二十卷 日本竹添光鴻撰 日本原印本

附錄

韓詩外傳十卷 漢韓嬰撰 野竹齋校本

韓詩外傳十卷 漢韓嬰撰 湖北局本

周禮類

周禮十二卷 漢鄭玄注 湖北局本

禮經會元四卷 宋葉時撰

古周禮六卷 元明陳仁錫注

禮說十四卷 惠士奇撰 紅豆齋本

周禮集傳六卷 李文炤撰 四爲堂本

周官精義十二卷 連斗山撰

儀禮類

儀禮鄭注十七卷校錄一卷 漢鄭玄注 黃丕烈校 湖北局本

儀禮鄭氏注十七卷校錄一卷 黃氏校 湖北局本

儀禮鄭注句讀十七卷 張爾岐撰 湖北局本

儀禮鄭注句讀十七卷 張爾岐撰 湖北局本

儀禮正義四十卷 胡培翬撰 楊大堉補 蘇州局本

儀禮石經校勘記四卷 阮元撰 七錄書閣本

儀禮釋官九卷 胡匡衷撰 重刊本

儀禮圖六卷 張惠言撰 湖北局本

儀禮圖六卷 張惠言撰 湖北局本

禮經校釋二十三卷 曹元弼撰 光緒刊本

古經服緯三卷 雷鐏撰

冕服考四卷 焦廷琥撰

禮記類

禮記鄭注二十卷考異二卷釋文二卷 漢鄭玄注陸德明音義張敦仁考異 嘉慶張氏仿宋本

禮記義疏八十二卷 乾隆十三年奉敕撰

禮記章句四十九卷 王夫之撰 船山遺書本

大戴禮記補注十三卷 孔廣森撰 孔氏原刊本

夏小正經傳攷釋十卷 莊述祖撰

禮記章句十卷　任啓運撰　誦蔭堂重刊

禮記省度四卷　彭頤撰

禮記大全三卷　胡瑤光撰

深衣釋例三卷釋繒一卷　任大椿撰

夏小正一卷　漢戴德撰　宋金履祥注　清張爾岐輯　黄叔琳訂

禮記授讀十一卷　熊松之撰　石印未成書之原稿

夏小正本義四卷經傳考二卷　雷學淇撰

通禮類

儀禮經傳通解四十二卷　宋朱熹撰

三禮通釋二百八十卷　林昌彝撰　廣州刊本

五禮通考二百六十二卷　秦蕙田撰

附讀禮通考一百二十卷　徐乾學撰　江蘇局本

讀禮通考一百二十卷　徐乾學撰　江蘇局本

讀禮志疑一卷　陸隴其撰

禮箋三卷　金榜撰

樂類

恭簡公志樂二十卷　明韓邦奇撰　嘉慶刊本　按四庫作苑洛志樂

春秋類

春秋經傳集解三十卷附春秋名號歸一圖二卷　晉杜預集解　唐陸德明音義　原題宋淳熙小字本

春秋釋例十五卷 晉杜預撰 掃葉山房本

春秋經解十五卷 宋孫覺撰 通志堂本

春秋屬詞十五卷 元趙汸撰 通志堂本

春秋金鎖匙一卷 元趙汸撰 紅閣書屋本

春秋參同四十三卷 明王宸撰

春秋左傳屬事十卷 明傅遜撰

春秋左傳測義七十卷 明凌稚隆撰

春秋左傳三十卷 晉杜預注 陸德明音義 姚培謙補 注 洪都溉經堂本

春秋左傳三十卷 晉杜預注 陸德明音義 姚培謙補 注 江南寫本

公羊穀梁傳評十二卷 王源撰 詒芳齋本

春秋大事表五十卷　顧棟高撰　萬卷樓本

春秋世族源流圖考六卷　陳厚耀撰　常茂徠增訂　怡古堂刊本

春秋測義三十五卷　程汝詢撰

春秋傳義十二卷　姜國伊撰

劉炫規杜持平五卷　邵英撰

左傳事緯十二卷　馬驌撰　吳縣潘氏刊本

春秋義十五卷　孫嘉淦撰　原刊本

左通補釋三十二卷　梁履繩撰　振綺堂本

春秋集傳十卷　李文炤撰　四爲堂本

春秋穀梁傳補注二十四卷　鍾文烝撰　鍾氏信美堂本

春秋會要四卷　姚彥渠撰

春秋紀傳五十一卷　李鳳雛撰　光緒年重刊

左傳經世文鈔二十三卷　魏禧評

春秋三子傳六卷　毛士撰　深澤王氏刊本

春秋諸家解十二卷　毛士撰　深澤王氏刊本

春秋經傳敬繹六卷　曹珍貴撰

春秋詩話四卷　勞孝輿撰　嶺南叢書本

春秋書法比義十二卷　劉曾璇撰

春秋筆削大義微言考十一卷　康有為撰

附錄

春秋繁露十七卷　明孫鑛評　守醇堂刊本

四書類

孟子趙氏注十四卷　漢趙岐注　涵芬樓仿宋大字本

孟子趙氏注十四卷　漢趙岐注　涵芬樓仿宋大字本

論語集解義疏十卷　魏何晏梁皇侃撰

四書章句集注十九卷　宋朱熹撰　嘉慶璜川吳氏本

四書章句集注十九卷　宋朱熹撰

四書集編二十九卷　宋真德秀撰

南軒論語解十卷孟子說七卷　宋張栻撰　通志堂經解本

孟子集疏十四卷　宋蔡模撰　通志堂經解本

四書辨疑十五卷 不著撰人名氏 通志堂經解本

大學集說啓蒙一卷中庸集說啓蒙一卷 元景星撰 通志堂經解本

四書通二十六卷 元胡炳文撰

四書通證六卷 元張存中撰

中庸大全二卷 明御纂 明刊本

四書蒙引十五卷 明蔡清撰 明嘉靖重訂本

四書近語六卷 明孫應鼇撰

四書說約三十三卷 明陸繼善撰

四書人物備考十二卷 明陳仁錫撰

四書摭餘錄七卷 曹之升撰 嘉慶刊本

二曲先生四書反身錄六卷續錄一卷　李顒撰　王心敬錄　康熙刊本

松陽講義十二卷松陽鈔存二卷　陸隴其撰

四書大全四十卷　陸隴其重訂　嘉會堂本

大學中庸論語傳注四卷傳注問一卷　李塨撰　陸軍部編輯局印

四書釋地六卷　閻若璩撰　眷西堂本

四書釋地三卷　閻若璩撰

論語漢注十卷　孫馮翼撰　原刊本

四書翼注論文三十八卷　張甄陶撰

四書異同商六卷　黃鶴撰

孟子文評一卷　趙承謨撰

鄉黨圖考十卷 江永撰 元茂堂刊本

四書典故辨正二十卷 周炳中撰

成均課講大學中庸二卷 崔紀撰

四書溫故錄十卷 趙佑撰

四書經史摘證七卷 宋繼穜撰

四書述朱決全四十卷 周撰 雲□中居本

孟子評四卷 王源撰 四存學會印本

四書約旨十九卷 任啓運撰 光緒刊本

論語古訓十卷 陳鱣撰 陳氏原刊本

四書經注集證十九卷 吳昌宗撰

補輯朱子大學中庸講義二卷 何桂珍撰

論語孟子參注二十一卷 崔暕撰 武陵尚古書局本

論語經正錄二十卷附小泉先生年譜一卷 王用誥撰 王氏家刻本

論語經正錄二十卷附小泉先生年譜一卷 王用誥撰 王氏家刻本

論語經正錄二十卷附小泉先生年譜一卷 王用誥撰 王氏家刻本

論語注二十卷 康有爲撰

孝經類

孝經大全二十八卷 明呂維祺撰

孝經正解一卷 徐大紳撰

爾雅類

爾雅注三卷 晉郭璞注 明嘉靖東海吳氏校刊本

爾雅注三卷 晉郭璞注 顧氏思適齋刊本

爾雅注三卷 嘉慶刊本

爾雅注疏十一卷 晉郭璞注 宋邢昺疏 日本刊本

爾雅注疏十一卷 晉郭璞注 宋邢昺疏

爾雅圖四卷 晉郭璞注 宋人繪圖 曾燠刊本

爾雅圖四卷 晉郭璞注 宋人繪圖 藝學軒仿曾氏本

爾雅正義二十卷 邵晉涵撰 文炳齋刊本

爾雅義疏二十卷 郝懿行撰 同治四年董刊本

爾雅義疏二十卷 郝懿行撰 同治四年重刊本

爾雅蒙求一卷 趙泰封撰

郭氏爾雅訂經二十五卷 王樹枏撰

諸經總義類

鄭志二卷 魏鄭小同編撰 王復武億輯本

經典釋文三十卷附考證 唐陸德明撰 清盧文弨考證 湖北局本

經典釋文三十卷附考證 唐陸德明撰 清盧文弨考證 湖北局本

經典釋文三十卷附考證 唐陸德明撰 清盧文弨考證 粤東局本

經典釋文三十卷 奧秀山文瀾閣本

七經小傳三卷 宋劉敞撰 通志堂本

六經正誤六卷 宋毛居正撰 通志堂本

六經奥論六卷 宋鄭樵撰 通志堂本

羣經音辨三卷 宋賈昌朝撰 鐵花館刊本 按四庫本七卷

熊氏經說七卷 元熊朋來撰 通志堂本

古微書三十六卷 明孫瑴輯 嘉慶刊本

望溪經說八卷 方苞撰 原刊本

九經古義十六卷 惠棟撰 省吾堂本

經義雜記三十卷叙錄一卷 臧琳撰

經傳繹義五十卷 諫烜撰 校字齋刊本

唐石經校文十卷 嚴可均撰 原刊本

古經天象考十二卷附二卷 雷學淇撰

經義述聞三十二卷 王引之撰 阮刊本

易堂問目四卷 吳鼎撰 原刊本

讀經考異八卷偃師金石遺文記二卷 武億撰

萬氏經學五書十八卷 萬斯大撰 辨志堂本

古經解鉤沈三十卷 余蕭客撰 原刊本

孟蜀石經

經句說四卷 吳英撰

諟廬經義五種 蔣紹宗撰

劉氏遺著一卷 劉禧延撰

周易點勘一卷禮記點勘一卷穀梁傳點勘一卷 吳汝綸撰 鉛字印本

羣經生物學衡齊九卷 張長撰 石印本

七經孟子考文補遺一百九十九卷 日本山井鼎撰 物觀補遺 阮氏小瑯環仙館本

小學類

說文解字三十卷 漢許慎撰 宋徐鉉注 朱筠校本

說文解字三十卷 宋徐鉉注 藤花榭本

說文解字三十卷 宋徐鉉注 朱筠校 椒花吟舫

說文解字三十卷附通檢十四卷 宋徐鉉注通檢黎永椿撰 陳氏刊本

說文解字三十卷 宋徐鉉注

說文解字韻譜十二卷 萬曆刊本

說文解字韻譜十卷 宋徐鍇注 吳縣馮桂芬刊本

說文解字三十二卷　段玉裁注　經韻樓本
說文解字三十卷六書音均表五卷　段玉裁注　湖北局本
說文解文十五卷附通釋
說文解字義證五十卷　桂馥撰　同治刊本
說文繫傳校錄三十卷　王筠撰　王氏原刊本
說文古籀證六卷　莊述祖撰
說文字源集注十六卷　蔣和撰　原刊本
說文引經考異十六卷　柳榮宗撰
說文校議十五卷　姚文田嚴可均撰　姚氏刊本
說文校議十五卷　姚文田嚴可均撰　姚氏刊本

說文解字注匡謬八卷 徐承慶撰 咫進齋叢書本

說文正字二卷 王石華撰 原刊本

段氏說文注訂八卷 鈕樹玉撰

說文徐氏新補新附考證一卷 錢大昭撰

說文解字木部箋異一卷 莫友芝撰

說文新附考六卷 鄭珍撰

說文解字羣經正字二十八卷 邵瑛撰

說文分韻易知錄十卷 許巽行撰

說文古籀補十四卷附錄一卷 吳大澂撰 原刊本

說文定聲四十一卷 張長撰 石印本

經籍纂詁一百零六卷附補遺 阮元撰 揚州局本

拾雅二十卷 夏味堂撰 原刊本

萬言肆雅無卷數 屈曾發撰

別雅五卷 吳玉搢撰 原刊本

稗雅四卷 龍彪綸撰 道光時寄南雲齋排印本

倉頡篇校證三卷 梁章鉅撰 文學山房本

戴東原續方言稿二卷 戴震 中央研究院景印

方言十三卷 漢揚雄撰 影宋本

方言箋疏十三卷 錢繹撰

廣雅疏證十卷附博雅音十卷 魏張揖撰 隨曹憲音釋 王念孫疏證

埤雅二十卷 宋陸佃撰 明顧氏本

佩觿三卷 宋郭忠恕撰 仿宋本

字林考異八卷補本一卷附錄一卷 任大椿撰補本陶方琦撰

字林同異通考二卷 湯容煟輯 滋德堂刊

漢隸字源五卷 宋洪适撰 按四庫有宋婁機漢隸字源六卷川東官舍刊本

隸韻十卷碑目考一卷 宋劉球撰 考證二卷 翁方綱撰 秦刊本

六書故三十三卷 元戴侗撰 乾隆師竹齋刊本

六書賦音義二十卷 明張士佩撰

康熙字典四十二卷 聖祖御定

六書分類十二卷 傅世垚撰 聽松閣刊本

經韻集字析疑二卷 彭頁儆撰

字學七種二卷 李 撰

六書精蘊二篇二卷

篆書正四卷 戴明說撰 寫本

隸辨八卷 顧靄吉撰

文字蒙求四卷 王筠撰 章氏刊本

繆篆分均五卷補一卷 桂馥撰

六書通十卷 明閔齊伋撰 畢宏述訂

草字彙十二卷 石梁輯 敬義堂刊本

字辨正篆十六卷 易本烺撰

六書十二聲傳十二卷 呂調陽撰 觀象廬叢書本

六書糠粃三卷 沈道寬撰

古籀餘論三卷 孫詒讓撰

十三經集字無卷數 萬蓬山撰

殷虛書契考釋小箋一卷 陳邦懷撰

廣韻五卷 不著撰者名氏 石印本

韻補五卷 宋吳棫撰 精鈔本

五音篇海十五卷五音集韻十五卷 金韓道昭重編 貫珠集一卷 明真空撰

切韻指南一卷 元劉鑑撰 明崇禎刊本

五音集韻十五卷 金韓道昭重編 貫珠集八卷 明真空撰 明正德本

龍龕手鑑四卷　遼僧行均撰　虛竹齋本

龍龕手鑑三卷　遼僧行均撰　影原刊本

韻學集成十三卷　明章黼撰　萬曆刊本

古今韻略五卷　邵長蘅撰　康熙刊本

六書音韻表五卷　段玉裁撰　湖北書局本

音學辨微一卷　江永撰　渭南嚴氏刊本

古音諧八卷　姚文田撰　姚氏原刊本

集韻考正十卷　方成珪撰

詩韻釋音一卷　陳錦撰　蔭橋軒本

音韻逢原四卷　裕恩撰　滿文

韻詁五卷補遺一卷　方濬頤撰

韻岐五卷　江昱撰

韻府鉤沈五卷　雷浚撰

古韻通說二十卷　不著撰者名氏　四川尊經書院本

詞韻諧聲表四卷　陳任中撰

附錄

六藝綱目二卷　元舒天民撰　嘉蔭簃本

諸經彙刻類

十三經注疏四百一十六卷　仿汲古閣本

周易正義十卷　魏王弼晉韓康伯注　唐孔穎達正義

尚書正義二十卷　舊題漢孔安國傳　唐孔穎達正義

毛詩正義七十卷　漢毛亨傳漢玄箋　唐孔穎達正義

周禮注疏四十二卷　漢鄭玄注　唐賈公彥疏

儀禮注疏五十卷　漢鄭玄注　唐賈公彥疏

禮記正義六十三卷　漢鄭玄注　唐孔穎達正義

春秋左傳正義六十卷　晉杜預集解　唐孔穎達正義

春秋公羊傳注疏二十八卷　漢何休解詁　唐徐彥疏

春秋穀梁傳注疏二十卷　晉范寧集解　唐楊士勛疏

孝經注疏九卷　唐元宗御注　宋邢昺疏

論語注疏二十卷　魏何晏集解　宋邢昺疏

孟子注疏十四卷 漢趙岐注 宋孫奭疏

爾雅注疏十卷 晉郭璞注 宋邢昺疏

十三經注疏四百十六卷 廣東局本

十三經注疏四百十六卷附校勘記 阮元校勘 阮元刊本

御纂七經共二百六十九卷 仿殿本

周易折中二十二卷 李光地等奉敕撰

書經傳說彙纂二十一卷卷首二卷 王頊齡等奉敕撰

詩經傳說彙纂二十一卷卷首二卷 王鴻緒等奉敕撰

周官義疏四十八卷卷首一卷 鄂爾泰等奉敕撰

儀禮義疏四十八卷綱領一卷 乾隆敕撰

禮記義疏八十二卷卷首一卷　乾隆敕撰

春秋傳說彙纂三十八卷卷首二卷　王掞等奉敕撰

御纂七經共二百六十九卷　浙江局本

御纂七經共二百六十九卷　湖北局本

皇清經解一千四百卷續八卷　阮元輯，學海堂本，庚申補刊

十三經讀本二十八種　唐文治彙刻

模刻唐開成石壁十二經附五經文字九經字樣孟子七卷

嚴氏唐石經校文十卷　孟子康熙時賈氏補刻本　校文嚴可均撰，函忍堂張氏刊，殊印本

周易九卷略例一卷

尚書十三卷

毛詩二十卷

周禮十一卷

儀禮十七卷

禮記二十卷

春秋左傳三十卷

公羊傳十二卷

穀梁傳十二卷

孝經一卷

論語十卷

爾雅三卷

五經文字三卷

九經字樣一卷

孟子七卷 附

嚴氏唐石經校文十卷 附

書髓樓藏書目卷二

水竹邨人

史部

正史類

史記正義一百三十卷 司馬貞注 附三皇本紀一卷 明震澤王氏刊

史記集解一百三十卷 裴駰集解 吳興劉氏景宋蜀大字本

史記一百三十卷附司馬貞三皇本紀一卷 三家注 古香齋本

史記一百三十卷 三家注 金陵局初印本

史記一百三十卷 三家注 湖北局本

史記彙評一百三十卷 明金千仞

史記彙評一百三十卷 明馮夢禎

史記彙評一百三十卷 明葛鼎輯

史記測議一百三十卷 明徐孚遠陳子龍撰

史記評林一百三十卷 明凌稚隆輯

史記評林一百三十卷 明凌稚隆輯

史記一百三十卷 三家注 明張守約刊本 李申耆錄明歸有光評點

史記一百三十卷 明鍾惺批本

史記志疑三十六卷 梁玉繩撰

史記札記五卷 張文虎撰 金陵局本

史記一百三十卷附諸家點勘二卷 吳汝綸點勘

史記訂補八卷 李笠撰 民國十三年瑞安李氏刊本

漢書一百二十卷後漢書九十卷續漢志三十卷 漢班固 宋范曄 晉司馬彪撰 唐顔師古李賢梁劉昭注

漢書一百二十卷 唐顔師古注 金陵局本

漢書評林九十三卷 明茅坤評

漢書評林一百卷 明凌稚隆輯 萬歷刊本

漢書注校補五十六卷後漢書注補正八卷三國志注證遺四卷五代史記纂誤補續一卷 周壽昌撰 原刊本

新斠注地理志十六卷 錢坫注 徐松集釋 會稽章氏刊

後漢書九十卷續漢志三十卷 宋范曄撰 唐李賢注續志晉劉彪撰 梁劉昭注

金陵局本

後漢書彙評一百二十卷 明金蟠評崇禎原刊本

後漢書集解九十卷續志集解三十卷 王先謙撰虛受堂本

前漢書一百二十卷後漢書一百二十卷 五朝補刊本

兩漢刊誤補遺十卷 宋吳仁傑撰金陵局本

補後漢書藝文志一卷考十卷 曾樸撰

三國志六十五卷 晉陳壽撰 宋裴松之注明萬曆本

三國志六十五卷 晉陳壽撰 宋裴松之注金陵局本

三國志六十五卷 晉陳壽撰 宋裴松之注金陵局本

三國疆域志補注十五卷大事表一卷疆域表二卷疆域志疑一卷 洪亮吉撰 謝鍾英補注表志疑 謝鍾英撰 原刊本

晉書一百三十卷 唐房玄齡等撰 金陵局本

補晉書藝文志四卷附錄一卷晉書校文五卷 丁國鈞撰 原刊本

東晉疆域志四卷補三國疆域志一卷 洪亮吉撰 光緒刊本 三國疆域志作三卷 授經堂刊本 授清史藝文

十六國疆域志十六卷 洪亮吉撰 授經堂刊本

晉書斠注一百三十卷 吳士鑑撰 劉翰怡刊本

魏書一百十四卷 北齊魏收撰 金陵局本

南史八十卷北史一百卷 唐李延壽撰 萬曆本

南史八十卷北史一百卷 唐李延壽撰 金陵局本

南史八十卷北史一百卷 唐李延壽撰 道光刊本

南史札記一卷北史札記二卷 李慈銘撰 王重民輯 北平圖書館印

舊唐書二百卷 晉劉昫等撰 浙江局本

舊唐書二百卷 晉劉昫等撰 浙江局本

舊唐書二百卷 晉劉昫等撰 浙江局本

唐書二百五十卷 宋歐陽修宋祁等撰 浙江局本

舊五代史一百五十卷 宋薛居正撰 掃葉山房本

舊五代史一百五十卷 宋薛居正撰

舊五代史一百五十卷 宋薛居正撰 劉翰怡依盧氏抱經堂舊抄本校刊

五代史記七十四卷 宋歐陽修撰 萬歷刊本

五代史記七十四卷 宋歐陽修撰 歐陽衡重刊本

五代史記七十四卷 宋歐陽修撰 彭元瑞注 道光刊本

宋史四百九十六卷 元脫脫等撰

北宋經撫年表二卷南宋制撫年表二卷唐方鎮年表考證二卷 吳廷燮撰 鉛字印本

新元史二百五十七卷 柯劭忞撰 鉛字印本

元史氏族表三卷藝文志四卷 錢大昕

欽定遼金元三史國語解四十六卷 江蘇局本

明史一百二十卷 張廷玉等奉敕撰

編年類

竹書紀年義證四十卷 雷學淇撰 稿本

資治通鑑二百九十四卷 宋司馬光撰 商務印書館景宋百衲本

資治通鑑二百九十四卷釋文辨誤十二卷 宋司馬光撰 元胡三省注 江蘇局本

資治通鑑二百九十四卷 宋司馬光撰 元胡三省注 通行本

稽古錄二十卷 宋司馬光撰 解梁書院本

稽古錄二十卷 宋司馬光撰 湖北局本

稽古錄二十卷 宋司馬光撰 江蘇局本

通鑑外紀十卷目錄五卷 宋劉恕撰 璜川吳氏本

通鑑外紀十卷 宋劉恕撰 胡克家注 江蘇局本

續資治通鑑長編五百二十卷 宋李燾撰 浙江局本

三朝北盟會編二百五十卷 宋徐莘撰 鉛字印本

通鑑綱目集覽五十九卷 宋王幼學撰 明陳濟正誤 洪武太字本

通鑑綱目發明五十九卷 宋尹起莘撰 同治年刊本

少微通鑑二十二卷 宋江贄撰 吉澄校正 明刊本

通鑑綱目前編二十五卷正編五十九卷續編二十七卷 前編宋金履祥撰 正編宋朱熹趙師淵撰 續編明商輅撰 通行本

宋元通鑑一百五十七卷 明薛應旂撰 陳仁錫評本

通鑑輯覽一百二十卷 湖南局本

通鑑輯覽一百二十卷 傅恆等奉敕撰 浙江局本

通鑑綱目分注補遺四卷存遺一卷 芮長恤 小㗛山館刊本

御批通鑑綱目三編四十卷 乾隆四十年奉敕撰 通行本

通鑑全書前編十八卷舉要三卷卷首一卷正編五十九卷

續編三十七卷 康熙敕撰 武英殿本

綱鑑正史約三十六卷 明顧錫疇撰 浙江局本 陳宏謀增訂

綱鑑會編九十八卷統系表略三卷 葉澐撰

綱鑑訂誤四卷通鑑胡注舉正一卷 陳景雲撰

讀通鑑綱目 記二十卷 章邦元撰 銅陵章氏家刊本

皇明實紀二十七卷 明陳建撰 明刊本

皇明十六朝廣彙紀二十八卷 明陳建撰 崇禎刊本

皇明從信錄四十卷 明陳建撰 明萬曆原刊本

兩朝憲章錄二十卷 明吳瑞登撰 原刊本

通鑑後編一百八十四卷校勘記十五卷 徐乾學撰 夏震武撰校勘記 富陽夏氏刊本

烈皇小識八卷 不著撰人名氏 鈔本

續資治通鑑長編拾補六十卷 秦緗業撰 金陵局本

東華全錄一百二十卷 王先謙撰 光緒刊本

東華續錄一百卷 王先謙撰

東華續錄一百二十卷 王先謙撰 乾隆

德宗景皇帝實錄五百九十七卷 實錄館編寫本

光緒東華錄一百二十卷 朱壽朋撰鉛字印本

紀元通考四卷 葉維庚撰鍾秀山房本

紀事本末類

左傳紀事本末十四卷 熊爲霖撰原刊本

通鑑紀事本末二百三十九卷 宋袁樞撰

通鑑紀事本末二百三十九卷 宋袁樞撰

宋史紀事本末一百九卷 明馮琦陳邦瞻撰

宋史紀事本末一百九卷 明馮琦陳邦瞻撰

元史紀事本末二十七卷 明陳邦瞻撰

元史紀事本末二十七卷　明陳邦瞻撰

明史紀事本末八十卷　谷應泰撰　朝宗書局本

明史紀事本末八十卷　谷應泰撰　江西局本

明史紀事本末八十卷　谷應泰撰

皇明大事記五十卷　明朱國禎撰

繹史一百六十卷　馬驌撰　原刊本

綏寇紀略十二卷　吳偉業撰　照曠閣本

三藩紀事本末四卷　楊陸榮撰

西夏紀事本末三十六卷　張鑑撰

聖武記十四卷　魏源撰　古微堂本

聖武記十四卷 魏源撰 古微堂本

聖武記十四卷 魏源撰 古微堂本

西陲總統事略十二卷附綏服紀略圖詩一卷 松筠

勦平粵匪方略四百二十卷 同治十一年奉敕撰

勦平捻匪方略三百二十卷 同治十一年奉敕撰

新征平定朔漠紀略四十八卷 康熙四十七年温達等奉敕撰

平定貴州苗匪方略四十卷 光緒二十二年敕撰

平定雲南回匪方略四十卷 光緒二十二年敕撰

平定陝甘新疆回匪方略三百二十卷 光緒二十二年敕撰

別史類

逸周書十卷 晉孔晁注

王會篇箋釋三卷 何秋濤撰 蘇州局本

古史六十卷 宋蘇轍撰 明刊本

東都事略一百三十卷 宋王偁撰 通行本

契丹國志二十七卷 宋葉隆禮撰 掃葉山房本

大金國志四十卷 宋宇文懋昭撰 掃葉山房刊本

春秋別典十五卷 明薛虞畿撰 嶺南叢書本

南宋書六十卷 明錢士升撰 席氏掃葉山房本

南宋書六十卷 同上

列國史補十八卷 明魏顯國撰 原刊本

歷代小史一百五卷 明趙撰 明刊本

明史稿三百十卷 王鴻緒撰

元史類編四十二卷 邵遠平撰 掃葉山房本

元史新編五十九卷 魏源撰。按清史稿作九十五卷

七家後漢書二十卷 汪文臺輯 按清史稿作二十一卷

晉書九種輯軼三十七卷 湯球輯

雜史類

國語二十一卷札記一卷國策三十三卷札記三卷 國語 漢韋昭 國策 漢高誘注 黃氏札記 黃氏讀未曾見書本

國語二十一卷札記一卷考異四卷 黃丕烈札記 汪遠孫考異 湖北局本

國語二十一卷札記一卷考異四卷 黄丕烈札記汪遠孫考異湖北局本

國語二十一卷國策十卷 國語漢韋昭注宋宋庠音國策宋鮑彪元吳師道注明穆文熙評點明刊本

國語晰髓二十一卷 明公鼐呂邦耀評點明刊本

國語三君注輯存四卷考異四卷發正二十一卷 汪遠孫撰振綺堂本

戰國策十卷 宋鮑彪注明經人傑校

戰國策三十三卷札記三卷 高誘註黄丕烈札記湖北局本

戰國策三十三卷札記三卷 漢高誘註黄丕烈札記湖北局本

涑水紀聞十六卷 宋司馬光撰聚珍本

路史四十七卷 宋羅泌撰通行本

路史四十七卷　宋羅泌撰　同治刊本

路史二十二卷　宋羅泌撰　光緒刊本

重廣會史一百卷　宋人編名氏不詳　日本尊經閣本

皇朝類苑七十八卷　宋江少虞撰　武進董氏本

桯史十五卷附錄一卷　宋岳珂撰　汲古閣本

野獲編三十卷續編四卷　明沈德符撰　扶荔山房本

吾學編六十九卷　明鄭曉撰

使滇續採四卷　明蔣以智撰　萬曆原刊本

平寇志十二卷　彭孫貽撰　北平圖書館印本

綏寇紀略十二卷　吳偉業撰　照曠閣本

周季編略九卷　黄式三撰

平叛記二卷　毛霦撰

明季北略二十四卷南略十八卷　計六奇撰　通行本

明季南略十八卷北略二十四卷　計六奇撰　半松居士排字本

援黔集錄四卷

豫變紀略　卷　三怡堂叢書本

二申野錄八卷　孫之騄撰　吟香館刊

二申野錄八卷　孫之騄撰　吟香館刊

中西紀事二十四卷　無名氏撰

中西紀事二十四卷　無名氏撰

鴉片事略二卷 李圭撰 北平圖書館印本

廣陵事略七卷 姚文田撰 開封節署本

皇朝武功紀盛四卷 趙翼撰

撫苗錄一卷紅苗歸化詩一卷 鄂海撰

小腆紀傳六十五卷補五卷 徐承禮徐鼒撰

海國公餘輯錄九卷 張煜南撰

平閩記十三卷 楊捷撰 世澤堂本

史餘二十卷 陳堯松撰

史外八卷 汪有典撰 光緒刊本

平浙紀略十六卷 楊昌濬撰 浙江局本

江蘇兵事紀略二卷 陳作霖

江蘇兵事紀略二卷 陳作霖

滿洲老檔秘錄二卷 金梁編 寫本

宣德別錄十卷 吳廷燮撰 鉛字印本

載記類

華陽國志十二卷 晉常璩撰 題襟館本

十六國春秋一百卷 魏崔鴻撰 明季通行本

十六國春秋一百卷 魏崔鴻撰 汪日桂刊本

吳越備史四卷 宋范坰林禹撰

南唐書三十卷 宋馬令撰 嘯園沈氏刊本

南天痕二十六卷 不著撰人名氏 石印本

越南輯要略二卷 徐延旭撰 光緒刊本

傳記類

列女傳八卷 漢劉向撰 女子梁端校注 汪氏原刊本

元和姓纂十八卷 唐林寶撰 孫星衍洪瑩輯 金陵局本

宋名臣言行錄前集十卷後集十四卷續集八卷別集二十六卷外集十七卷 宋朱熹撰續集別集外集宋李幼武撰 同治桂氏刊本

名臣言行錄七十五卷 宋朱熹李幼武撰 明張采評 陳長卿刊本

孔子編年五卷 宋胡仔撰 胡珵輩刊本

金陀續編三十卷 宋岳珂撰 浙江局本

唐才子傳十卷 元辛文房撰

續百將傳四卷 明何喬新撰 來鹿堂本

逸民史二十二卷 明陳繼儒撰 原刊本

戚少保年譜十二卷 明戚國楨等編 仙遊崇勳祠本

楚寶四十卷外編五卷 明周聖楷撰 鄧顯鶴增輯本

嘉靖以來首輔傳八卷 明王世貞撰 萬曆刊本

弇州史料前集三十卷後集七十卷 明王世貞撰 明刊本

涑水司馬氏源流集略四卷 明司馬晰編 萬曆刊本

萬姓統譜一百六十卷 明淩迪知撰 日本醫學院本

宋三大臣彙志 明鄭鄤撰 崇禎刊本

吾師編十五卷 不著編者名氏寫本

宋元學案一百卷 黄宗羲撰全祖望重編光緒年刊

東林列傳二十四卷附二卷 陳鼎撰山壽堂本

雒閩淵源錄四卷 張夏撰

曆代帝王年譜三卷續一卷廟謚年諱譜一卷 齊召南撰阮福續廟謚年諱譜陸費墀撰

李文貞公年譜二卷 徐元夢楊名時等撰

文獻徵存錄十卷 錢林撰

洪文惠洪文敏陸放翁王伯厚年譜四卷 錢大昕撰晦本齋本

國史大臣列傳四十卷 國史館稿精寫本

國史滿洲名臣傳四十八卷漢名臣傳三十二卷 國史館稿通行本

國史逆臣傳十二卷 國史館稿坊刻本

勝朝粵東錄四卷附錄一卷宋東莞遺民錄二卷 九龍真逸輯

朱子年譜四卷考異四卷附錄二卷 王懋竑撰

阿文成公年譜三十四卷 文成公孫那彥成撰

阿文成公年譜三十四卷 文成公孫那彥成撰

歸震川顧亭林朱柏廬三先生年譜五卷附觀復堂稿一卷 歸譜孫岱編 顧譜吳映奎編 朱譜金瀾編 觀復堂稿朱集璜撰

恕谷年譜五卷 馮辰劉調贊撰 孫鍇重訂

國朝詩人徵略六十卷 張維屏撰

國朝詩人徵略六十卷　張維屏撰

臣鑒錄二十卷　蔣伊撰　退思軒重刊本

闕里文獻考一百卷　孔繼汾撰　乾隆刊本

闕里文獻考一百卷　孔昭煥撰　湘陰李氏刊本

何大復年譜四卷　劉海涵撰

何大復年譜四卷　劉海涵撰

王靖毅公懿德年譜二卷　王嘉勳撰

鶴徵錄八卷　李集撰　後錄十二卷　李富孫撰

碑傳集一百六十卷　錢儀吉撰　江蘇局本

碑傳集一百六十卷　錢儀吉撰　江蘇局本

東越文苑後傳一卷 陳壽祺撰

唐市徵獻錄二卷續二卷 倪賜撰 張璐續 光緒己亥亭林書院刊本

唐吏傳三卷 張允掄撰 續一卷 張丙嘉撰 高士續傳二卷 張允掄撰 蓮池書院刊

國朝名儒言行錄十六卷 王丙燮撰 廣仁堂刊本

敬求齋述記十二卷 陳世箴撰 道光刊本

歷代名臣言行錄二十四卷 李桓編

國朝耆獻類徵七百二十卷賢媛類徵十二卷 李桓撰

於越先賢像傳贊二卷附高士傳 晉皇甫謐撰附傳 王齡撰

疇人傳五十二卷 阮元撰

前明忠義列傳三十二卷 汪有典撰 道光年刊本

國朝先正事略六十卷 李元度撰 循陔草堂本

國朝先正事略六十卷 李元度撰 循陔草堂本

李文恭公行述四卷

沈氏家乘十卷 沈治勛輯

新安徐氏宗譜十八卷歙西徐氏族譜十二卷朱方徐氏族譜十二卷 徐景京徐璟慶徐禋同纂

韓對年譜一卷 韓對撰

三吳諸生譜九卷 錢乙生撰

中興別傳六十一卷 李濱撰

趙遂翁年譜一卷 趙昀撰
中興將帥別傳三十六卷 朱孔彰撰 修竤草堂本
咸豐以來功臣列傳三十卷 朱孔彰撰 漸學廬叢書本石印
李剛烈公碧血錄 李鎮衡錄
廣東昭忠錄八卷 蘇鳳文 光緒刊本
汪雙池先生年譜四卷 余龍光撰
續高士傳五卷 高兆撰 觀自得齋刊本
香山徐氏宗譜前山譜四卷北嶺譜十二卷 光緒甲申印本
毘陵科第考八卷 趙熙鴻等撰
續碑傳集八十六卷 繆荃孫撰

續碑傳集八十六卷　繆荃孫撰

孔北海年譜一卷魏文靖公年譜一卷韓翰林年譜一卷李忠毅公年譜一卷　繆荃孫撰

淮軍平捻記十二卷　周世澄撰

王文勤公年譜一卷　王傳燦撰

船山師友記十七卷　羅正鈞撰　光緒丁未刊本

金正希年譜一卷　附金福曾傳　程錫類撰

沈鼎甫年譜一卷　沈宗涵撰

黑水先民傳二十四卷　黃維翰撰

黑水先民傳二十四卷　黃維翰撰

西清王氏族譜一卷 王仁棠撰

素行錄二卷 撰 民國癸酉年刊本

銅山陸氏家譜六卷 陸洪濤撰

疑年錄彙編十七卷 張維驤撰 張氏家刊本

五續疑年錄五卷附錄二卷 閔爾昌撰 閔氏家刻殊印本

碑傳集補六十一卷 閔爾昌撰 燕京大學鉛字印本

高郵王氏父子年譜二卷 閔爾昌撰 家刻本

中州先哲傳十八卷 李時燦撰

詩仙一卷

吉林永吉徐氏宗譜十八卷 徐鼐霖撰 己巳年刊

清史稿光宣列傳四十二卷附一卷 金梁撰 石印本

詔令奏議類

皇明寶訓九卷 明仁宗英宗孝宗武宗 明刊本

皇明詔旨錄四卷 不著編者名氏 鈔本

硃批諭旨一百十二卷 世宗敕編 殿本

硃批諭旨一百十二卷 世宗敕編 殿本

仁宗睿皇帝聖訓一百十卷 道光四年敕編 殿本

十朝聖訓九百二十二卷 石印小字本

陸宣公奏議二十四卷 唐陸贄撰 明鍾敬評 通行本

陸宣公奏議十五卷制誥十卷別集一卷 唐陸贄撰 淮南局本

包孝肅公奏疏十卷 宋包拯撰 省心閣刊本

包孝肅公奏疏十卷 宋包拯撰 省心閣刊本

包孝肅公奏議十卷 宋包拯撰 同治刊本

皇明疏議輯略三十七卷 明人編不著編者名氏 明刊本

歷代名臣奏議三百十九卷 明楊士奇原編 崇禎陳氏刪刊

商文毅公奏議三十卷 明商輅撰 萬曆本

李大司馬奏議二卷 明李頤撰 萬曆刊本

張太僕奏議四卷 明張輔撰 明刊本

馬太僕奏略四卷 明馬孟禎撰 光緒刊本

穀原先生奏議四卷 明 撰 舜澤先生

左侍御公集一卷 明左光先撰

張大司空奏議四卷 明張輔之撰 乾隆刊本

沈侍郎疏稾五卷 明沈珣撰 明本

漕撫奏疏四卷 明王宗沐撰 明刊本

馬端肅公奏議十六卷 明馬文升撰

朱文懿公奏疏十二卷 明朱賡撰

南庚疏鈔二卷 明呂維祺撰

浦竹堂奏議四卷 明浦鋐撰 萬歷刊本

盧大司馬奏議十卷 明盧象昇撰 道光祠堂本

御選明臣奏議四十卷 乾隆四十六年奉敕編 聚珍本

皇清奏議四十四卷 至乾隆六十年

明臣奏議十二卷 孫桐生編

胡文學奏疏稿一卷 胡文學撰

靳文襄公奏議八卷 靳輔撰

李文襄公奏議十卷別錄六卷年譜一卷 李之芳撰

林文忠公政書三十七卷 林則徐撰

林文忠公政書三十七卷 林則徐撰

林文忠公政書三十七卷 林則徐撰 林氏自刊本

黎襄勤公奏議　卷 黎世序撰

陳侍郎奏議八卷 陳世烋撰 鉛字本

郭侍郎奏疏十二卷 郭嵩燾撰

呂文節公奏疏一卷 呂賢基撰

劉中丞奏議二十卷 劉蓉撰

左文襄公奏疏六十四卷謝摺二卷書牘二十六卷批札七卷咨札一卷告示一卷附駱文忠公十卷張大司馬四卷 左宗棠駱秉璋張亮基撰

駱文忠公奏議二十七卷 駱秉璋撰

開縣李尚書政書八卷 李宗羲撰 光緒刊本

嘉定長白二先生奏議四卷 徐致祥寶廷撰 鉛字本

竹坡侍郎奏議二卷 寶廷撰 光緒刊本

吳菘圃先生奏疏二卷 吳璥撰 稿本

張文襄公奏議五十卷 張之洞撰 許同莘編 排印本

庸盦尚書奏議七六卷 陳夔龍撰

楊文敬公奏議十卷 楊士驤撰 殊印本

邱給諫奏議二卷 邱煌撰

二三五五疏二卷 錢恂撰

望嵓堂奏稿十二卷 陳璧撰 民國二十一年印本

許國公奏議四卷 吳潛撰

地理類

山海經十八卷 晉郭璞傳

山海經十八卷　明吳中珩刊

山海經箋疏十八卷圖讚一卷訂譌一卷　郝懿行撰

山海經地理今釋六卷　吳承志撰　劉翰怡校刊

山海經廣注五卷

水經注釋四十卷附錄二卷刊誤十二卷　後魏酈道元注　趙一清釋　張氏重刊本

水經注四十卷　後魏酈道元注　宴湖張氏刊本

水經注四十卷補遺一卷附錄二卷　魏酈道元撰　金祖望校　無錫薛氏刊本

水經釋地八卷　孔繼涵撰

三輔黃圖六卷 不著撰人名氏 明嘉靖本

洛陽伽藍記五卷 後魏楊衒之撰 光緒刊本

武林舊事八卷 宋周密撰 明朱廷煥增補

咸淳臨安志一百卷 元潛說友撰 原缺五卷汪刻有補 缺一卷札記三卷汪氏振綺堂本

廣東新語二十八卷 屈大均撰 木天閣本

嘉泰會稽志二十卷寶慶續志七卷 宋施宿等撰續志張淏撰 景宋鞠軒本

石印

中吳紀聞六卷 宋龔明之

中吳紀聞六卷 宋龔明之 董氏誦芬堂仿宋刊本

震澤編八卷 明蔡昇撰 鈔本

近代名臣邊疆題要三十六卷　明不著撰人名氏

霞客遊記二十卷　明徐宏祖撰

寰宇分合志八卷　明徐樞撰

殊域周咨錄二十四卷　明嚴從簡撰　明刊本

全邊略記六卷　明方孔炤撰　北平圖書館石印本

九邊圖論一卷　明許論撰　明刊本

帝京景物略八卷　明劉侗于奕正同撰

帝京景物略八卷　明劉侗于奕正同撰

續海塘新志四卷　不著撰人名氏

歷陽典錄三十四卷補六卷　陳廷桂撰　和州官舍刊

崇川咫聞錄四卷 徐縉撰

宸垣識略十六卷 吳元振撰 池北草堂本

東林書院志二十二卷 高廷珍編

嶺南叢述六十卷 鄧淳撰 養拙山房刊本

十六國春秋疆域志十六卷 洪亮吉撰 光緒刊本

廣陵事略七卷 姚文田撰 開封節院本

中州雜俎二十一卷 汪价撰 安陽張鳳臺石印本

中州雜組二十一卷 汪价撰 安陽張鳳臺石印本

皇朝藩部要略十八卷附表四卷 祁韻士撰

貴州百苗圖一卷 不著撰人名氏 寫本

平山堂圖志十卷 趙之璧撰

潭柘山岫雲寺志二卷 神穆德清撰 乾隆刊本

梅里志四卷附一卷 吳存禮編

白鹿洞書院志十九卷 毛德琦原刻本

理安寺志八卷 李因培撰

南宋古蹟考一卷 朱彭撰 方培之寫本

西樵遊覽記十四卷白雲洞志五卷 黃亨撰

東三省沿革表六卷 吳廷燮撰 遐耕堂刊本

談瀛五卷 關賡麟撰

海國圖志一百卷 魏源撰 古微堂本

海國圖志一百卷 魏源撰 古微堂本

海國輿地釋名十卷 陳士芑撰

瀛環志略十卷 徐繼畬撰 撥雲樓本

瀛環志略十卷 徐繼畬撰 大字本

瀛環志略十卷 徐繼畬撰

朔方備乘八十卷 何秋濤撰

金氏地學粹編八卷 金志安輯 民國十九年鉛字印本

蜀中名勝記三十卷 曹學佺撰 茹古書局刊本

蒙古游牧記十六卷 張穆撰

讀史方輿紀要便覽 顧祖禹原本 長沙書局刊本

武林舊事八卷　宋周密公撰　明朱廷煥增補　康熙刊本

宋平江城坊考五卷附錄一卷　不著撰者名氏　乙丑年石印

支那省別全誌十六卷　日本東亞同文會編　存卷三卷四

長江圖說十二卷　黃翼升撰

沿海險要說十卷　余宏淦撰　石印本

澳門紀略二卷　印光任張汝霖撰　嘉慶重刊本

游名山記十七卷　明何鏜撰　原刊本

游名山記十七卷　明何鏜撰　原刊本

東山志十九卷　明謝鍾利重編

岱史五卷　明吳　撰　康熙時重編本

岱史十八卷 明查志隆撰

說嵩三十卷 景日昣撰

河海崑崙錄四卷 裴景福撰 鉛字本

昌平山水記二卷 顧炎武撰

豫河志二十卷 鄧長耀 吳貧孫撰

盤山志十卷 智朴撰 康熙刊本 王士禛 朱彝尊重訂

太湖備考十六卷 金友理撰 湖程紀略一卷 吳曾撰

山東全河備考四卷 葉方恆撰 原刊本

齊山岩洞志二十六卷 陳蔚撰

清涼山志二十二卷 乾隆敕撰

龍潭山志八卷 康阜撰 光緒刊本

洞庭湖志十四卷 沈撰 太安州署刊本

廣雁蕩山志二十八卷 寶朱撰 東嘉依綠園本

廣雁蕩山志二十八卷 寶朱撰 東嘉依綠園本

桃花源志略十三卷 唐開部撰

鼎湖山志八卷 丁易

峩山圖說二卷 黄錫燾撰

攝山志八卷 汪志伊撰 乾隆刊本

石鐘山志十六卷 胡撰 聽濤姚雨軒刊本

石鐘山志十六卷 李成謀丁義方輯

武夷山志二十四卷 董天工撰 道光刊本

武夷山志二十四卷 五長尺本軒本

太嶽太和山紀略八卷 王槩等撰 乾隆年刊

麻姑山志十二卷 黃家駒撰 同治刊本

西湖志四十八卷 李衛等撰

西湖志四十八卷 傅玉露等撰 浙江局本

西湖志二十四卷 林炳章撰 排印本

西湖志纂十五卷 沈德潛傅玉露梁詩正纂

寶華山志十五卷 定安塞祖撰

恆山志四卷 桂與順撰

盤山志十卷補遺十卷　知禮撰

莫愁湖志六卷　馬士圖撰　同治刊本

西湖游覽志二十四卷志餘二十六卷　田汝成撰

禺峽山志四卷　孫繩祖撰　同治刊本

廬山志十五卷　吳宗慈撰　癸酉年刊　一作十六卷

廬山志十五卷　毛德琦重訂　乾隆刊本

廬山志十六卷　吳宗慈撰　癸卯年印

華山志八卷　李榕撰　道光刊本

焦山志二十六卷　吳雲撰

焦山志二十六卷續志八卷　吳雲陳任暘撰

九疑山志四卷 樊在廷撰 退思齋本

新疆山脈圖志六卷禮俗志一卷新疆小正一卷 王樹枏撰

天台山志十八卷 張聯元撰

九峰志二卷 陳祚康魏杰撰 同治刊本

洞庭湖志十四卷 沈六安州署撰 刊本

虎邱山志四卷 顧湄重修 康熙刊本

虎邱山志二十四卷 顧治祿撰

普陀山志五卷 周應賓撰 萬曆刊本

金山志十卷續二卷 雅雨堂本

金山志十卷續二卷 雅雨堂本

孤嶼志八卷 陳舜咨撰

湖山志五卷 徐泌修

南岳志八卷 高自位撰

南嶽志二十六卷 李元度重修

太湖備考十六卷 金友理撰 續編四卷 鄭言紹撰 藝蘭圃本

大別山志十六卷 胡鳳丹撰

南通五山勝蹟記一卷 顧仰基撰 鈔本

嵩嶽游記四卷 席書錦撰

慧山圖記四卷 僧圓鏡輯 續集三卷 邵涵初輯

定王臺志二卷 夏獻雲撰

水道提綱二十八卷 齊召南撰 霞城精舍本

元和郡縣志四十卷補志九卷 唐李吉甫撰 補志嚴觀輯 金陵局本

元豐九域志十卷 宋王存等撰 馮氏德聚堂本

元豐九域志十卷 宋王存等撰 金陵局本

輿地廣記三十八卷附札記二卷 宋歐陽忞撰 黃丕烈札記 金陵書局本

廣輿記二十四卷 明陸應陽撰 遺經堂本

讀史方輿紀要一百三十卷州域形勢說二卷圖四卷 明顧祖禹撰 數文閣本

古今輿地圖三卷 明沈吳國輔撰 原刊本

歷代地理沿革圖一卷附紀元編三卷 李兆洛撰 此李氏五種殘本

皇輿表十六卷 康熙四十三年喇沙里等奉敕撰

大清一統志三百五十六卷 陳惪華等奉敕撰 排字本

皇輿全圖一卷 鄒伯奇撰

大清一統輿地全圖三十卷 胡林翼撰

大清一統輿地全圖三十卷 胡林翼撰 湖北撫署刊本

輿地紀勝二百卷 有缺卷 宋王象之撰 伍氏粵雅堂刊本

方輿類纂二十八卷 不著撰人名氏 嘉慶刊本

畿輔通志三百卷 黃彭年撰 蓮池書院刊本

廣東通志三百三十四卷 嘉慶年阮元重修

福建通志二百七十八卷 同治年重修

河南通志八十卷續志八十卷 乾隆年修

湖北通志一百七十二卷 張仲炘等撰 民國十年

湖北通志一百七十二卷 張仲炘等撰 民國十年

吉林通志一百二十二卷 光緒年修

新疆建置志四卷 宋伯魯撰

新疆建置志四卷 宋伯魯撰

新疆建置志四卷 宋伯魯撰

盛京通志四十八卷 乾隆年修

盛京通志一百三十卷 乾隆年修

盛京通志一百三十卷 乾隆年修

陝西通志一百卷　雍正年修

山東通志二百卷　孫葆田撰

黑龍江通志綱要　卷　金梁撰

金陵通紀十卷續四卷　陳作霖撰

金陵通紀十卷續四卷　陳作霖撰

金陵通傳四十五卷補遺四卷　陳作霖撰

金陵瑣志四種七卷　陳作霖撰

金陵瑣志五種九卷　陳作霖撰

江西通志一百六十二卷　高其倬等

浙江省志圖說一卷　沈德潛撰

西藏志 不著撰者名氏 寫本
順天府志一百三十卷 光緒年修
天津府志五十四卷 光緒年修
承德府志六十卷 道光年修
大名府志二十二卷 咸豐年修
宣化府志四十二卷 乾隆年修
趙州志十七卷 光緒年修
趙州屬邑志八卷
趙州屬邑志八卷
易州志十八卷 乾隆年修

薊州志十卷 沈瑞撰 道光年修

定州志二十二卷 道光年修

定州志二十二卷 道光年修

冀州志二十卷 乾隆年修

冀州志二十卷 乾隆年修

遵化州志二十卷 乾隆年修

遵化州志二十卷 乾隆年修

深州志十一卷 道光年修

深州風土記二十二卷表五卷 吳汝綸撰

口北三廳志八卷 乾隆年修

開封府志四十卷 康熙刊本

河南府志一百十六卷 乾隆年修

彰德府志三十二卷 乾隆年修

衛輝府志五十三卷 乾隆年修

徽州府志十六卷 道光年修

桂陽州志十五卷

新民府志一卷 宣統元年修

遵義府志

永平府志

呼蘭府志十二卷 民國四年修

大名縣志四十卷 李棠等撰 乾隆刊本

交河縣志七卷 墻鼎等撰 康熙年刊本

阜平縣志四卷 勞輔芝撰 同治重修

南和縣志十二卷 周章煥撰 乾隆重修

元城縣志六卷 吳大鏞撰 同治重修

懷來縣志十八卷 朱乃恭撰 光緒重修

懷來縣志十八卷 朱乃恭撰 光緒重修

安平縣志 陳宗石撰 康熙重修

樂亭縣志十六卷 史夢蘭撰 光緒重修

樂亭縣志十六卷 史夢蘭撰 光緒重修

蠡縣志十卷 韓志超撰 光緒年重修

天津新志十卷藝文人物志六卷 高凌雯撰

臨城縣志八卷 楊寬撰 康熙年重修

棗強縣志二十卷 任衜蕙撰 嘉慶年重修 補正五卷 方宗誠撰 光緒年修

邯鄲縣志十二卷 乾隆年修

吳橋縣志十二卷 沈昌燮撰 光緒年修

東鹿縣志十卷 裴顯相等撰 嘉慶年重修

赤城縣志八卷 吳煒撰 乾隆年重修

安肅縣志十六卷 石梁撰 嘉慶年補修

開州志八卷 陳兆麟撰 光緒年重刊

寧津縣志十二卷 祝嘉庸撰 光緒重修

任邱縣志十二卷 劉統升撰 乾隆年重修 續志二卷 道光年重修

長垣縣志十六卷 李于垣撰 乾隆年重修 續志二卷 葛之鏞撰 道光年修

密雲縣志八卷 宗慶煦撰 民國三年修

順義縣志四卷 黃成章撰 康熙年修

清苑縣志十八卷 李逢源撰 同治年修

南皮縣志十六卷 殷樹森撰 光緒年修

雞澤縣志鄉土志略一卷 不著撰書年代姓名

香河縣志十一卷 劉深撰 康熙年修

南樂縣志廿卷 陸維炘撰 光緒年修

南樂縣志十卷　陸維祈撰　光緒年修

鹽山縣志十七卷　江毓秀撰　同治年修

邢臺縣志八卷　戚朝卿撰　光緒年重修

蔚州志十二卷　慶之金撰　光緒年修

蔚州志補十二卷　乾隆年修

蔚州志三十一卷　乾隆年修

獲鹿縣志十四卷　魏揩儒撰　光緒年修

唐縣志十二卷　陳詠撰　光緒年修

慶雲縣志十二卷　劉鴻逵撰　民國三年重修

內邱縣志四卷　道光年重修

盧龍縣志六卷 李士模撰 重修年不詳

廣平縣志五卷 夏顯煜撰 康熙年重修

涿州志十八卷 萬青藜撰 同治年重修

延慶州志十四卷 榮恩 光緒年修

清河縣志四卷 黃汝香撰 光緒年重修

廣宗縣志十二卷 羅覲颺撰 同治年重修

饒陽縣志二卷 乾隆年重修

昌黎縣志十卷 同治年重修

昌黎縣志十卷 何崧泰撰 同治年修

贊皇縣志十卷 乾隆年重修 續志二十四卷 光緒年修

河間縣志六卷　乾隆年重修

永年縣志四十卷　光緒年重修

定興縣志二十六卷　光緒年修

懷柔縣志八卷　康熙年修

懷安縣志[illegible]卷　光緒年重修

新樂縣志六卷　光緒年重修

遷安縣志十九卷　同治年重修

元氏縣志十五卷　同治年重修

懷來縣志十八卷　康熙年重修

獻縣志二十卷　乾隆年修　續志四卷　咸豐年修

獻縣志 卷 張鼎彝撰

高邑縣志十卷 嘉慶年重修

保定縣志一卷 康熙年重修

玉田縣志三十卷 光緒年重修

井陘縣志八卷 雍正年修

祁州志八卷 乾隆年修

衡水縣志十四卷 乾隆年修

大名縣志四十卷 乾隆年修

武强縣志十二卷 道光年修

灤州志十八卷 光緒年修

灤州志十八卷 光緒年修

磁州志十八卷續志六卷 康熙 同治年修

行唐縣新志十六卷 乾隆年修

藁城縣志十二卷 康熙年修

薊州志十卷 道光年修

晉州志十卷 咸豐年修

宣化縣志三十卷 康熙年修

通州志十一卷 光緒年修

滿城縣志十二卷 乾隆年修

欒城縣志十四卷 同治年修

昌平州志十八卷　光緒年修

曲周縣志二十卷　同治年修

雄縣鄉土志一卷　光緒年修

沙河縣志十一卷　乾隆年修　續志二卷　道光年修

寧晉縣志十卷　康熙年修

臨榆縣志二十四卷　光緒年修

天津縣志二十二卷　乾隆年修　續志二十卷　光緒年修

隆平縣志十卷　乾隆年修

淶水縣志九卷　光緒年修

平山縣志八卷　咸豐年修

安次縣志十二卷 民國三年修

博野縣志九卷 乾隆年修

景州志六卷 乾隆年修

曲陽縣志十卷 乾隆年修

柏鄉縣志十卷 乾隆年修

任縣志八卷 民國四年重修

新河縣志十六卷 宣統年重修

萬全縣志十卷 道光年重修

萬全縣志十卷 道光年重修

西寧縣志十卷 光緒年修

靈壽縣志十卷 康熙年重修

成安縣志十二卷 康熙年重修

清豐縣志十卷 民國三年重修

撫寧縣志十六卷 光緒年重修

龍門縣志十六卷 康熙年修

三河縣志十六卷 乾隆年重修

寧河縣志十六卷 乾隆年重修

滄州志十六卷 乾隆年重修

東光縣志十二卷 光緒年重修

延慶縣志十卷 乾隆年重修

南宮縣志十八卷 光緒年重修

平鄉縣志十二卷 光緒年修

武清縣志十二卷 乾隆年修

阜城縣志二十二卷 雍正年修

鉅鹿縣志十二卷 光緒年重修

唐山縣志十三卷 光緒年重修

武邑縣志十卷 同治年重修

安陽縣志二十八卷附金石錄十二卷 嘉慶年重修

濬縣志二十二卷 嘉慶年重修

輝縣志二十卷 道光年重修

林縣志十八卷 李見荃等撰 民國二十二年重修

汲縣志十五卷 乾隆年修

宜陽縣志十六卷 光緒年修

偃師縣志三十卷 嘉慶年重修

偃師縣志三十卷 嘉慶年重修

登封縣志二十二卷 乾隆年修

孟津縣志四卷

澠池縣志十六卷 嘉慶年重修

鄢陵文獻志四十卷 蘇源生撰 同治年刊本

鞏縣志二十卷 乾隆年重修

嵩縣志三十卷 乾隆年修

新安縣志十四卷 民國三年重修

膠州志四十卷 道光年重修

邳州志二十卷 魯一同撰

武功縣志卷 明康海撰

新安志十卷 宋羅願撰

縉雲縣志十八卷 湯成烈撰

萬安縣志二十卷

安化縣志四十卷 同治年修

安義縣志十七卷 同治年修

太倉舊志五稿二十六卷 繆朝荃 宣統元年東倉書庫本

盧江縣志十六卷 光緒年重修

潁上縣志十二卷 光緒年修

萬安縣志二十卷 同治重修

陽信縣志八卷 勞乃宣等

昭常合志四十八卷 龎鴻書撰

鄞縣志七十五卷續一卷 光緒年修

即墨縣志十二卷 同治年重修

洛寧縣志八卷 乾隆年重修

鄒縣志三卷 康熙年重修 續志十二卷 光緒年重修

清河縣志二十四卷 咸豐年重修

寧化縣志七卷 同治年修

興化縣志十卷 咸豐年重修

龍游縣志四十二卷 余紹宋撰

烏青鎮志十二卷 宋沈平撰 明陳觀清張炎貞重修 鷹盦刊本

膠澳志十二卷附圖 趙琪編 民國十七年排印

澧志舉要三卷 潘相經撰

政書類

通典二百卷 唐杜佑撰

通志二百卷 宋鄭樵撰 四庫入别史類今依書目答問改編

文獻通考三百四十八卷　元馬端臨撰

續通典一百五十卷　乾隆敕撰

續通志六百四十卷　乾隆敕撰

續文獻通考二百五十卷　乾隆敕撰

皇朝通典百卷　乾隆敕撰　浙江局本

皇朝通志一百二十六卷　乾隆敕撰　浙江局本

皇朝文獻通考三百卷　乾隆敕撰　浙江局本

通典二百卷　唐杜佑撰　廣東學海堂本

營造法式三十六卷　宋李誠撰　景宋鈔紹興本

文獻通考三百四十八卷　元馬端臨撰　明嘉靖本

文獻通考三百四十八卷 元馬端臨撰 通行本

文獻通考正續合編三十二卷 元馬端臨明王圻撰 盧旬宣編

皇明世法錄九十二卷 明陳仁錫撰

康濟錄二十五卷 明潘游龍撰

明朝典彙二百卷 明徐學聚編 崇禎刊本

康濟錄四卷 乾隆御定

大清通禮五十四卷 賀長齡等撰

明教罪人一卷 雍正御製 文獻叢書本

皇朝禮器圖式二十八卷 乾隆敕撰 殿本

詞林典故八卷 乾隆九年鄂爾泰等奉敕撰

歷代職官表七十二卷　乾隆時永瑢等奉敕撰　仿殿本

歷代職官表七十二卷　乾隆時永瑢等奉敕撰　廣雅書局本

皇朝藩部要略十八卷藩部表二卷　祁韻士撰　浙江局本

皇朝詞林典故六十四卷　嘉慶十年朱珪等奉敕撰

治河方略十卷　靳輔撰　河庫道衙門刊本

淮北票鹽續略十卷　項晉蕃撰

淮北票鹽志略十五卷　童濂撰

幸魯盛典四十卷　孔毓圻撰

南巡盛典一百二十卷　高晉等撰

直省釋奠禮樂記六卷　應寶時撰　廣東藩署刊本

文廟祀典考五十卷 龐鍾璐撰

澤宮序次舉要二卷 洪恩波撰

楚漕江程十六卷江北運程四十卷 董恂撰 咸豐刊本

湖南苗防屯政考十五卷補編一卷 但湘良撰 蒲圻但氏刊本

牧令書二十三卷附保甲書一卷 徐棟撰 道光刊本

明會要八十卷 龍文彬撰 廣雅書局本

畿輔河道水利叢書九種 吳邦慶編 進呈寫本

吾學錄二十四卷 吳榮光撰 潤汀會經堂本

吾學錄二十四卷 江蘇局本

歷代年號紀略 未詳撰者名氏

光緒條約一百零二卷　江毅許同莘張棨編

大清會典二百二十八卷

大清會典一百卷　崑岡等奉敕續修

大清會典圖一百三十二卷　崑岡等奉敕撰

大清會典事例一千二百二十卷　李鴻章等奉敕續修

約章成案滙覽甲編十一卷乙編四十二卷　顏世清輯　石印本

約章成案滙覽甲編十一卷乙編四十二卷　顏世清輯　石印本

史料叢刊初編　東方學會輯　民國甲子排印本

濮陽河工記四卷　徐世光撰

目錄類

晁氏郡齋讀書志二十卷附錄一卷 宋晁公武撰

直齋書錄解題二十二卷 宋陳振孫撰

題跋一卷 明李伯璵撰 原刊本

南濠居士文跋四卷 明都穆撰 蘇縣文學山房本

四庫全書總目二百卷 乾隆三十七年奉敕撰 廣東局本

四庫全書總目二百卷 乾隆三十七年奉敕撰 廣東局本

四庫全書總目二百卷 乾隆三十七年奉敕撰

四庫全書簡明目錄二十卷 乾隆三十九年奉敕撰 通行本

四庫全書簡明目錄二十卷 乾隆三十九年奉敕撰

四庫全書簡明目錄二十卷 乾隆三十九年奉敕撰 通行本

四庫簡明目錄標注二十卷　邵懿辰撰　邵氏家刻本

四庫書目略二十卷　費莫文良撰　費氏家刻本

四庫全書書目表四卷　李滋然編　京華印書局鉛字本

文津閣四庫全書目錄四卷　陳垣錄本

欽定天祿琳瑯書目十卷　乾隆年于敏中等奉敕撰　後編

二十卷　嘉慶年奉敕撰　長沙王氏刊本

浙江采集遺書總錄十卷　沈初等撰

經義考三百卷　朱彝尊撰　原缺三卷

經義考補正十二卷　翁方綱撰　原刊本

上善堂書目一卷　孫從添撰

天一閣書目四卷碑目一卷 范懋柱撰碑目范懋敏撰

士禮居藏書題跋記六卷 黃丕烈撰

愛日精廬藏書志三十六卷續志四卷 張金吾撰

彙刻書目廿卷 顧修撰 通行本

經籍跋文一卷 陳鱣撰 寫本

鄭堂讀書誌七十一卷 周中孚撰 吳興劉氏刊本

楹書隅錄九卷 楊紹和撰

鐵琴銅劍樓藏書目錄二十四卷 瞿鏞撰 瞿氏家塾本

鐵琴銅劍樓藏書目錄二十四卷 瞿鏞撰 瞿氏家塾本

賁園書庫目錄輯略二卷 陳森楷

彙刻書目二十卷　朱澂撰　光緒十七年刊本

行素草堂目睹書錄十二卷　朱記榮撰

書林清話十卷　葉德輝撰　觀古堂本

書林餘話二卷　葉德輝撰　民國戊辰年滬上澹園排印本

鐵琴銅劍樓宋金元書景九卷　瞿良士撰

故宮殿本書庫現存目三卷　故宮博物院印

國立北平圖書館善本書目四卷　趙萬里編　二十二年刊本

大清畿輔書徵四十一卷　徐　退耕堂印本

日本書誌二卷　日本中央輯　日本印本

靜嘉堂秘籍志五十卷　日本河田熊撰　日本靜嘉堂印本　缺後卷

金石類

鐘鼎款識二十卷 宋薛尚功撰 明刊本

鐘鼎款識二十卷 宋薛尚功撰 阮氏刊本

隸釋二十七卷隸續二十一卷 宋洪适撰 乾隆汪氏校本

金石例十卷墓銘舉例四卷金石要例一卷 元潘昂霄明王行黄宗羲撰

石墨鐫華八卷 明趙涵撰 知不足齋本

東巡金石録八卷 不着撰人名氏

泉布統志九卷 孟麟撰 原刊本

金石圖説四卷 牛運震撰

金索六卷石索六卷 馮雲鵬撰 邃古齋本

金索六卷石索六卷 馮雲鵬撰 雙桐書屋本

兩漢金石記二十二卷 翁方綱撰 南昌使院本

金石萃編一百六十卷 王昶編 經訓堂本

寰宇訪碑錄十二卷 孫星衍撰 江蘇局本

寰宇訪碑錄十二卷刊繆一卷補錄五卷附一卷 孫星衍撰 羅

振玉刊謬 趙之謙補錄

中州金石記五卷 畢沅撰

中州金石記五卷 畢沅撰

鳳墅殘帖釋文八卷附錢氏釋文二卷 姚衡撰附錢大昕撰 咫進齋本

兩浙金石志十八卷補遺一卷 阮元撰 浙江書局本

鐘鼎彝器款識十卷 阮元撰

蜀碑記補十卷 李調元撰

金石契無卷數 張燕昌撰

括蒼金石志十二卷附一卷 李遇孫撰

海東金石苑十六卷 劉喜海撰 吳興劉氏刊本

筠清館金石四卷 吳榮光撰 原刊本

建昭雁足鐙考一卷 徐渭仁撰

二百蘭亭齋收藏金石記四卷 吳雲撰 石印大字本

兩罍軒彝器圖釋十二卷 吳雲撰

補寰宇訪碑錄五卷 趙之謙撰

攀古廔彝器款識二卷河南候獲刻石釋文一卷 潘祖蔭撰滂喜齋叢書本

廣金石文韻府五卷 朱時望撰董理軒增訂本

愙齋集古錄二十六冊 吳大澂撰珂羅版印

函青閣金石記四卷 楊鐸撰

八瓊室金石補正一百三十卷 陸增祥撰吳興劉氏刊本

八瓊室金石補正一百三十卷 陸增祥撰吳興劉氏刊本

山右石刻叢編四十卷 胡聘之撰

山右石刻叢編四十卷 胡聘之撰

邠州石室錄三卷 葉昌熾撰劉氏嘉業堂刊本

校碑隨筆一卷 方若撰石印本

湖北通志金石略十四卷 不著撰者名氏硃印本

簠室殷虛類纂三十八卷附二卷 王襄撰

漢五鳳石函記一卷 顧鼇撰寫本

河南古物調查表一卷 印鑄局印本

河南古物調查表一卷 印鑄局印本

新鄭出土古器圖志三卷 李銳按新鄭出土古器李銳發現爲武人刼去印行李銳之名不可沒也

寶蘊樓彝器圖錄一卷 容庚撰古物陳列所印本

河南金石圖志正編無卷數 關百益撰通志館印

史評類

史通削繁四卷 唐劉知幾撰 紀昀削繁 硃批本

史通削繁四卷 唐劉知幾撰 紀昀削繁 硃批本

史通削繁四卷 唐劉知幾撰 紀昀削繁 翰墨園本

史通通釋二十卷 唐劉知幾撰 浦起龍釋

史通通釋二十卷 唐劉知幾撰 湖北局本

史通通釋二十卷 唐劉知幾撰 湖北局本

唐鑑二十四卷 宋范祖禹撰 宋呂祖謙注 宋刊本

唐鑑二十四卷 宋范祖禹撰 宋呂祖謙注 通行本

唐鑑二十四卷 宋范祖禹撰 呂祖謙注 日本印本

讀史管見三十卷 宋胡寅撰 康熙詩古拜居本

唐史論斷三卷 宋孫甫撰 海山仙舘叢書本

唐書直筆三卷 宋呂夏卿撰

讀史商語四卷 明王志堅撰

史懷二十卷 明鍾惺撰

學史十三卷 明邵寶撰 明刊本

史闕十四卷 明張岱撰 道光刊本

史平小品二十二卷 明江用世撰 崇禎刊本

歷代史論十二卷 明張溥撰 宋史論三卷元史論一卷明史論四卷 谷應泰撰 左傳史論二卷 高士奇撰

明鑑二十四卷 嘉慶敕撰 殿本

讀通鑑論十七卷 王夫之撰 廣東重刊本

歷代說約四卷 劉曾璇撰 南吾草堂刊本

讀史糾謬十五卷 牛運震撰

讀史大略六十卷 張白撰 咸豐刊本

史評十卷 范光宙撰

文史通義八卷校讎通義三卷 章學誠撰 道光刊本

文史通義八卷校讎通義三卷 章學誠撰 道光刊本

直史述五十卷 劉愚撰不全

漢堂說史八卷 劉應秋撰

方志考稿甲集六卷　瞿宣穎

宋史瑣書知意六卷　劉咸炘　民國辛未年刊

五代評議十二卷呂氏春秋注補正一卷　李寶淦撰　排印本

後漢書點勘一卷　賀濤撰　徐文爵刊本

明史例案九卷　劉承幹撰　劉氏嘉業堂刊本

史鈔類

李氏藏書六十八卷　明李贄撰

歷朝捷錄大成四卷　明鍾惺撰

堯山堂外紀一百卷　明蔣一葵撰

同菴史記彙纂十卷　明蔣善評撰　思永堂刊本

同菴史記彙纂十卷 明蔣善評撰

史記纂二十四卷 明淩稚隆輯 閔伋刊本

漢書纂五卷 明鍾惺淩稚隆撰

史記選八卷 儲欣編 孫琮編

四言史徵十二卷 葛震編曹荃注 康熙刊本

南史識小錄八卷北史識小錄八卷 沈名蓀朱昆田編 同治刊本

北史識小錄八卷 朱昆田撰 方培之寫本

南北史捃華八卷 周嘉猷撰

宋瑣語補宋書刑法志食貨志晉宋書故四卷 郝懿行撰 原刊本

新舊唐書合鈔二百六十卷補正六卷 沈炳震撰補正丁子復撰海昌查氏

刊本

二十一史緯三百三十卷　陳允錫撰　泉州鄭氏刊本

諸史品節四十卷　明陳深陸翀之編

讀史提要錄十二卷　夏之蓉撰　乾隆刊本

讀史鏡古編三十二卷　潘世恩撰　浴城飛霞館重刊

少微通鑑外紀節要五卷通鑑節要五十卷續通鑑節要二十六卷　劉宏毅撰

峋嶁鑑撮四卷　曠敏本撰

綱鑑詠略八卷　張應鼎撰

史記菁華錄四卷　姚祖恩撰　善化賀氏刊本

史記菁華錄六卷 姚祖恩撰 扶荔山房本

讀史碎金八十卷 胡文煥撰 光緒丙子刊本

彙刻類

二十四史三千二百四十卷 新會陳氏仿殿本

史記集解一百三十卷 漢司馬遷撰 晉裴駰集解

漢書一百二十卷 漢班固撰 唐顏師古注

後漢書九十卷續志三十卷 宋范曄撰 唐李賢注 續志晉司馬彪撰 梁劉昭注

三國志六十五卷 晉陳壽撰 宋裴松之注

晉書一百三十卷附音義三卷 唐房玄齡等撰 音義唐何超撰

宋書一百卷 梁沈約撰

南齊書五十九卷 梁蕭子顯撰

梁書五十六卷 唐姚思廉撰

陳書三十六卷 唐姚思廉撰

魏書一百十四卷 北齊魏收撰

北齊書五十卷 唐李百藥撰

周書五十卷 唐令狐德棻等撰

隋書八十五卷 唐魏徵撰

南史八十卷 唐李延壽撰

北史一百卷 唐李延壽撰

舊唐書二百卷 晉劉煦撰

新唐書二百二十五卷 宋歐陽修宋祁撰

舊五代史一百五十卷 宋薛居正等撰

新五代史記七十四卷 宋歐陽修撰 徐無黨注 此本不著注者名氏

宋史四百九十六卷 元脫脫等撰

遼史一百一十六卷 元脫脫等撰

金史一百三十五卷 元脫脫等撰

元史二百一十卷 明宋濂等撰

明史三百三十六卷 張廷玉奉敕撰

二十四史三千二百四十卷 五洲同文書局石印本

十七史一千二百九十五卷 仿汲古毛氏本

史記一百三十卷附三皇本紀一卷 宋裴駰 唐司馬貞 張守節注

漢書一百二十卷 漢班固撰 班昭續 唐顏師古注

後漢書九十卷續志三十卷 宋范曄撰 唐李賢注 續志晉司馬彪撰 梁劉昭注

三國志六十五卷 晉陳壽撰 宋裴松之注

晉書一百三十卷 唐房玄齡等撰

宋書一百卷 梁沈約撰

南齊書五十九卷 梁蕭子顯撰

梁書五十六卷 唐姚思廉撰

陳書三十六卷 唐姚思廉撰

魏書一百十四卷 北齊魏收撰

北齊書五十卷 唐李百藥撰

周書五十卷 唐令狐德棻等撰

隋書八十五卷 唐魏徵撰

南史八十卷 唐李延壽撰

北史一百卷 唐李延壽撰

新唐書二百二十五卷 宋歐陽修等撰

新五代史七十四卷 宋歐陽修撰 徐無黨注

通鑑紀事本末五種 內府寫本 有嘉慶御寶

御製詠史詩四卷

通鑑紀事本末前編十二卷 明沈朝陽撰

通鑑紀事本末二百三十九卷 宋袁樞撰

宋史紀事本末一百九卷 明陳邦瞻撰

元史紀事本末二十七卷 明陳邦瞻撰

明史紀事本末八十卷 谷應泰撰

通鑑紀事本末五種 通行本

通鑑紀事本末二百三十九卷 宋袁樞撰

宋史紀事本末一百九卷 明馮琦陳邦瞻撰

元史紀事本末二十七卷 明陳邦瞻撰

明史紀事本末八十卷　谷應泰撰

左傳紀事本末五十三卷　高士奇撰

五種紀事本末　江西局本

左傳紀事本末五十三卷　高士奇撰

元史紀事本末二十七卷　明陳邦瞻撰

通鑑紀事本末二百三十九卷　宋袁樞撰

明史紀事本末八十卷　谷應泰撰

宋史紀事本末一百九卷　明陳邦瞻撰

前漢紀三十卷　漢荀悅撰

後漢紀三十卷　晉袁宏撰

兩漢紀校記二卷 陳璞

西漢會要七十卷 宋天麟撰

東漢會要四十卷 宋天麟撰 廣東局本

書髓樓藏書目卷三

水竹邨人

子部

儒家類

孔子家語十卷 魏王肅注

家語正十卷 姜國伊注

荀子二十卷 周荀況撰 唐楊倞注 南宋纂圖互注本

荀子二十卷 唐楊倞注 明世德堂本

荀子二十卷 唐楊倞注 明世德堂本

荀子集解二十卷考證一卷 王先謙撰

荀子集解二十卷考證一卷 王先謙撰

删訂管子荀子二卷 方苞撰

鹽鐵論十卷 漢桓寬撰

新序十卷 漢劉向撰麗壇評 明刊本

揚子法言十卷 唐李軌柳宗元宋宋咸吳祕司馬光注 明五臣音注本

揚子法言十卷 五家注 日本印本

揚子法言十三卷附音義一卷 唐李軌注 秦氏石研齋本

揚子法言十三卷附音義一卷 唐李軌注 秦氏石研齋本

潛夫論十卷 漢王符撰 明程榮校本 末本殘

顏氏家訓七卷考證一卷 北齊顏之推撰 宋沈揆考證

書儀十卷 司馬光撰 傳經書堂本

程書五十一卷 宋程顥程頤撰程湛編 康熙刊本

二程全書六十七卷 朱熹編 星沙小嫏嬛山館重刊本

二程遺書纂四卷

正蒙注二卷 宋張載撰不著注者名氏

近思錄集解十四卷 宋朱熹呂祖謙撰張伯行集解 安定書院本

近思錄十四卷 江永注

朱子全書六十六卷 聖祖御製

朱子語類一百四十卷 宋朱熹撰 宋黎靖德編 明刊本

黃氏日鈔九十五卷古今紀要十九卷 宋黃震撰 乾隆年汪氏刊本

大學衍義四十三卷 宋真德秀撰 合河孫氏刊本

先聖大訓六卷 宋楊簡撰

讀書記四十卷 宋真德秀撰 乾隆四年祠堂本

趙子言行錄二卷 元趙復撰

性理大全七十卷 明成祖敕撰 康熙敕修本

仁孝皇后勸善書二十卷 明永樂殿本

讀書錄十一卷續錄十二卷 明薛瑄撰

薛子條貫十三卷 明薛瑄撰 戴楞編

居業錄十二卷 明胡居仁撰 正誼堂本

朱子學的二卷 明邱濬編 高興郡署刊本

古今藥石二卷 明宋纁撰

密箴一卷 明蔡清撰 萬歷刊本

呻吟語六卷附錄二卷 明呂坤撰 萬歷刊本

呂語集粹四卷 呂坤撰 陳宏謀輯

聖學宗傳十八卷 明周汝登撰 民國辛亥年石印

御纂性理精義十二卷 聖祖敕撰 通行本

御纂性理精義十二卷 聖祖敕撰

理學宗傳二十六卷 孫奇逢撰

確菴日記八卷 陳瑚撰

確菴日記八卷 陳瑚撰 太倉圖書館本

四書反身錄十卷 李顒撰 浙江書局

四書反身錄十卷 李顒撰 浙江書局

先正格言十卷 陳鑾撰 自刻本

許子政學合一集無卷數 許三禮撰

性理約編二十六卷 朱勷撰

義門讀書記五十八卷 何焯撰 古香齋本

學御一卷 李塨撰 寫本

濂關三書正蒙初義無卷數 王植撰

榕村語錄續集二十卷 李光地撰 傅氏藏園本

從政遺規四卷養正遺規三卷教女遺規三卷訓俗遺規四

卷補遺一卷 陳宏謀撰 道光刊本

五種遺規養正三卷教女三卷訓俗四卷補遺一卷從政二

卷在官法戒錄四卷 陳宏謀撰 浙江局本

學仕遺規四卷補四卷 陳宏謀撰

龍莊遺書四種 汪輝祖撰 江蘇局本

道齋正軌二十卷 鄒鳴鶴蘇源生撰

顏氏學記十卷 戴望撰 皖國朱氏排印本

體生編二卷 徐棟撰 原寫本

太極圖說詳注二卷 不著撰者名氏 鈔本

倭文端公遺書十卷 倭仁撰

易經遵朱五卷 吳元默撰

平平錄十卷 楊芳成撰

正學編八卷 潘世恩撰

人範六卷 蔣元撰 廣雅書局本

人範六卷 蔣元撰 格致書院本

歷代升祔理學錄五卷 劉振邦

兵家類

孫子十家注十三卷遺說一卷 孫星衍輯 敘錄一卷 畢以珣撰 通行本

孫子十家注十三卷遺說一卷 孫星衍輯 敘錄一卷 畢以珣撰 浙江局本

孫子五卷 明趙本學注 日本刊本

司馬法古注一卷附音義一卷 曹元忠音義 箋經室叢書本

虎鈐經二十卷 宋許洞撰

紀效新書十八卷 明戚繼光撰

金湯借著十二籌十二卷 明李盤撰 稿本

登壇必究四十卷 明王鳴鶴撰

洴澼百金方十四卷 明袁宫桂撰 嘉慶刊本

武備制勝三十一卷 明茅元儀撰 道光刊本

經武彙編五卷 明李呈芬撰 明刊本殘

兵錄十卷 不著撰者名氏 寫本

武經圖鏡三種孫子一卷吳子一卷雜説一卷 孫子吳子 王畈注

雜說李廷章編

射書四卷　明顧煜撰　貽經書屋重刊本

洽平勝算十四卷　年羹堯撰　鈔本

慎守要錄十卷　鄒鳴岐撰　鈔本

兵鏡　鄧廷羅撰　舊鈔本

則克錄三卷　泰西湯若望授焦勗撰　寫本

法家類

管子二十三卷　唐房玄齡注　二十二子本

管子二十四卷　黄氏校宋本　光緒翻刻

管子二十四卷　黄氏校宋本　光緒刊本

管子二十四卷 唐房玄齡注明沈鼎新朱養純評 花齋本

商君書解詁五卷附錄二卷 朱師轍撰

韓非子二十卷 明周孔教校本 黄彭年藏本

韓非子二十卷 全椒吳氏刊本

韓非子二十卷識誤三卷 顧廣圻識誤

唐律疏義三十卷附洗寃錄五卷 唐長孫無忌撰 洗寃錄宋吳慈撰 蘭陵孫氏刊本

宋刑統三十卷 不著撰人名氏 法制局刊本

洗寃錄六卷 宋宋慈撰諸家增補 翰墨園本

通志條格二十二卷 元劉正撰 北平圖書館印本

病榻夢痕錄二卷 汪輝祖撰

各法指掌圖四卷 沈辛田原撰徐灝重編湖南藩署本

祥刑要覽四卷 于嶠撰康熙時人

律例便覽八卷 同治增修本

明律集解附例三十八卷 沈家本編訂光緒戊申年重刊本

讀律存疑五十四卷 薛允升撰光緒乙巳刊

農家類

齊民要術十卷 魏賈思勰撰胡震亨秘册彙函本

齊民要術十卷 魏賈思勰撰湖北局本

天工開物三卷 明宋應星撰武進陶氏涉園景印本

農政全書六十卷 明徐光啓撰
道光間曙海樓本

救荒補遺二卷 宋董煟撰 清宋熊補
崇文書局

荒政輯要九卷 汪志伊
崇文書局

營田輯要三卷 黃輔宸撰
成都刊本

農務全書四十八卷 美人施妥縷撰
製造局本

泰西水法六卷 泰西熊三拔撰 徐光啓筆述
掃葉山房

農學理說二卷 美國以德懷特禮利斯撰

醫家類

素問靈樞經十二卷 宋史崧校本
趙府居敬堂刊 按四庫史崧所傳

係靈樞十二卷

甲乙經十二卷 晉皇甫謐撰 四明存存軒本

脈經十卷 晉王叔和撰 明袁表刊本

金匱要略二十二卷 漢張璣撰 寫本

金匱要略淺注十卷 漢張璣撰 陳念祖注 通行本

金匱翼八卷 尤怡撰 寫本罕見本

脈經十卷 晉王叔和撰 明袁表校 廖氏刊本

巢氏諸病源候總論五十卷 隋巢元方等撰

巢氏諸病源候總論五十卷 隋巢元方撰 明汪濟川校本

外臺祕要四十卷 唐王燾撰 廣東刊本

外臺祕要四十卷 唐王燾撰 廣東刊本

備急千金要方三十卷 唐孫思邈撰宋林億校 黃氏仿日本江戶景北宋本

千金翼方三十卷 唐孫思邈撰 通行本

千金翼方三十卷 宋林億校 莫氏景元大德本

千金方衍義三十卷 張璐撰 掃葉山房本

千金方衍義三十卷 張璐撰

聖濟總錄二百卷 原缺三卷宋奉敕撰 燕遠堂本莫氏書目云汪氏重刊本內

缺十卷

本事方釋義十卷 宋許叔微撰葉桂注

傷寒總病論六卷 宋龐安時撰 仿士禮居本石印

銅人腧穴鍼灸圖經五卷 宋王惟一撰 貴池劉氏景宋本

蘇沈內翰良方十卷 宋蘇軾沈括撰 武強賀氏刊本

蘇沈內翰良方十卷 宋蘇軾沈括撰 武強賀氏刊本

醫說十卷 宋張杲撰 嘉靖刊本

宣明論方十五卷 金劉完素撰

素問病機三卷 金劉完素撰 河間六書本

儒門事親十五卷 金張從正撰 步月樓刊本

外科精義二卷 元齊德之撰 吳勉學刊本

脈因證治二卷 元朱震亨撰 湯望久校輯

丹溪心法五卷附錄十六卷 元朱震亨撰 明方廣刊本

攝生總論十二卷 明張時徹編 康熙時經術堂本

汪氏石山醫案八種　明汪機撰

石山醫案六卷運氣易覽三卷　明陳桷撰　嘉靖汪氏刊本

名醫類案十二卷　明江瓘撰

名醫類案十二卷　明江瓘撰　藏修堂重刊本

脈訣刊誤集解二卷附錄一卷　明戴起宗撰　附錄汪機撰

玉機微意五十卷　明徐用誠撰劉純續增　天德堂本

瘍科選粹八卷　明陳文治輯　浮溪達尊堂本

明醫雜著六卷　明汪節齋集薛已注

喻氏醫學三書十五卷　明喻昌撰

本草綱目五十二卷奇經考一卷脈學一卷　明李時珍撰　萬方

針線五十二卷蔡烈先撰拾遺十卷趙學敏輯合肥張氏味古齋本

本草綱目五十二卷奇經考一卷脈學一卷明李時珍撰萬方

針線五十二卷蔡烈先撰拾遺十卷趙學敏輯合肥張氏味古齋本

本草綱目五十二卷奇經考一卷脈學一卷明李時珍撰萬方

針線五十二卷蔡烈先撰拾遺十卷趙學敏輯合肥張氏味古齋本

本草綱目五十二卷奇經考一卷脈學一卷明李時珍撰萬方

針線五十二卷蔡烈先撰務本堂本

赤水玄珠三十卷明孫一奎撰杭州吳氏刊本

醫學綱目四十卷明婁英撰明刊本　婁一作樓

醫貫六卷不著撰人名氏呂晚村天一樓本

幼科證治準繩九卷　明王肯堂撰

幼科證治準繩九卷　明王肯堂撰　萬曆刊本

臨證指南評十卷　葉桂撰　道光甲辰蘇州經鋤堂本

醫宗金鑑九十卷　乾隆敕撰　通行本

張氏醫通六種　張璐撰　按四庫作十六卷

傷寒纘論二卷　張璐撰　康熙原刊本

南證別鑑　卷

種痘新書十二卷　張琰撰　掃葉山房本

種痘新書十二卷　張琰撰　會文堂本

醫林指月十二種　王琦輯校

傷寒類方四卷　徐大椿撰　潘霨增輯　潘氏刊本

醫學金鍼八卷　陳念祖撰　潘霨增輯　光緒潘氏刊本

景岳新方砭四卷　陳念祖撰　袖珍本

石室秘錄六卷　陳士鐸撰　雍正年萱永堂本

本草述三十二卷　劉若金撰　還讀山房本

本草述鉤玄三十二卷　楊時泰撰

醫經原旨六卷　薛雪集注

徐氏醫書六種　徐大椿撰

吳醫彙講十一卷　唐大烈撰　乾隆刊本

潛齋醫學叢書九種　王士雄　咸豐刊本不全

温熱經緯五卷　王士雄撰

士林三書八卷　李中梓撰　康熙時人　善成堂本

辨證奇聞十卷　錢松撰　江左書林刊本

傷寒補天石四卷　明戈維城撰

傷寒論眞解六卷　張錫駒撰　康熙時人

傷寒論注六卷　張機撰　柯琴偏注

素問直解九卷　高世栻撰　康熙時人　光緒刊本

名醫方論四卷　羅美撰

外科樞要四卷　明薛已撰　明刊本

外科正宗八卷　明王　撰　博古堂本

外科大成四卷 祁坤撰 坊刻本

外科正宗十二卷 陳實功撰陳鶯翼重訂 同治年刊本

外科正宗十二卷 陳實功撰陳鶯翼重訂 坊刻本

外科正宗十二卷 陳實功撰陳鶯翼重訂 坊刻本

外科正宗十二卷 陳實功撰陳鶯翼重訂 坊刻本

外科證治全生無卷數 王維德撰 光緒刊本

外科證治全生無卷數 王維德撰 光緒刊本

外科證治全生無卷數 王維德撰 石印本

外科證治全生無卷數 王維德撰 石印本

外科祕錄十六卷 陳士鐸

外科醫案彙編四卷 余景和撰 上海文瑞樓本

金匱方歌括六卷 陳念祖撰 南雅堂本

傷寒瘟疫條辨六卷 楊璿撰 乾隆時人 鈔本

四診抉微八卷 林之翰撰 雍正時人

醫林改錯二卷 王清任撰 坊刻本

醫方藥性八卷附一卷 羅必緯參訂 李光明刊本

醫學心悟六卷 程國彭撰 坊刻本

醫學心悟五卷 程國彭撰 不全

沈氏尊生書五種七十二卷 沈金鰲撰 崇明書局本

醫學輯覽六卷 唐元愷等撰

溫證論治一卷 葉香巖原著宋兆祺注

醫學問答二卷 梁玉瑜撰

醫方叢話八卷 徐士鑾撰 徐氏家刻本

針灸大成十卷 李月桂重訂 坊刻本

本草求真十一卷脉理求真二卷 黃宮繡 嘉慶刊本

晰微補化全書二卷 郭鍾撰

古方彙精四卷 不著撰人名氏 嘉慶刊本

醫略十三卷附三卷醫略六十七卷 蔣寶素

痧脹玉衡書三卷 郭志邃撰

寓意草無卷數 明喻昌撰 寫本

寓意草一卷 喻昌撰 道光原刻本

傷寒尋源三卷 呂震名撰 道光時人 光緒刊本

瘍科心得集三卷景岳新方歌一卷 高秉鈞撰 嘉慶刊本

學古診則四卷 盧之頤撰 乾隆刊本

醫學讀書記四卷 尤在涇撰 乾隆刊本

醫學要覽六卷 不著撰人名氏 寫本

本草疏證十二卷 鄒澍撰

傷寒集注十卷附一卷 舒詔撰 乾隆時人 鈔本

經驗良方二卷 李希舜撰 敬修堂刊本

徽瘡祕錄二卷 陳司城撰 光緒刊本

難經懸解二卷 黃元御撰 陽湖馮氏刊

喉科指南四卷 不著撰人名氏 石印本

辨症錄十三卷 陳士鐸撰 寫本

東醫寶鑑二十三卷 朝鮮許浚撰 日本刊本

東醫寶鑑二十三卷 朝鮮許浚撰 高麗刊本

醫故二卷 鄭文焯撰 書帶草堂本

醫方集解 汪昂撰

本草從新六卷 吳儀洛撰 硤州利濟堂撰

黃氏醫書八種七十七卷 黃元御撰 咸豐刊本人

黃氏醫書八種七十七卷 黃元御撰 咸豐刊本

家學淵源四卷 不著撰人名氏 鈔本

古方選注無卷數 王子接注 綠蔭堂刊本

筆花醫鏡四卷 江涵暾撰 光緒年重刊

濟世良方五卷 錢峻撰 光緒枕經書屋重刊

血證論六卷 唐宗海撰 光緒甲申唐氏家刻本

重樓玉鑰四卷 鄭梅澗撰 石印本

傷寒指掌無卷數 吳貞撰 稿本

痘疹真傳二卷 曹光熙撰 寫本

天花八陣編二卷 王廷魁撰

類證治裁八卷 林佩琴 光緒刊本

金仙證論無卷數　柳華陽撰

嵩崖尊生書十五卷　景日昣撰

丹臺玉案六卷　孫文胤撰

痧症全集三卷　費山壽　三眉書屋

內科理法十五卷　英國虎伯茄合撰　舒高第趙元益譯

儒門醫學三卷　英人海德蘭撰　趙元益筆述

天文算法類

律歷淵源歷象考成上編十六卷下編十卷表十六卷　康熙御定　後編十卷　乾隆敕撰　續編三十二卷　道光敕撰　律呂正義二卷　康熙御定　數理精蘊上編五卷下編四十卷表八卷　康熙

御定儀象考成三十二卷　乾隆敕撰　武英殿本

歷象考成十卷　康熙敕撰　按四庫全書作四十二卷　勵志書屋刊本

高厚蒙求五卷　徐朝俊撰　通行本

數學精詳十三卷　屈曾發撰　光緒重印本

九數通考十三卷　屈曾發撰　德慶堂藏板

嘉量算經二十卷　載堉撰

圜天圖說六卷　李明徹撰

恆星圖八卷

術數類

焦氏易林十六卷　舊題漢焦贛撰　按名延壽　景宋本

焦氏易林四卷 書目答問依牟廷相定爲漢崔篆撰

元包經傳一卷數總義一卷 後周衛元嵩述 唐蘇源明傳 唐李江注 汲古閣本

太玄集注四卷 宋司馬光注 孫氏古棠書屋本

太玄集注四卷 宋司馬光注 古棠書屋本

雪心賦正解四卷附辨論一卷 唐卜應天撰 孟浩然注

地理天機會元三十五卷 唐卜則魏撰 明人重編 坊刻本

撼龍經批注校補四卷 唐楊筠松撰 楊益注

皇極經世書六十卷附二卷 宋邵雍撰

皇極經世書解十二卷 王植撰 家刻本

皇極經世書解十二卷 王植撰 家刻本

神相全編十二卷 原題宋陳摶撰 明袁忠徹訂正

萬年書十二卷 不著撰人名氏

丙丁龜鑑五卷續錄二卷 宋柴望撰續錄元人撰

淵海子平五卷附星命須知一卷萬年歷一卷 宋徐升撰 明人增訂 坊刻本

入地眼全書十卷 宋辜託長撰 掃葉山房本

入地眼全書十卷 宋辜託長撰 掃葉山房本

祝由科六卷 宋張虛靖撰

梅花易數五卷 原題邵雍撰 坊刻本

地理人子須知三十九卷 明徐善繼善述同撰 坊刻本

地理人子須知三十九卷 明徐善繼善述同撰 坊刻本

柳莊相法三卷 明袁忠復撰 坊刻本

筮吉指南四卷 明萬邦孚撰 明本

佐玄直指圖解九卷 原題明劉基撰 張之紅輯 向自齋刊本

奇門遁甲十卷 原題明劉基撰 寫本

觀象玩占四十九卷 不著撰人名氏 亦題明劉基撰 鈔本

三命通會十二卷 明萬民英撰 坊刻本

奇門遁甲統宗十二卷 不著撰人名氏 石印本

奇門遁甲統宗九卷

神相鐵關刀四卷 不著撰人名氏

六壬金口訣三卷 不著撰人名氏 坊刻本

金斗臨經一卷 不著撰人名氏 坊刻本

陽宅大全十卷 不著撰人名氏 坊刻本

演禽三世相法一卷 不著撰人名氏 坊刻本

八宅明鏡二卷 不著撰人名氏

大乙統宗二十卷 不著撰人名氏 鈔本

皇明玉歷祥異賦圖注類纂十五卷 不詳撰人名氏 寫本

陽宅集要八卷 姚廷鑾撰

陰宅集要四卷 姚廷鑾撰

陰陽二宅全書十二卷 姚廷鑾撰 片山書樓本

地理堪輿撼龍經二卷葉泰撰 山水忠肝集一卷蕭客撰

地理金丹二卷方行慎撰雍正刊本

奇門遁甲三十卷遁甲金函玉鏡六卷坊刻本

麻衣相五卷陸位崇校編坊刻本

相理衡眞十卷陳釗撰坊刻本

相理衡眞十卷陳釗撰坊刻本

羅經透解四卷王道亨撰坊刻本

羅經透解二卷王道亨撰坊刻本

陽宅大成十五卷魏撰坊刻本

星平海會十卷水中龍撰坊刻本

地理錄要四卷 蔣平階撰 坊刻本

易隱八卷 曹九錫撰 坊刻本

易隱四卷 曹九錫撰 坊刻本

六壬粹言無卷數 劉赤江撰 坊刻本

選擇正宗八卷 顧鍾秀撰

鐵板神術十四卷 坊刻本

紫微十數四卷 潘希尹補輯 坊刻本

地理青囊經解四卷附天玉經心印四卷 王宗臣撰

斷易大全四卷 余國興撰 坊刻本

斷易大全四卷 余國興撰 坊刻本

陽宅三要四卷 趙廷棟撰 江左書林書局

相術全書二卷 徐歟安撰

風水二書形氣類則 卷 歐陽純撰

萬年書一卷 坊刻本

卜筮正宗十四卷 王維德撰 掃葉山房本

卜法詳考四卷 胡煦撰 葆璞堂本

星命大成七卷 沈義方撰 坊刻本

大六壬十三卷 郭載騋撰 懷慶楊衙本

大六壬十三卷 郭載騋撰 懷慶楊衙本

大六壬十三卷 郭載騋撰 坊刻本

地理直指原眞二卷 釋如玉撰 坊刻本

蠢子數十三冊 不著撰者名氏 鈔本

心略四卷 不著撰者名氏

驅蠱燃犀錄一卷 李鳳閣撰

藝術類

歷代名畫記十卷 唐彥遠撰 汲古閣本

古書品錄一卷 南齊謝赫撰 續畫品一卷 陳姚最撰 書史一卷 宋米芾撰 汲古閣本

圖畫見聞志六卷 宋郭若虛撰 汲古閣本

書畫史二卷 宋米芾撰 黎雲館本

廣川書跋十卷 宋董逌撰 舊鈔本

墨池編六卷 宋朱長文撰 精鈔本

絳帖平六卷 宋姜夔撰 寫本

山谷題跋四卷 宋黃庭堅撰 紛佩閣本

宣和書譜二十卷 不注撰人名氏 汲古閣本

宣和書譜二十卷 不注撰人名氏 汲古閣本

書苑菁華二十卷 宋陳思撰 鈔校本

圖繪寶鑑五卷續一卷 元夏文彥撰續編明韓昂撰 借綠草堂本

圖繪寶鑑五卷 元夏文彥撰 仿元刊本

鐵網珊瑚十六卷 明朱存理撰

清河書畫舫十二卷　明張丑 池北草堂本

神龍百法一卷　不著撰人名氏 萬歷見溪堂刊本

佩文齋書畫譜一百卷　康熙四十七年孫岳頒等奉敕撰 靜永堂本

佩文齋書畫譜一百卷　孫岳頒等奉敕撰

歷代題畫詩類一百二十卷　聖祖敕撰編

歷代名繪題品彙鈔無卷數二十四冊　無撰者名氏 鈔本

六書精蘊二卷

六書精蘊三卷　不著撰者名氏不全

桐陰論畫五卷　秦祖永撰

桐陰論畫五卷　秦祖永撰

草聖彙辨四卷 白芬撰

寓意錄四卷 繆日藻撰 寒木春華館本

書史彙傳七十二卷 彭蘊燦撰 附錄二卷 邱步周撰 同治邱氏刊本

別下齋書畫錄七卷 蔣光煦撰 寫本

式古堂書畫彙考六十卷 卞永譽撰 鑑古書社影印本

江村消夏錄三卷 高士奇撰 郎潤軒本

庚子消夏記八卷 孫承澤撰

國朝畫徵錄五卷 張庚撰 國朝畫院錄二卷 胡敬撰 無聲

詩史七卷 姜紹書撰

國朝畫院錄二卷 胡敬撰

虛舟題跋十卷 王澍 鐵花盦本

淳化閣帖攷正十二卷釋文二卷 王澍撰釋文沈宗騫撰

畫耕偶錄四卷 邵梅臣

諸家書說十三種

書法正宗四卷 王澍蔣衡等撰

墨林今話十九卷 蔣寶齡撰

國朝畫識十七卷墨香室書識十卷 馮金伯撰 江左書林本

芥舟學畫編四卷 沈宗騫撰 石印本

秦書八體原委二卷 華學涑撰

漢隸學源 卷

楷法溯原十四卷目錄一卷　潘存原輯　楊守敬編

畫學簡明五卷題畫詩二卷　鄭績撰　同治刊本

鐵函齋書跋八卷　楊賓撰　筠石山房本

鐵函齋書跋四卷　同上

畫法要錄六卷　余紹宋

宋元明以來畫人錄三十六卷　魯峻撰　字　按清史稿無明

國朝畫人輯略十一卷天咫偶聞十卷　震鈞撰

四銅鼓齋論畫集刻十二種　張祥河撰

韡齋書畫錄二卷　郭寶昌撰

石渠隨筆八卷　阮元

習苦齋畫絮十卷 戴熙撰

習苦齋畫絮十卷 戴熙撰

嶽雲樓書畫錄五卷 孔廣陶撰 三十有三萬卷堂本

歷代畫史彙傳七十二卷 彭蘊璨撰 石印

虛齋名畫錄十六卷 宣統己酉烏程龐刊本

甌鉢羅室書畫過目考四卷 李玉棻撰

南宋院畫錄八卷 厲鶚撰 原刊本

書畫鑑影二十四卷 李佐賢傳 李氏刊本

南村帖考四卷 程文榮撰

大觀錄二十卷 吳升撰 清史稿作吳敏

石渠寶笈三編目錄　羅振玉景印

盛京故宮書畫錄七卷　金梁

古物陳列所書畫目錄十四卷　民國十四年北京京華書局印

退菴金石書畫跋十卷　梁章鉅撰　缺卷四

有益無益齋讀畫詩二卷　李葆恂撰

高宗御製詠瓷詩錄一卷　郭葆昌輯　民國十八年夏排印

琴學彙粹四卷　不著撰人名氏　明抄本

太古遺音一卷伯牙心法一卷　明楊掄撰

五知齋琴譜八卷　周魯封撰

春草堂琴譜六卷 曹尚絅蘇璟戴源同訂 寫本

桃花泉奕譜二卷 范世勳撰

支那南畫集成二卷 日本田口米舫

歷代著錄畫目無卷數 英國福開森編 金陵大學印

書畫彙考 卷 石印本

清朝書畫譜一卷 日本內藤虎撰

附錄

清文鑑四十九卷

譜錄類

南方草木狀三卷 晉嵇含撰 吳江沈氏刊本

刀劍錄一卷 梁陶宏景撰 汲古閣本

宣和博古圖錄三十卷 宋王黻等奉敕撰

古玉圖譜一百卷 宋龍大淵奉敕撰 乾隆江氏康山草堂本

玉蘂辨證一卷 宋周爲大撰 汲古閣本

燕几圖一卷 宋黄長睿撰

蟲經二卷 宋賈似道輯 寫本 宋賈秋壑撰

方氏墨譜六卷 明方于魯撰 萬曆精印本

羣芳譜三十卷 明王象晉撰 沙州草堂本

羣芳譜三十卷 明王象晉撰 沙州草堂本

香乘二十八卷 明周嘉胄

墨海書七卷畫七卷 明方瑞生輯 陶氏涉園景印本

墨海書七卷畫七卷 明方瑞生輯 陶氏涉園景印本

廣羣芳譜一百卷 康熙四十七年奉敕撰 亦西齋本

廣羣芳譜一百卷 康熙四十七年奉敕撰 亦西齋本

西清古鑑四十卷附錢錄十六卷 梁詩正等奉敕撰 遵宋書館銅板本

乾隆御製硯譜無卷數

南阜硯譜四卷 高鳳翰 道光年印

寶硯堂硯辨一卷 何傳寶撰

壽石齋硯譜一卷 汪日暘撰

古玉圖錄一卷 瞿中溶撰

十六家墨說十六卷 吳昌綬輯 壬戌年刊

墨表四卷 鮑廷博撰 紅印本

娑羅花樹館藏印六卷 周肇祥撰

植物名實圖考三十八卷 吳其濬撰 民國八年重刊本

植物名實圖考長編二十二卷 吳其濬撰

京兆古物調查表一卷

山東古物調查表一卷

治梅緣譜無卷數 王寅撰 石印小本

劉雪湖梅譜二卷 王思任輯

閱微草堂硯譜一卷 沈鈞撰

閱微草堂硯譜一卷 紀昀撰

琴歸室瓦當文鈔一卷

十鐘山房印舉三十卷 何昆玉編 涵芬樓印本

千甓亭專錄六卷 陸心源撰

品芳錄

景德鎮陶錄十卷 藍浦撰 光緒重刊本

馮氏金文硯譜二卷 馮恕 馮氏原拓本

涉園墨萃十二種 民國己巳武進陶氏涉園石印本

雜家類

晏子春秋七卷音義二卷附校勘記二卷 孫星衍校本黄以周校勘

局本

晏子春秋八卷 全椒吳氏刊本

呂氏春秋二十六卷 高誘注明刻本

呂氏春秋二十六卷 吳汝綸點勘

燕丹子三卷牟子一卷尸子二卷 孫星衍校平津館本

鶡冠子三卷 宋陸佃解聚珍本

淮南子二十一卷 漢劉安撰吳汝綸點勘排印本

淮南子二十一卷 莊逵吉校

論衡三十卷 漢王充撰萬曆本

論衡三十卷 漢王充撰萬曆本

讒書五卷 唐羅隱撰

學林十卷 宋王觀國撰 聚珍本

容齋十六卷續筆十六卷三筆十六卷四筆十六卷五筆十卷 宋洪邁撰 康熙庚辰補修馬調元本

容齋隨筆十六卷續筆十六卷三筆十六卷四筆十六卷五筆十卷 宋洪邁撰 掃葉山房翻馬調元本

容齋隨筆十六卷續筆十六卷三筆十六卷四筆十六卷五筆十卷 宋洪邁撰 掃葉山房翻馬調元本

脚氣集一卷 宋車若水撰 同治刊本

程氏考古編十卷 宋程大昌撰 江杏溪校 文學山房本

困學紀聞二十卷 宋王應麟撰 江安傅景宋石印本

困學紀聞二十卷 宋王應麟撰 七家箋釋

困學紀聞二十卷 宋王應麟撰 七家箋釋 山淵堂刊本

困學紀聞二十卷 宋王應麟撰 三家箋 嘉慶刊本

困學紀聞二十卷 宋王應麟撰翁元圻注 咸豐重刊本

甕牖閒評八卷 宋袁文撰 聚珍版本

鶴林玉露十六卷 宋羅大經撰 明刊本

野客叢書十卷 宋王楙撰 明張炳運訂

游志續編二卷 元陶宗儀撰 陶一作錢 景元寫本

隱居通議三十卷 元劉壎撰 愛餘堂本

丹鉛總錄二十七卷 明楊慎撰

快書五十種 明閔景賢撰 廣快書五十種 明何偉撰 原刊本

冥寥子游二卷 明屠隆撰 寫本

通雅五十二卷附刊誤一卷 明方以智撰 光緒方氏刊本

通雅五十二卷 明方以智撰 浮山此藏軒本

公餘覽勝十卷 明吳敬所撰 光霽堂本

七十二子粹言一卷 明都穆輯 明刊本

震澤長語二卷紀聞二卷 明王鏊撰 紀聞續編一卷郢事紀略一卷 明王禹聲撰 明刊本

七修類稿五十一卷 明郎瑛撰

七修類稿五十一卷續七卷　明郎瑛撰　耕煙草堂本

鬱岡齋筆塵四卷　明王肯堂撰　北平圖書館印本

沈氏弋說六卷　明沈長卿撰　丁衙本

資治新書三十四卷　明李漁撰

古今說海一百四十二卷　明陸楫編

福壽丹書一卷　明龔居中撰

仁獄編三十卷　明余懋學撰　萬曆本

戒菴老人漫筆八卷　明李詡撰　明刊本

草木子四卷　明葉子奇撰

實政錄七卷　明呂坤撰　通行本

雋區八卷 明鄭仲夔撰

瑯琊代醉編四十卷 明張鼎思撰 原刊本

格古要論十三卷 明曹昭撰舒敏編王佐校增 黃正位重校本

百子金丹十卷 明郭偉撰 坊刻本

俟後編六卷 明王敬臣撰

古逸書三十六卷 明人編編者名氏未詳 原刊本

馬氏日鈔一卷 馬愈撰 紀善錄一卷 明杜瓊撰

日知薈說四卷 乾隆御纂 殿本

日知錄集釋三十二卷刊誤四卷 顧炎武撰黃汝成集釋 述古堂重刊本

日知錄集釋三十二卷刊誤四卷 顧炎武撰黃汝成集釋

日知錄集釋三十二卷刊誤四卷 顧炎武撰黃汝成集釋 黃氏西谿草廬本

日知錄集釋三十二卷刊誤四卷 顧炎武撰黃汝成集釋 黃氏西谿草廬本

日知錄集釋三十二卷刊誤四卷續刊誤二卷 顧炎武撰黃汝成集釋

春明夢餘錄七十卷 孫承澤撰 古香齋本

潛書四卷 唐甄撰

因樹書屋書影十卷 周亮工撰 賴古堂本

居家必備十卷 瞿祐宗編

說緯六卷 王崧撰 吉祐堂本

池北偶談二十六卷 王士禎撰

劉子威雜俎十卷　劉鳳撰

說鈴鈔八卷　華繼撰　保元堂本

江漢叢談二卷　陳士元撰

瀛舟筆談十二卷　阮亨撰

繹志十九卷　胡承諾撰

譚誤四卷　馬朴撰

說儲三卷　陳禹謨撰

十駕齋養新錄二十卷餘錄二卷　錢大昕撰　十駕齋本

小滄浪筆談四卷　阮元撰　浙江節署本

韓門綴學五卷　汪師韓撰

小知錄十二卷 陸鳳藻撰 琴雅堂本

浮邱子十二卷 湯鵬撰

人道譜一卷 閔忠撰

羣經綱紀考十六卷明夷待訪錄糾繆一卷 李滋然撰

千字文彙考一卷 王開浂撰

倘湖樵書四卷 來集之撰

述記二卷 任兆麟撰 忠敏家塾本

退菴隨筆二十卷 梁章鉅撰

退菴隨筆二十二卷 梁章鉅撰

通俗編三十八卷 翟灝撰 無不宜齋刊本

通俗編三十八卷 翟灝撰

游覽隨筆二卷 李圭撰 寫本

喻林一葉二十四卷 王蘇撰 乾隆原刊本

重論文齋筆記六卷 王端履撰

蘿摩亭札記八卷 喬松年撰

蘿摩亭札記八卷 喬松年撰

榿園四種八卷 龔禮撰

開有益齋讀書志六卷續一卷 朱緒曾撰 茹古閣本

癸巳類稿十五卷 俞正燮撰 求日益齋本

癸巳存稿十五卷 俞正燮撰 光緒刊本

鄭嶼裘書五種三十七卷 曾廷枚撰 原刊本

香墅漫鈔十二卷 曾廷枚

香墅漫鈔十二卷 曾廷枚

權橫一書四十一卷 王植撰

中道全書六十二卷 謝維嶽撰

李氏焚書六卷 李贄撰

横陽札記十卷 吳承志 劉翰怡嘉業堂本

寶存四卷 胡式鈺撰

寶存四卷 胡式鈺撰

消夏隨筆二卷 潘世恩撰 清頌堂本

羣書拾補三十八種　盧文弨撰　抱經堂本

鍾山札記四卷　盧文弨撰　抱經堂本

嘐嘐言十卷　郭柏蔭撰

桂林梁先生遺著七卷　梁濟川撰

邃雅堂學古錄七卷　姚文田撰

猜嘉錄十二卷　顧祿撰　道光刊本

清嘉錄十二卷　顧祿撰　道光刊本

聞見瓣香錄十卷　秦武域撰

郎潛紀聞三十卷　陳康祺撰

臣鑑錄二十卷　蔣伊編　咸豐年重刊

志學錄八卷 方宗誠撰 方氏家刻本

柳南隨筆四卷續筆四卷 王應奎撰

人鏡類纂四十六卷 程之楨 程氏排本

繹志十九卷 胡承諾撰

韻山雜記四卷 孫廷銓撰

熙朝新語十六卷 余全撰

半巖廬日記五卷 邵位西撰 辛未邵氏家刻本

溪山臥遊錄 盛大士

無邪堂答問五卷 朱一新撰 廣雅書局刊本

翁文恭公日記四十七卷 翁同龢 中華書局排印本

越縵堂日記五十一卷 李慈銘撰 商務印書館景印本

古品節錄六卷 無名氏編 宣統二年重刊

瓜圃叢刊敘錄一卷 金梁

從政圖說一卷 唐義渠撰

會心言二卷 王納諫撰

太上感應篇集傳四卷 惠棟箋 俞樾贊義 姚學塽注 庚午雙百鹿齋刊本

開知錄十四卷 張秉直撰 光緒元年刊本

定香小識十六卷 張道撰

養吉齋叢錄二十六卷餘錄六卷 吳振棫撰

燕在閣知新錄三十卷 王棠撰

清閟述聞十六卷　法式善

北偶掌錄二卷　黃士珣

讀書脞錄七卷　孫志祖

六事箴言二卷　葉玉屏撰

易簡錄四卷　無名氏　道光刊本

陶樓新著三種　黃彭年撰

石渠餘紀六卷　王慶雲撰

巾經纂二十卷　宋宗元撰　李廷璋刊本

巾經纂二十卷　宋宗元撰　李廷璋刊本

伸顧一卷　易本烺撰　附道江三議一卷　王柏心撰

瘖索一卷 李元

平書八卷 秦篤輝撰

勸學篇二卷 張之洞撰

小說類

世說新語六卷 宋劉義慶撰梁劉孝標注明王世懋批點明刊本

世說新語六卷 宋劉義慶撰梁劉孝標注湖北局本

世說新語六卷 宋劉義慶撰湖北局本

世說新語三卷 日本景宋本印

酉陽雜俎二十卷續十卷 唐段成式撰小嫏嬛山館本

酉陽雜俎二十卷續十卷 唐段成式撰小嫏嬛山館本

酉陽雜組二十卷續十卷　唐段成式撰

太平廣記五百卷　宋李昉等撰　通行本

孫公談圃三卷　宋劉延世撰

避暑錄話二卷　宋葉適撰

茅亭客話十卷　宋黃休復撰　汲古閣本

新編五代史平話八卷　不著撰人名氏　董氏誦芬堂景宋本

輟耕錄三十卷　元陶宗儀撰　通行本

南村輟耕錄三十卷　元陶宗儀撰　武進陶氏景元刊

埋劍記二卷　明吳江沈璟撰　北平圖書館石印

清異錄二卷　宋陶穀撰　表異錄二十卷　明王志堅撰　光緒陳氏刊本

豔異編四十卷續十九卷 明王世貞等編 玉茗堂本

紀史通鑑三十九卷 徐道述李理贊 乾隆刊本

桐陰清話八卷 倪鴻撰

滑稽編無卷數 明賈三近撰

世說新語補二十卷 明何良俊撰

正續太平廣記魏晉十二卷唐二百四卷內缺三種宋一百四十三卷明一百八卷 馮氏輯一名五朝紀實

游戲三昧十二卷 曾廷枚撰 原刊本

談異八卷 不著撰者名氏

板橋雜記四卷 金懷撰 附雪鴻小記一卷

寄園寄所寄十二卷 趙吉士撰

履園叢話二十四卷 錢泳撰 述德堂本

蕉軒隨錄十二卷 方濬師撰

夢園叢說八卷 方濬頤撰

虛初新志二十卷 張潮撰

明齋小識十二卷 諸聯撰

儵游浪語三卷 傅向榮撰

歸田瑣記八卷浪跡叢談十一卷 梁章鉅撰

歸田瑣記八卷 梁章鉅撰

智囊補二十八卷 明馮夢龍重輯 婁齋刊本

復堂日記八卷 譚獻撰

輟耕筆記一卷 倪偉人撰

國色天香十卷 吳敬所撰

南沙新識一卷 黄報廷撰

定湖筆談二卷 黄景洽撰

瀛壖雜志六卷 王韜撰

東湖叢話六卷 蔣光煦雲自在龕本

鴻雪因緣三卷 麟慶撰

花箋錄二十卷 孫兆溎撰

香草校書二十八卷 于鬯

格天集六卷　不著撰者名氏

蝶仙小史二卷　延青撰

蝶階外史四卷　高繼珩撰

宋豔十二卷　徐青沅先生士鑾撰　光緒辛卯刊本

八述奇十卷　張德彝撰

七竹居雜記　卷　陳三立撰　不全

勸戒近錄十卷　梁恭辰撰　鉛字排印本

行素齋雜記二卷　繼昌

類書類

龍筋鳳髓判注四卷　唐張鷟撰明劉元鵬注　嘉慶刊本

初學記三十卷 唐徐堅撰 古香齋本

初學記三十卷 唐徐堅撰 古香齋本

初學記三十卷 唐徐堅撰 古香齋本

事類賦三十卷 宋吳淑撰 明鈔本

事類賦三十卷 劍光閣本

太平御覽一千卷 宋李昉等撰 鮑氏刻本

冊府元龜一千卷 宋王欽若等奉敕撰

事文類聚別集三十二卷遺集十五卷外集十五卷 宋祝穆編 外集元富大用編遺集元祝淵 明唐富春刊

事文類聚續集二十八卷 宋祝穆撰 外集十五卷 元富大用撰 元刊本

玉海二百卷附詞學指南四卷詩考一卷詩地理考六卷漢藝文志考十卷通鑑地理通釋十四卷王會篇一卷漢制考四卷踐祚篇一卷急就篇四卷姓氏急就二卷小學紺珠十卷六經天文編二卷 宋王應麟撰 嘉慶江寧藩署刊本

翰苑新書七十卷後集二十六卷後集下六卷別集十二卷 不著撰人名氏 藍格寫本 缺前集及續集

韻府羣玉二十卷 元陰時夫撰 文光堂刊

漢唐事箋十二卷 元朱禮撰

唐類函二百卷 明俞安期撰 萬歷刊本

圖書編一百二十七卷 明章潢撰 明孫叓富刊本

廣博物志五十卷 明董斯張撰 原刊本

事物紀原五十五卷 宋高承撰明人增廣 日本刊本

宇宙文芒十二卷 明鄧景堯編 萬曆博古堂本

潛確類書一百二十卷 明陳仁錫編 原刊本

博物典彙二十卷 明黃道周撰 原刊本

白眉故事十卷黃眉故事十卷 白眉故事許以忠撰 黃眉故事鄧百拙撰

雍正刊本

黃眉故事十卷 鄧百拙撰 經濟堂本

古今圖書集成一萬卷附考證 蔣廷錫等奉敕撰 大字石印本

淵鑑類函四百五十卷 康熙四十九年奉敕撰

淵鑒類函四百五十卷　康熙四十九年奉敕撰

淵鑒類函四百五十卷　康熙四十九年奉敕撰古香齋本

佩文韻府四百四十四卷拾遺七十二卷

佩文韻府四百四十四卷拾遺七十二卷

韻府約編二十四卷　鄧愷撰乾隆時人

子史精華一百六十卷　雍正御定仿殿本

子史精華一百六十卷　雍正御定

子史精華一百六十卷　雍正敕撰聚錦堂本

人壽金鑑二十二卷　程德齡撰柳依園本

三才藻異十四卷　屠粹忠撰

歷代壽攷名臣錄無卷數　洪梧等撰　文學山房本

月令粹編二十四卷　秦味芸撰

讀書記數略五十四卷　宮夢仁撰　康熙刊本

衍年錄無卷數二十四冊　魏方泰撰　雍正刊本

唐詩金粉十卷　沈炳震撰　冬讀書齋本

陸生口譜五卷　陸圻輯　稿本

韻府翼五卷　郭鑑輯　光緒元年刊本

識小類編　卷　夏大觀撰

家塾蒙求五卷　康基淵撰　江漢關署刊本

類腋五十五卷補遺一卷　姚培謙撰補遺張龍孫撰　坊刻本

冊府元龜獨制三十卷 曹胤昌撰

類林新詠三十六卷 姚之駰撰

精忠類編八卷 不詳編者名氏 短二卷

記事珠十卷 張以謙撰

兩漢韻珠十卷 吳章澧撰 光緒刊本

壽世彙編 卷 撰者未詳 四川刊本

對語五卷 章慶撰 三餘書屋本

文選課虛四卷 杭世駿撰

韻府約編二十四卷 鄧愷撰 綰秀閣重刊本

花甲閒談十六卷 張維屏撰 葉夢草繪圖

花甲閒談十六卷　張維屏撰　葉夢草繪圖

日月紀古十二卷　蕭智漢撰　經元堂本

留青新集三十卷　陳枚撰

留青新集三十卷　陳枚撰

詩韻集成十卷　余照撰

四書典林三十卷　江永　三槐堂刊本

四書人物典林十二卷　江永

事類統編九十三卷　黃葆真增補

釋家類

大藏經一千九百十六種八千四百十六卷　日本頻迦精

舍印本

大方廣圓覺經十六卷 唐沙門宗密撰

圓覺經略疏二卷 唐沙門宗密撰圭峯禪師注 道光年蘇州善慶禪林本

三藏法師傳十卷 唐釋彥悰撰箋 民國十二年王揖唐刊排印本

法苑珠林一百卷 唐釋道世撰 道光刊本

北山錄十卷注解隨函二卷 宋沙門神清撰注解隨函比丘德珪撰 景宋石印本

北山錄十卷注解隨函二卷 宋沙門神清撰注解隨函比丘德珪撰 景宋石印本

一夢漫言二卷 不著撰人名氏 華山律堂本

阿育王山志十六卷 明郭子章撰

楞嚴經標指十二卷 明俞王言撰

歸元鏡二卷 智達撰

楞嚴直指十卷 般剌密諦 光緒年許氏重刊

金綱經次詁一卷 馬其昶撰 馬氏家刻本

重治毘尼事義集要十七卷附二種二卷 智旭

天台山方外志要十卷 釋無盡撰 息園刪定

天目中峯和尚廣錄三十卷 僧慈寂

大慧普覺禪師普說十四十五兩卷 蘊聞撰

禪林寶訓二卷 淨善重輯

楞嚴經研究五卷 釋太虛 鉛字印本

選佛譜六卷 金陵刻經處刊

道家類

纂圖互注老子二卷楊子十卷

老子元翼二卷 明焦竑注 長白蘇氏刊本

篆文老子一卷 田潛

莊子義十卷 宋呂惠卿撰 陳任中輯 民國二十五年北平圖書館印

莊子南華經四卷 宋劉辰翁平點本

莊子翼八卷 明焦竑撰

莊子因六卷 林雲銘撰 康熙丙申重刊

莊子因六卷 林雲銘

莊子南華經四卷 徐廷槐評 世儒堂本

南華眞經正義四卷識解三卷 陳壽昌撰

莊子札記三卷 武延緒撰武氏家刻本

列子八卷 晉張湛注

冲虛至德眞經八卷 晉張湛注

列子八卷 唐盧重元解秦氏石研齋本

列子八卷 晉張湛注 楊子十卷 五臣注 文中子十卷 阮逸注以上三種明胡氏世德堂合刻本

列子二卷 明劉辰翁批點

老莊列關尹四子四卷 明本

廣成子一卷 宋蘇軾注

神仙類

道藏輯要一百七十五種一千五百六十一卷（諸葛羲基輯）

道藏五千二百卷

黃庭經注二卷道德經注二卷陰符經注一卷金玉經一卷

參同契一卷陰符經一卷素書一卷（孫星衍校平津舘叢書本）

眞誥二十卷（晉陶弘景撰張海鵬訂照曠閣本）

悟眞篇補注（不著撰人名氏寫本）

元元道妙眞懺（不著編者名氏）

洞天秘典三卷（不著撰人名氏鈔本）

呂祖帝君敘述樵陽經事一卷

清微黃籙大齊科儀十二卷 不著撰人名氏

神仙通鑑三十九卷

玄宗正旨一卷靈妙眞經一卷

格物易知無卷數

道德眞源六種 冷謙等撰

道藏目錄詳注四卷 明白雲霽撰

道藏目錄詳注四卷 李杰

金丹眞傳六卷 孫汝忠撰

道言內外全書十九種 文錦堂本

書髓樓藏書目卷四

水竹邨人

集部

別集類

蔡中郎集六卷 漢蔡邕撰

蔡中郎集十卷外紀一卷外集四卷附傳譜一卷 漢蔡邕撰

海源閣本

諸葛丞相集一卷附錄三卷 漢諸葛亮撰 朱璘輯 康熙刊本

曹集詮評十卷 魏曹植撰 丁晏集 金陵書局本

曹集詮評十卷 魏曹植撰 丁晏集 金陵書局本

二俊文集二十卷　晉陸機陸雲撰　明汪士賢校刊

陶靖節集二卷　晉陶潛撰　明李胤華刊本

陶靖節集二卷　晉陶潛撰　明刊本

陶淵明全集十卷　晉陶潛撰　海鹽陳氏刊本

陶淵明文集十卷　晉陶潛撰　石印本

陶淵明文集十卷　晉陶潛撰　石印本

陶淵明文集十卷　晉陶潛撰　石印本

陶淵明文集十卷　晉陶潛撰　湖海樓仿北宋大字本

陶淵明文集十卷　晉陶潛撰　翻仿宋大字本

陶淵明文集十卷　晉陶潛撰　翻仿宋大字本

靖節先生集十卷年譜考異二卷 陶澍集注

昭明集五卷 梁蕭統撰 明刊本

庾子山集十六卷 梁庾信撰 倪璠注

庾子山集十六卷 倪璠注 通行本

徐孝穆集六卷 陳徐陵撰 吳兆宜箋

徐孝穆集六卷 陳徐陵撰

徐孝穆集六卷 陳徐陵撰 吳兆宜箋 揚州藝古堂刊本

寒山詩集一卷 隋無名氏撰 薩天錫雜詩一卷 元薩天錫撰

王子安集注二十卷 唐王勃撰 蔣翊清注 吳縣蔣氏刊

韋蘇州集十卷 唐韋應物撰 石印本

李太白集輯注三十六卷附錄六卷 唐李白撰 王琦輯注 乾隆時刊本

李太白集輯注三十六卷附錄六卷 唐李白撰 王琦注 通行本

李太白集三十卷 唐李白撰 繆氏雙泉草堂本

李翰林集十二卷 唐李白撰 明楊齊賢注 蕭士贇補注 毛晉重訂本

李太白集二十五卷 明楊齊賢注 蕭士贇補注

李翰林集三十卷 唐李白撰 西泠印社影宋刊本

集千家注杜詩二十卷 唐杜甫撰 劉會明評 元刊本

杜工部集六十四卷 明刊本 九行本

杜工部集二十卷 王世貞王慎中宋犖王士禎邵長蘅評點 芸葉盦刊本

杜工部集二十卷 王世貞王慎中王士禛邵長蘅宋犖評點 芸葉盦刊本

杜工部詩集 明鄭樸編 萬曆刊本

杜詩集評十五卷 劉濬撰 海寧藜照堂本

杜律選注六卷 元虞集趙汸注 查弘道金集補

杜詩偶評四卷 沈德潛撰

王右丞集箋注二十八卷 唐王維撰 趙殿成箋注

王右丞集箋注二十八卷 唐王維撰 趙殿成箋注

陸宣公文選十五卷 唐陸贄撰 明葉秉敬評選 萬曆刊本

陸宣公集二十四卷 唐陸贄撰 張佩芬注 平潭李氏刊本

翰苑集注二十四卷 唐陸贄撰 希音堂本

權文公集十卷 唐權德輿撰 嘉慶寫本

韓昌黎詩集注十一卷　唐韓愈撰　顧嗣立補注　朱何兩家評點　秀野草堂本

韓昌黎詩集注十一卷　唐韓愈撰　顧嗣立補注　朱彝尊何焯評點

韓昌黎詩集注十一卷　唐韓愈撰　顧嗣立補注　朱何評點　謄德堂重刊本

韓昌黎集四十卷外集十卷遺文一卷點勘四卷　宋廖瑩中注

陳景雲點勘

韓昌黎集四十卷外集十卷遺文一卷點勘四卷　宋廖瑩中注

陳景雲點勘

五百家注昌黎集四十卷　宋魏仲舉注　兩儀堂刊本

昌黎集四十卷外集十卷遺文一卷　東雅堂本

昌黎先生全集錄八卷　儲欣編

昌黎編年箋注詩集十二卷 方世舉訂 盧氏雅雨堂本

昌黎編年箋注詩集十二卷 方世舉訂 春及堂本

朱文公校昌黎先生文集四十卷外集十卷遺文一卷 宋王伯大音釋

韓子粹言一卷朱子韓文考異十卷 李光地編

韓文考異四十卷外集十卷附錄一卷 朱子考異 俗本

韓文考異四十卷外集十卷附錄一卷 朱子考異 天德堂本

韓昌黎集四十卷外集十卷 初月樓刊本

朱校韓文公集四十卷外集十卷 宋王伯大音釋

韓集箋正五卷附年譜一卷 方成珪撰 排印本

韓文百篇二卷 劉成忠

柳先生集音注四十三卷別集一卷外集二卷附錄一卷 宋潘緯音義 原題元刊本

河東先生集四十五卷 唐柳宗元撰 濟美堂本

柳柳州外集二卷 柳宗元撰 光緒蒯氏刊本

增廣注釋音辨唐柳先生集四十三卷外集二卷別集二卷 唐柳宗元撰 宋童宗說注

劉夢得文集三十卷外集十卷 唐劉禹錫撰 影宋本

呂和叔集十卷 唐呂温撰

皇甫持正文集四卷 唐皇甫湜撰

李長吉集　卷　黃淳耀評點

李長吉歌詩四卷　唐李賀撰　王琦注　寶笏樓刊本

李賀歌詩編四卷外集一卷　唐李賀撰　武進董氏珂羅版影宋宣城本

李賀歌詩編四卷外集一卷　唐李賀撰　蔣氏密韻樓本

李賀歌詩編四卷外集一卷　唐李賀撰　明閩刻本

李長吉詩評注五卷　唐李賀撰　吳汝綸評注　武强賀氏刊本

沈下賢集十二卷　唐沈亞之撰　善化董氏刻本

李衛公集二十卷　唐李德裕撰

元氏長慶集六十六卷白氏長慶集七十一卷　唐元稹白居易撰　萬曆刊本

白氏長慶集四十卷年譜二卷 唐白居易撰 汪立名編校 一隅草堂本

白氏長慶集四十卷年譜二卷 唐白居易撰 汪立名編校 一隅草堂本

白香山詩鈔二十卷 楊大鶴鈔

樊南文集八卷玉谿生詩三卷 唐李商隱撰 馮浩注 原刊本

樊南文集八卷玉谿生詩三卷 唐李商隱撰 馮浩注 原刊本

李義山詩集箋注三卷 唐李商隱撰 朱鶴齡程夢星注 何朱紀三家評

李義山詩集箋注三卷 朱鶴齡程夢星注 江都程氏刻本

李義山詩集箋注三卷 朱鶴齡程夢星注

玉谿生詩意八卷 唐李商隱撰 屈復箋注 傳經堂刊本

溫飛卿詩集九卷 唐溫庭筠撰 顧予咸補注 明曾益注 石印本

溫飛卿詩集箋注九卷 唐溫庭筠撰 明曾益注 顧予咸補注 秀野草堂本

麟角集一卷附錄一卷 唐王棨撰 麟後山房本

笠澤叢書四卷附補遺一卷 唐陸龜蒙撰

韓內翰香匲集三卷 唐韓偓撰

韓翰林集評注六卷 唐韓偓撰 吳汝綸評注 武强賀氏刊本

羅昭諫文集八卷 唐羅隱撰

寒山子詩集二卷 唐釋寒山撰 雲陽張氏重刊本

徐公集三十卷校記一卷 宋徐鉉撰 徐乃昌校記 南陵徐氏影宋明州本

徐公集三十卷校記一卷 宋徐鉉撰 徐乃昌校記 南陵徐氏影宋明州本

范文正公集二十卷別集四卷奏議二卷尺牘三卷附年譜

等十九卷　宋范仲淹撰　歲寒堂本

范文正公集十二卷年譜一卷補遺一卷褒賢祠錄二卷附錄三卷　宋范仲淹撰　明毛一鷺編　明刊本

范忠宣公集十卷　宋范純仁撰　萬曆刊本

范忠宣公集二十卷奏議二卷遺文一卷補編一卷　宋范純仁撰

歐陽文忠公集一百三十卷附錄二卷　宋歐陽修撰　萬曆本

歐陰文忠公集一百五十三卷　曾魯考異　李蓊校正　明正德本

歐陽文忠公集五十卷　宋歐陽修撰　明曾魯考異

武夷新集二十卷　宋楊億撰　留香室祝氏刊本

鉅鹿東觀集十卷 宋魏野撰 趙氏峭帆樓本

雪山集十六卷 宋王質撰

安陽集五十卷別錄二卷家傳十卷 宋韓琦著 白棉紙小字本

蔡忠惠公集四十卷 宋蔡襄撰 明刊本

司馬溫公集八十卷附年譜 宋司馬光撰 培遠堂本

司馬文正公傳家集八十卷 宋司馬光撰 萬曆本

公是集五十四卷 宋劉敞撰 仿聚珍本

公是集五十四卷 宋劉敞撰 仿聚珍本

鄖溪集二十八卷 宋鄭獬撰 浦圻張氏刊本

宛陵集六十卷 宋梅聖俞撰 白華堂屋本

宛陵集六十卷　宋梅堯臣撰　明刊本

梅聖俞全集六十卷　宋梅堯臣撰　震澤徐氏刊本

王文忠公集五十卷　宋王十朋撰　唐傳鉎重編

王梅溪會稽三賦四卷　宋王十朋撰　南逢吉注　尺古堂本

擊壤集十卷　宋邵雍撰　家刻本

擊壤集十卷　宋邵雍撰　家刻本

後樂集二十卷　宋衛涇撰　汲順堂本

王臨川文集一百卷　宋王安石撰　萬曆刊本

王文荆公詩箋注五十卷　宋王安石撰　李壁注　日本刊本

王文荆公詩箋注五十卷　宋王安石撰　李壁注　劉辰翁評點

王文荆公詩箋注五十卷 宋王安石撰 李壁注 清綺齋藏版

王文荆公詩箋注五十卷 宋王安石撰 李壁注 劉辰翁評點 商務印書館景元大德本

王文荆公詩箋注五十卷 宋王安石撰 李壁注 劉辰翁評點 商務印書館景元大德本

蘇東坡七集一百十卷 宋蘇軾撰 倣宋石印本

蘇文忠公奏議二卷 宋蘇軾撰 宋本

東坡全集一百十五卷 宋蘇軾撰 明刊本

蘇文忠公詩集五十卷 宋蘇軾撰 紀昀評點 兩廣節署本

蘇文忠公詩集五十卷 宋蘇軾撰 紀昀評點 兩廣節署本

蘇文忠公詩集五十卷 宋蘇軾撰 紀昀評點 同治韞玉山房刊本

蘇東坡文集四十卷 宋蘇軾撰 陶望齡編 通行本

蘇東坡集合注五十卷附錄五卷 宋蘇軾撰 馮應榴注 通行本

蘇文忠詩合注五十卷附錄五卷 宋蘇軾撰 馮應榴注 惇裕堂本

蘇文忠詩合注五十卷附錄五卷 宋蘇軾撰 馮應榴注

施注蘇詩四十二卷附年譜一卷王注正譌一卷蘇詩續補遺二卷 宋蘇軾撰 施元之注 馮景續注 邵長蘅正譌 原刊本

施注蘇詩四十二卷附年譜一卷王注正譌一卷蘇詩續補遺二卷 宋蘇軾撰 施元之注 馮景續注 邵長蘅正譌 原刊本

施注蘇詩四十二卷附年譜一卷王注正譌一卷蘇詩續補

遺二卷 宋蘇軾撰 施元之注 馮景續注 顧嗣立邵長蘅宋至刪補

蘇文忠公詩編注集成四十六卷總集四十五卷識餘四卷 宋蘇軾撰 王文誥注 武林韵山堂本

蘇東坡詩集注三十二卷 宋蘇軾撰 呂望謙編 王十朋注 朱從延校刊本

蘇東坡詩集注三十二卷 宋蘇軾撰 呂望謙編 王十朋注 朱從延校刊本

蘇詩補注八卷附志道集一卷 宋蘇軾撰 翁方綱注 志道集顧禧撰 蘇齋刊本

蘇長公合作無卷數 宋蘇軾撰 鄭之惠評

蘇文燧八冊 宋蘇軾撰 明陳紹英編 原刊本 缺平本

東坡集選四十卷外紀二卷 宋蘇軾撰 明陳繼儒編 外紀明王世貞編

三蘇全集嘉祐集二十卷東坡集八十四卷欒城集四十八

卷後集二十四卷第三集十卷應詔集十二卷斜川集六卷 宋蘇洵蘇軾蘇轍蘇過撰 祠堂本

黃山谷文集三十卷別集二十卷外集十四卷簡尺二卷伐檀集二卷年譜三十卷 宋黃庭堅撰 孫谿編 明葉天爵刊 徐岱序

黃山谷文集三十卷別集二十卷外集十四卷附年譜十五卷伐檀集二卷 宋黃庭堅撰 萬曆刊本

黃山谷詩全集四十四卷附年譜十四卷 宋黃庭堅撰 任淵史容史季温三家注年譜黃子耕編 樹經堂本

黃山谷內集二十卷外集十七卷別集二卷 宋黃庭堅撰 任淵史容注 石印本

山谷先生詩集注二十卷外集十七卷别集二卷 宋黄庭堅撰 宋容注 楊守敬仿宋刊

黄山谷内集二十卷外集十七卷别集二卷 宋黄庭堅撰 楊氏仿宋刊本

黄山谷内集二十卷外集十七卷别集二卷 宋黄庭堅撰

陳后山詩注十二卷 宋陳師道撰 任淵注 石印本

后山詩集八卷 宋陳師道撰

柯山集五十卷 宋張耒撰 仿聚珍本

岳忠武王文集八卷 宋岳飛撰 乾隆刊本

淮海集四十卷 宋秦觀撰 同治秦氏刊本

淮海集十七卷後集二卷詞一卷補遺二卷 補遺或作一卷 高郵王氏刊本

道鄉公文集四十卷補遺一卷 宋鄒浩撰 李申耆校本

盡言集十三卷 宋劉安撰 明刊本

劉給諫文集五卷 宋劉安上撰

宗忠簡集七卷 宋宗澤撰 胡鳳丹刊本

宗忠簡公集八卷 宋宗澤撰 光緒黃氏刊本

李忠定公集四十四卷 宋李綱撰 崇禎刊本

橫塘集二十卷 宋許景衡撰

楊龜山先生集四十二卷 宋楊時撰 通行本

葉水心集二十九卷 宋葉適撰 乾隆刊本

葉水心集二十九卷 宋葉適撰 乾隆刊本

葉水心別集十六卷 宋葉適撰 瑞安孫氏刊本

鄱陽集四卷拾遺一卷 宋洪皓撰

龍川文集三十卷附錄一卷 宋陳亮撰

韋齋集十二卷附玉瀾集一卷 宋朱松撰 求是齋本

東萊詩集二十卷 宋呂本中撰 咸豐刊本

朱子公文集百卷 宋朱熹撰 明小字本

朱子大全集八十卷 宋朱熹撰 明朱吾弼編 萬曆本

朱子經濟文衡類編七十二卷 宋朱熹撰 滕公珙 乾隆年徽州本

朱子全集一百四卷　宋朱熹撰

止齋文集五十二卷　宋陳傅良撰　孫詒讓刊本

攻愧集一百十二卷　宋樓鑰撰　聚珍板本

陸象山先生全集三十六卷　宋陸九淵撰　明嘉靖本

陸象山先生全集三十六卷　宋陸九淵撰　雍正刊本

陸象山先生全集三十六卷　宋陸九淵撰　鈔本

陸象山先生全集三十六卷　宋陸九淵撰　道光刊本

慈湖遺書十八卷　宋楊簡撰　嘉靖刊本

薛浪語集三十五卷　宋薛季宣撰　金陵局本

南澗甲乙稿二十二卷　宋韓元吉撰

松雪齋集十卷外集一卷　宋趙孟頫撰　清德堂刊本

姜白石道人詩集二卷　宋姜夔撰　知不足齋本

青瑣高議前後集各十卷別集七卷　宋劉斧撰　武進董氏刊本

樵川兩家集四卷詩話一卷　宋嚴羽黃元鎮撰

崔清獻公集五卷言行錄二卷　宋崔與之撰　嶺南叢書本

忘機集一卷　宋宋伯仁撰

草窗韻語六卷　宋周密撰　密雲樓影宋本

草窗韻語六卷　宋周密撰　密雲樓影宋本

雙峰猥稿九卷　宋舒邦佐撰　道光刊本

謝疊山集八卷外集三卷　宋謝枋得撰　蘊德堂刊本

元遺山集四十卷附錄一卷補載一卷新樂府四卷續夷堅志四卷翁輯年譜一卷施集年譜一卷淩集年譜二卷考證三卷 金元好問撰 翁方綱施國祁淩次堪三家輯年譜

元遺山集四十卷年譜三卷附錄一卷補載一卷 金元好問撰

遺山詩集二十卷 金元好問撰 仿汲古閣本

元遺山集十四卷附錄一卷 金元好問撰 又一部不全

中州集十卷樂府一卷 金元好問撰 武進董氏景元刊本

鈍翁文錄十六卷 金吳瀾編

貴池二妙集五卷 金段成巳克巳撰 劉世珩刊本

湛然居士集十四卷 元耶律楚材撰 漸西村舍本

郝文忠公集三十九卷 元郝經撰 乾隆王氏刊本

紫山大全集二十六卷 元胡祗遹撰 三怡堂叢書本

玉楮集一卷 三怡堂叢書本

松鄉先生文集十卷 元任士林撰 光緒刊本

松鄉先生文集十卷 元任士林撰 光緒刊本

靜修集十二卷 元劉因撰 畿輔叢書本

靜修集十二卷 元劉因撰 畿輔叢書本

程雪樓集三十卷 元程鉅夫撰

清容居士集五十卷附札記 元袁桷撰 上海郁氏刊本

吳淵穎集十二卷 元吳萊撰 林素堂藏版

黃文獻公全集十一卷日損齋筆記一卷 元黃溍撰

雁門集十四卷附一卷 元薩都拉撰 翁刊本

所安遺集一卷 元陳泰撰

金臺集二卷 元葛邏祿迺賢撰 武進董氏刊本

黃楊集三卷補遺一卷 元華幼武撰 明崇禎刊本

余忠宣文集六卷 元余闕撰 明嘉靖刊本

清閟閣集十二卷 元倪瓚撰 城書室本

鐵崖詩集二十六卷 元楊維楨撰 樓卜瀍注 乾隆間聯桂堂刊本

鐵崖詩集二十六卷 元楊維楨撰 光緒刊本

鐵崖樂府十卷復古詩集六卷 元楊維楨撰 武進董氏刊本

鐵崖文集五卷 元楊維楨撰 朱昱校本

江月松風集十二卷 元錢惟善撰 光緒丁氏刊本

宋學士集三十二卷附錄一卷 明宋濂撰 康熙刊本

宋學士集三十二卷 明宋濂撰 彭方洲刊本

西隱文稿十卷 明宋訥撰 萬曆刊本

貝清江集四十卷 明貝瓊撰 康熙刊本

高青邱集十八卷鳧藻集五卷 明高啓撰 金壇重輯本

練中丞集二卷 明練子寧撰 光緒刊本

遜志齋集二十四卷 明方孝儒撰 明王汝可刊本

遜志齋集二十四卷 明方孝儒撰 萬曆刊本

遜志齋集二十四卷 明方孝儒撰

方孩未先生集十六卷 明方震儒撰

楊文貞公集二十五卷 明楊士奇撰

薛文清公集二十四卷 明薛瑄撰 原刊本

薛文清公集二十四卷 明薛瑄撰 雍正刊本

兩溪文集二十四卷 明劉球撰

白沙子集六卷 明陳獻章撰 康熙刊本

白沙先生集十二卷 明陳獻章撰 天啓刊本

劉文安公集四十五卷 明劉定之撰 咸豐刊本

商文毅公文集十卷 明商輅撰 萬曆刊本

瓊臺會稿十八卷 明邱濬撰 不全

邱文莊公集十卷 明邱濬撰

海忠介公集六卷 明海瑞撰 康熙年刊本

西樓遺稿 明華世楨撰

何文肅公文集三十四卷 明何喬新撰 傳經堂本

王端毅公集六卷 明王恕撰

羅一峰先生集十卷附錄二卷 明羅倫撰

王文恪公全集三十六卷 明王鏊撰 附鵾音白杜詩草二卷

震澤先生集三十六卷 明王鏊撰 明刊本

明王禹聲撰 董其昌刊本

震澤先生別集五卷續一卷　明王鏊撰　辭溪王氏重刊

關中奏鈔十二卷　明楊一清撰

費文憲公集六卷文通公鐘石先生集六卷　明費弘撰

枝山文集四卷野記四卷　明祝允明撰　同治祝氏刊本

唐伯虎集四卷書譜三卷　明唐寅撰　袁宏道評

空同集六十三卷　明李夢陽撰　嘉靖刊本

淩溪先生集　卷　明朱應登撰　明刊本

王陽明集要三編十五卷　明王守仁撰　濟美堂刊本

陽明文錄五卷外集九卷別錄八卷　明王守仁撰　萬曆刊本

康對山集四十五卷　明康海撰　萬曆刊本

大復先生集三十八卷　明何景明撰　嘉靖十六年刊本

苑洛集二十二卷　明韓邦奇撰

升菴全集八十一卷　明楊慎撰

升菴全集及十一卷外集一百卷　明楊慎撰不全　新都周氏重刊

東里文集二十五卷　明楊慎撰　光緒丙子敦本堂重刊本

小山類稿二十卷　明張岳撰　萬曆刊本

弘藝錄三十二卷　明邵經邦撰　康熙刊本

弘藝錄三十二卷　明邵經邦撰　康熙刊本

羅念菴先生集十三卷　羅洪先撰　嘉靖刊本

唐荊川集十八卷補遺一卷　明唐順之撰　武進盛氏刊本

霍文敏公文集十卷　明霍韜撰

夏桂洲文集十八卷　明夏言撰　斤桂堂本

汝濱蔡先生遺書二十卷　明蔡懸撰

羅司勳集九卷　明羅虞臣撰

楊忠介公文集十三卷　明楊爵撰

楊忠愍公全集五卷附傳奇二卷　明楊繼盛撰　同治刊本

徐文定公集六卷附墨蹟一卷　明徐光啓撰卷六李之藻撰　宣統元年上海慈母堂印本

弇州山人四部稿一百七十四卷續稿二百七卷　明王世貞撰　明本

弇州山人四部稿一百七十四卷　明王世貞撰　經世堂本

弇州山人四稿部一百七十四卷　明王世貞撰　經世堂本

弇州山人續稿選三十八卷　明王世貞撰

高文襄公文集十一卷　明高拱撰

堵文忠公集十卷　明堵元錫撰　光緒排本

堵文忠公集十卷　明堵元錫撰　光緒刊本

張文忠公集四十七卷　明張居正撰

孫月峰先生全集十二卷　明孫鑛撰

賜閒堂集二十卷　明申時行撰　萬曆刊本

王文肅公文草十二卷附錄二卷　明王　撰

夢山存家詩稿　卷　明楊巍撰　原刊本

海忠介公文集十卷　明海瑞撰　萬曆刊本

海忠介公集六卷　明海瑞撰

潛學稿十九卷　明鄧元錫撰

亦玉堂稿十卷　明沈鯉撰

歸震川文集三十卷別集十卷補遺十二卷　明歸有光撰　宜遠堂本

歸震川集四十卷　明歸有光撰　光緒元年施氏刊本

徐文長文集三十卷　明徐渭撰

宗伯集八十一卷　明馮琦撰

茅鹿門文集三十四卷附錄二卷　茅坤撰　原刊本

快雪堂集六十四卷　明馮夢禎撰

孫宗伯集十卷　明孫繼臯撰

隅園集十六卷　明陳與郊撰　萬曆刊本

葛中翰遺集十二卷　明葛麟撰　光緒刊本

去僞齋集十卷　明呂坤撰　道光刊本

瑞陽阿集十卷　明江東之撰

蒼霞草十二卷　明葉向高撰

明德先生文集二十六卷　明呂維祺撰

石陽園藏稿八卷　明畢自嚴撰

楊忠烈公文集十卷　明楊漣撰

瞿忠宣公集十卷　明瞿式耜撰　光緒年刊

祁忠惠公遺集八卷　明祁佳彪撰

左忠毅公文集五卷　明左光斗撰　嗽椒堂本

趙忠敏公詩集十二卷　明趙南星撰

夢白先生集三卷嘉祐集一卷　明趙南星撰　萬曆刊本

鄒忠介公集十二卷　明鄒元標撰　乾隆特恩堂刊本

左忠貞公剩稿四卷文鈔四卷附錄二卷　明左懋第撰

范文忠公初集十二卷　明范景文撰　思仁堂集

范文忠公初集十二卷　明范景文撰　思仁堂集

翦桐載筆一卷　明王象晉撰

宋布衣集三十卷 明宋登春撰 乾隆時誠意堂本

顧華玉集三十九卷 明顧璘撰 金陵叢書石印本

熊襄敏公集十卷 明熊廷弼撰

熊襄敏公集十卷附錄一卷 明熊廷弼撰 同治重刊本

袁督師遺集一卷 明袁崇煥撰 滄海叢書本

貴池二妙集五十一卷 明吳應箕劉城撰 貴池先哲遺書本石印

貴池二妙集五十一卷 明吳應箕劉城撰 貴池先哲遺書本石印

黃陶菴文集七卷補遺一卷語錄一卷自監錄四卷詩集八卷補遺一卷 明黃淳耀撰 乾隆刊本

黃陶菴詩集八卷 明黃淳耀撰

鹿忠節公集二十一卷 明鹿繼善撰 原刊本

無欲齋詩鈔一卷 明鹿繼善撰

黃漳浦集五十七卷 明黃道周撰 道光刊本

盧忠肅公集十二卷 明盧象昇撰

金太史集九卷 明金聲撰

金忠節公文集八卷 明金聲撰 嘉魚官署刊本

高陽文集二十卷 明孫承宗撰 順治刊本

閻古古全集六卷 閻爾梅撰

隰西草堂集十二卷 明萬壽祺撰

徐州二遺民集十卷 明萬壽祺 閻爾梅撰

李文忠公文集十二卷　明李　撰

梓溪文鈔十八卷　明舒芬撰　嘉靖刊本

桂下芻言一卷按粵疏稿六卷　明田　撰

劉文安公文集十五卷詩集六卷　明劉安定撰

鬱洲遺稿十卷　明梁儲撰　梁絲綸堂本

況太守集十六卷　明況鍾撰　道光刊本

陳蒲山先生詩文集三十四卷　明陳儒撰　嘉靖刊本

思質王公奏議十卷　明王忬撰　嘉靖刊本

苗晉侯先生文集八卷　明苗胙土撰

楊忠節公遺集六卷　明楊廷麟撰

楊忠節公遺集六卷 明楊廷麟撰

蒼谷全集十二卷 明王縝乾 乾隆刊本

林次崖先生文集十八卷 明林希元撰

范勛卿集六卷 明范鳳翼撰

柴雲公文集五卷外編二卷 明洪雲蒸撰 原刊本

雪洲集十四卷 明黃瓚撰 嘉靖刊本

賀文忠公遺集四卷 明賀逢聖撰 同治刊本

賀文忠公遺集五卷 明賀逢聖撰 道光刊本

陳巖野先生全集四卷 明陳邦彥撰

睡菴集十卷 明湯賓尹撰

田亭草二十卷　明黄鳳翔撰　萬曆刊本

周忠節公集二十五卷　明周怡撰　道光刊本

童内方集八卷附錄一卷　明童承敘撰

吴文恪公文集三十二卷　明吴　撰　明刊本

張忠敏公遺集九卷附錄六卷　明張國維撰　江蘇局本

卽止先生文詩鈔三卷

沈文恭公集二十一卷　明沈一貫撰

松廖詩一卷　明人撰不詳作者名氏

霍勉齋集　卷　明霍與瑕撰

海嶽山房存稿二十卷　明郭造卿撰　萬曆刊本

劉忠宣公遺集五卷年譜二卷附錄三卷 明劉大夏撰 光緒刊本

張滸東先生文集十四卷 明張鹵撰

韓忠定集四卷 明韓文撰 萬曆刊本

馬文莊公文選十五卷附錄五卷 明馬自强撰

王文莊公集十卷 明王鴻儒撰 崇禎刊本

何文定公文集十一卷 明何瑭撰 明刊本

高文端公集十卷 明高儀撰 萬曆刊本

朱文懿公文集十二卷 明朱賡撰

陳忠裕公全集三十卷 明陳子龍撰 簳山草堂本

顧文康公全集二十六卷 明顧鼎臣撰 桂雲堂本

澹然齋小草十卷 明張維樞撰 明刊本

葛端肅公文集十八卷 明葛　撰 萬曆本

姚文敏公遺稿十卷 明　撰

周忠介公燼餘集三卷 周順昌撰 康熙刊本

鄒南皋先生集選 明鄒　撰

申忠敏公詩集六卷 明申佳胤撰

蔡忠烈公遺集二卷續集二卷 明蔡道憲撰 道光刊本 鄧顯鶴編

蔡忠烈公遺集一卷附錄一卷 明蔡道憲撰

蔡文莊公集六卷附錄二卷 明蔡清撰 蔡光國本

王考功集十卷 明王樂善撰 明刊本

唐文襄公集四卷　明唐　撰

正學堂稿四十卷　明李如芳撰

北海亭集九卷　明鹿化麟撰

元音十二卷　明孫原理輯　武進董氏刊本

徒野堂存稿八卷補遺一卷年譜一卷附錄一卷　明繆昌期撰

武進盛氏刊硃印本

映玉堂集二十卷　明蔣煜撰　崇禎刊本

葯言四卷賸稿四卷冰言十卷補錄十卷　明李煜撰　光緒刊本

黄忠端公明誠堂十四札疏證范文忠題詞一卷五忠手蹟

攷存一卷　明黄彭年編

避暑山莊詩二卷 清聖祖御製 殿本

樂善堂全集四十卷 高宗御製 武英殿本

樂善堂集三十卷 高宗御製

御製詩初集四十八卷文集十四卷 仁宗御製 小字本

御製詩初集二十四卷 宣宗御製

鳴盛集四卷 果親王經畬主人撰 原刊本

詒晉齋集十二卷 成親王撰

二曲集四十六卷 李顒撰

二曲集二十六卷 李顒撰

用六集十二卷 刁包撰 刁氏順積樓本

漑堂集詩九卷詩餘二卷續集六卷文集五卷　孫枝蔚撰

魏伯子二十一卷叔子集二十二卷季子十六卷興士集六卷昭士集十卷敬士集無卷數　魏禮　魏禧　魏祥　魏世傑　魏世傚　魏世儼撰

尊水園集略十二卷　盧世漼撰

尊水園集略十二卷　盧世漼撰

胡石莊詩集無卷數　胡承諾撰

胡石莊詩集無卷數　胡承諾撰

胡石莊詩集無卷數　胡承諾撰

陋軒詩集十二卷續二卷　吳嘉紀撰

道援堂集十三卷　屈大均撰

桴亭先生詩鈔八卷文鈔六卷 陸世儀撰葉裕仁編 安道書院本

確菴先生詩鈔八卷文鈔六卷 陳瑚撰葉裕仁編 安道書院本

變雅堂集十四卷 杜濬撰

變雅堂集十八卷附錄二卷 杜濬撰

牧齋初學集一百十卷 錢謙益撰

牧齋初學集箋注二十卷 錢曾注

牧齋有學集箋注十四卷 錢曾注

有學集五十卷 錢謙益撰 康熙刊本

純翁文錄十六卷 汪琬撰 金瀾編

梅村家藏稿五十八卷補一卷年譜四卷 吳偉業撰 武進董氏刊

梅村家藏稿五十八卷補一卷年譜四卷 吳偉業撰 武進董氏刊

吳詩集覽二十卷附吳詩談藪二卷 吳偉業撰 靳榮藩注

靜惕堂詩集四十四卷 曹溶著 雍正刊本

兼濟堂集二十卷 魏裔介撰 龍江書院本

寒松堂集十二卷 魏象樞撰 初印本

寒松堂集十二卷年譜一卷 魏象樞撰 原刊本

范忠貞公集十卷 范承謨撰

范忠貞公全集五卷附錄一卷 范承謨撰

壯悔堂文詩集十六卷 侯方域撰 玄孫必昌刊本

壯悔堂文詩集十六卷 侯方域撰

壯悔堂文詩集十六卷 侯方域撰

香山詩鈔二十卷 楊大鶴撰

經義齋集十八卷 熊賜履撰 退補齋本

蒿菴文集三卷蒿菴閒話二卷 張爾岐撰 山東書局重刊本

午亭文編五十卷 陳廷敬撰

虛直軒文集十卷 姚文然撰 廣仁堂本

蠶尾集十卷 王士禛撰 原刊本

漁陽山人精華錄訓纂十卷 王士禛撰 惠棟注

漁陽精華錄十卷 林佶編

精華錄箋注十二卷補注一卷 王士禛撰 金榮注

精華錄箋注十二卷補注一卷 王士禛撰 鳳翽堂本

漁陽山人文略十四卷 王士禛撰

唐人萬首絶句選七卷 王士禛撰 洪邁原本

西陂類稿五十卷補遺一卷 宋犖撰

西陂類稿五十卷補遺一卷 宋犖撰

綿津山人詩集三十一卷附錄七卷 宋犖撰 原刊本

綿津山人詩集二十七卷 宋犖撰 新刊本

綿津山人詩鈔八卷 宋犖撰 邵長蘅選

于清端公政書八卷 于成龍撰 原刊本

李笠翁一家言十六卷 李漁撰

李笠翁一家言十六卷　李漁撰

甌香館集十二卷補遺一卷　惲格撰

邵子湘全集三十卷　邵長蘅撰

讀書堂全書四十六卷　趙世麟撰

三魚堂文集十二卷　陸隴其撰　通行本

三魚堂文集十二卷外集六卷賸言十二卷年譜一卷　陸隴其撰　武林薇署刊

三魚堂文集十二卷外集六卷賸言十二卷　陸隴其撰　同治武林刊本

澹園集三十六卷　徐乾學撰　光緒刊本

澹園集三十六卷　徐乾學撰　光緒刊本

百尺梧桐閣集十六卷 汪懋麟撰

黄葉邨莊詩集八卷續稿一卷後集一卷 吳之振撰

黄葉邨莊詩集八卷續稿一卷後集一卷 吳之振撰

靜用堂偶編十卷 涂天相撰

榕村續集七卷榕村譜合考二卷 李光地撰 道光重刊本

榕村全集四十卷別集五卷 李光地撰

榕村詩選八卷 李光地撰

潛菴先生遺書十一卷 湯斌撰

潛菴先生集四卷 湯斌撰

秋水集十卷 嚴繩孫撰

守經堂詩集十卷 沈鈞撰

日知堂集四卷 鄭端撰

何求老人殘稿一卷 呂留良撰 言敦源印行

曝書亭集三十九卷 朱彝尊撰 楊謙註

曝書亭集八十卷 朱彝尊撰

曝書亭集八十卷 朱彝尊撰

曝書亭詩注三十四卷 朱彝尊撰 楊謙註

西堂雜組二十四卷剩稿 卷 尤侗撰

堯峰文鈔四十卷 汪琬撰

湖海樓全集五十卷 陳其年撰

陳其年集五十卷附錄二卷跋尾二卷 陳維崧撰 患立堂本

陳檢討文集二十卷 陳維崧撰 素位堂刊本 程師恭注

容齋千首詩八卷 合肥李天馥撰

秋錦山房集二十二卷外集三卷 李良年撰 尋壑外言五卷 李繩遠撰

香草居集七卷 李符撰

玉山朱氏遺書 朱集璜用純父子撰

滄洲詩集三十八卷 陳鵬年撰

飴山文集十二卷附談龍錄聲調譜各一卷 趙執信撰 因園刊本

藥園詩稿二卷 吳焯撰

冶古堂集五卷 呂履恆撰 原刊本

玉茗堂全集三十七卷　湯顯祖撰　康熙刊本

芳望溪集十八卷外集十卷補遺二卷年譜一卷　方苞撰

芳望溪集十八卷外集十卷補遺二卷年譜一卷　方苞撰

樓邨詩集二十五卷　王式丹撰

戴南山集十四卷　戴名世撰　坊刻本

思恆齋詩鈔二卷　金簡撰

何端簡公集十二卷　何世璂撰　道光澹志堂本

方樸山古文十二卷　方婺如撰

求是山房文集六卷　胡具慶撰　鈔本

求是山房文集六卷　胡具慶撰　胡氏印本

思綺堂文集十卷 章藻功撰

思綺堂四六文集十卷 章藻功撰 三餘堂本

樊榭山房集二十卷 厲鶚撰

樊榭山房集二十八卷 厲鶚撰 嶺南重刊本

樊榭山房集二十八卷 厲鶚撰 嶺南重刊本

秋林琴雅四卷 厲鶚撰

唐堂集六十一卷 黄之雋撰 原刊本

弱水集二十二卷 屈復撰 乾隆刊本

趙恭毅公剩藁七卷 趙申喬撰 乾隆六年刊本

尹文端公詩集十卷 尹繼善撰

劉海峰文集八卷 劉大櫆撰 日本佚存書坊本

海峰文詩集十六卷 劉大櫆撰

海峰先生詩集十卷 劉大櫆撰

海峰先生詩集六卷 劉大櫆撰

生香書屋文集四卷詩集七卷 陳浩撰

芝涇先生集十四卷 彭啓豐撰

陳文肅公遺集一卷年譜一卷 陳大受撰

空山堂文集十二卷 牛運震撰 原刊本

十笏齋詩四卷 茗溪沈世楓撰 或三卷俟考

晴嵐詩存二卷 張若靄撰

七經樓文鈔六卷　蔣衡撰

彭南畇先生詩文錄二十二卷附四卷　彭定求撰

戴東原集十二卷戴氏年譜一卷音學辨微一卷詩聲類十二卷詩聲分例一卷　戴震江永孫廣森撰 宣統二年渭南嚴氏刊本

道古堂文集四十八卷詩集二十六卷外集二卷　杭世駿撰

道古堂外集二十六卷　杭世駿撰 原刊本

石笥山房集十八卷　胡天游撰 通行本

賞雨茆屋小稿一卷　符曾撰 仁和吳氏刊本

賞雨茆屋小稿一卷　符曾撰 仁和吳氏刊本

板橋詩鈔六卷　鄭燮撰

結埼亭集內集三十八卷外集編五十卷 全祖望撰 內集稿本 外集嘉慶刊本

詠花軒詩集六卷 張廷璐撰 雍乾時大

思補齋文集四卷 劉星煒撰 光緒重刊本

在陸草堂文集六卷 儲欣撰 雍正吳頑長刊本

復初齋集三十五卷 翁方綱撰 通行本

復初齋文集三十五卷 翁方綱撰 光緒刊本

測海集六卷 彭紹升撰

紀文達公集三十二卷 紀昀撰 原刊本

紀文達公遺集三十二卷 紀昀撰 原刊本

紀文達公遺集三十二卷 紀昀撰

春融堂集六十八卷 王昶撰 塾南書舍本

葦廬詩集八卷 李秉禮撰

兆溪詩文集三十一卷 王元文撰 隨善齋本

恩餘堂集四十九卷 彭元瑞撰

觀復堂稿略一卷無欣錄二卷 朱用純撰

忠雅堂集三十卷 蔣士銓撰 藏園本

忠雅堂文集十二卷詩集二十九卷詞本二卷 蔣士銓撰

劍亭初稿四卷 曹錫寶撰

醬文書屋集略八卷 潘相撰

夢樓詩集二十四卷 王文治撰

寶奎堂集十二卷篁村集十二卷 陸錫熊撰

海愚詩鈔十二卷 朱孝純撰

惜抱軒尺牘四卷 姚鼐撰 求萬柳堂刊

白華前稿六十卷 吳省欽撰

三十六灣草廬稿十卷 黄本驥撰

心鐵石齋存稿三十卷 宋鳴珂撰

三松堂集十六卷 潘奕雋撰

大溈山房遺稿九卷 黄湘南撰

守意龕詩集二十八卷 百齡撰 道光刊本

有正味齋集五十三卷 吳錫麒撰

有正味齋集駢文箋注十六卷 吳錫麒撰 葉氏刊本

壽籐齋詩三十五卷 鮑倚雲撰

兩當軒集二十二卷考異二卷附錄五卷 黃景仁撰

兩當軒詩鈔十二卷詞鈔二卷 黃景仁撰

澹園集四卷 黃家鳳撰

釀蜜集四卷 浦起龍撰

述學四卷補遺一卷別錄一卷 汪中撰

燕南二俊詩鈔二卷 崔旭 梅成棟撰

培蔭軒文集四卷日記一卷雜記一卷 胡季堂撰 道光刊本

淵雅堂全集編年詩稿二十卷文外集四卷惕甫未定稿二十六卷文續稿一卷詩外集二卷讀賦卮言一卷編年詩續稿一卷 王芑孫撰 波餘遺稿一卷 王翼孫撰 附錄二卷寫韻軒小稿二卷 女史曹秀貞撰

錢南園先生遺集五卷 錢灃 昆明人 江蘇局本

獨學廬稿二十二卷 石韞玉撰

小倉山房文集三十五卷詩集三十六卷外集八卷 袁枚撰

袁文箋正十六卷 袁枚撰 石韞玉箋

袁文箋正十六卷 石韞玉箋 松壽山房本

隨園駢體文注十六卷 袁枚撰 黎光地注

岵齋詩存二卷 秦朝釪撰

船山詩草二十卷 張問陶撰

閨榻先生集三十八卷 張望撰嘉慶時人 同治重刊本

大雲山房文稿十卷 惲敬撰

大雲山房文稿十卷 惲敬撰

五百四峰堂詩鈔二十五卷 黎簡撰

邁堂文略十一卷 李祖陶撰

揅經室集六十卷 阮元撰 原刊本

卷施閣甲乙集四十卷附鮚軒詩八卷 洪亮吉撰 貴陽節署刊本

卷施閣集四十卷鮚軒詩八卷 洪亮吉撰

小石山房文集一卷 武億撰

小石山房文集一卷 武億撰

小謨觴館詩文集十三卷 彭兆蓀撰

小謨觴館集注十六卷 彭兆蓀撰 孫元培注 佟氏刊本

桂馨堂集十二卷 張廷濟撰

石雲山人集四十一卷 吳榮光撰

養素堂文集三十五卷 張澍撰 棗花書屋本

邵壽民詩稿一卷 邵葆祺撰

棣懷堂隨筆十一卷 李象鵾撰

鑑止水齋集二十卷 許宗彥撰

鑑止水齋集二十卷 許宗彥撰 古春軒詩鈔二卷 女士梁德繩著

頤素軒詩鈔八卷 顧祿撰 道光刊本

頤道堂詩選十九卷 陳文述撰

西泠懷古集十卷 陳文述撰 西泠閨詠十六卷 陳文述撰 缺第三本

秣陵集六卷 陳文述撰 淮南局本

孟塗文集十卷駢體文二卷 劉開撰

香雪山莊詩十二卷 吳文炳撰

雙研齋詩鈔十六卷詞鈔二卷晴花暖玉詞二卷 鄧廷楨撰

鄧氏刊本

陶文毅公集六十四卷 陶澍撰

得齋詩存二十五卷　梁章鉅撰

姚伯昂詩無卷數　姚元之撰　稿本

小萬卷齋經進稿四卷詩稿三十二卷續稿四卷　朱珔撰　原刊本

夢陔堂文集五十卷文說六卷　黃承吉撰

硯壽堂詩鈔八卷　吳存楷撰　續[illegible]二卷[illegible]四卷　[illegible]

蕉聲館集八卷詩二十五卷　朱為弼撰

養一齋文集二十卷　李兆洛撰　光緒重刊本

養一齋文集二十卷　李兆洛撰　光緒重刊本

紅豆樹館詩集十四卷　陶樑撰

水西閒館詩二十卷　程虞卿撰

守經堂詩集十卷 沈鎬撰 道光時人

東溟集五十四卷 姚瑩撰

遂雅堂集十卷續集一卷 姚文田撰

姚石甫全集四十五卷 姚瑩撰

姚石甫全集四十五卷 姚瑩撰

蒼葭初集二十一卷畚塘芻論二卷河防紀略四卷 孫鼎臣撰

南邨草堂文詩鈔四十四卷 鄧顯鶴撰

抱沖齋詩集三十六卷 斌良撰

養默山房詩稿二十七卷 謝元淮撰

養默山房詩稿十八卷 謝元淮撰

徵居集十四卷 黃式三撰 道光刊本

適齋居士集四卷 覺羅舒敏撰

謙菴詩鈔十一卷 張禮撰

王文直公遺集六卷 王東槐撰

焚餘書屋詹詹言三卷 陳僅撰 寫本

印雪軒詩鈔十六卷 俞鴻漸撰

䜌䜕亭集三十二卷 祁寯藻撰

小浮山人集三卷 潘曾沂撰 咸豐刊本

小重山房詩詞全集三十二卷 張祥河撰

萬善花室文集六卷 方履籛撰 雲自在龕本

西漚全集十卷外集八卷　李惺撰

吳潤純詩選二卷　吳曾貫撰

絳雪山房詩鈔二十卷　楊慶琛撰

李文清公遺集八卷附志節編二卷　李棠階撰　陳寶箴刊本

聽松廬詩鈔十六卷　張維屏撰

柏梘山房詩文集三十一卷　梅曾亮撰　咸豐刊本

鄒氏家集留耕草堂詩六卷　鄒堯廷撰　浮槎存稿七卷　鄒貽詩伯

治存稿桐軒存稿各一卷　鄒廷鈞撰

釃江詩草二十六卷　蘇宗經撰

海秋詩集二十六卷　湯鵬撰

瑞芍軒詩鈔四卷 許乃穀撰

西雲文集二卷詩集四卷札記四卷 李枝青撰

鶴泉文鈔二卷 戚學標撰 原刊本

因寄軒文集十七卷 管同撰

落帆樓文集二十四卷補遺一卷 沈垚撰

悔過齋文集七卷 顧廣譽撰

悔過齋文集七卷 顧廣譽撰

語冰閣奏議八卷電稿四卷 鄧承修撰

帶耕堂遺詩五卷吳中判牘一卷金粟齋遺集八卷 合肥蒯德模孜子光典撰 民國十八年蒯氏刊本

了原詩文草三卷 劉瀞撰

味靜齋文存四卷詩存廿六卷 徐嘉

甘泉鄉人稿二十四卷附錄一卷 錢泰吉撰 讀舊書室本

重桂堂詩文集廿一卷 許正綬撰

龔定盦全集十九卷 龔自珍撰 召印本

擊鉢吟十四卷 曾沅海編

曇雲閣詩集八卷詞一卷隨筆一卷 吳縣曹楙堅撰

曇雲閣詩集八卷詞一卷隨筆一卷 曹楙堅撰 道光刊本

寥莫子集四卷 海昌俞興瑞撰

半巖廬遺文二卷遺詩二卷 邵懿辰撰 朱樣本

瓶隱山房詩鈔十二卷 黄章撰

觀我生室彙稿七稿 不著撰者名氏馮桂芬序 道光刊本

鐵花山館詩稿八卷附帖試一卷 吳兆麟撰

太鶴山人集十三卷 端木國瑚撰

復莊詩問三十四卷 姚燮撰 道光刊本

守素齋詩鈔八卷 蘇廷魁撰

倚晴樓集二十四卷 黄燮清撰

倚晴樓詩集十二卷 黄燮清撰

東洲草堂詩鈔二十七卷 何紹基撰

梅麓詩鈔十八卷 齊彥槐撰

劫餘詩選十九卷詞三卷 齊學裘撰

梅麓詩鈔十八卷 齊彥槐撰 婺源

羅忠節公遺集十五卷附年譜二卷 羅澤南撰 咸豐丁巳刊本

靜用堂偶編十卷 涂天相

江忠烈公集三卷附錄三卷 江忠源撰

巢經巢集二十卷遺集一卷 鄭珍撰 屈廬詩稿四卷 鄭之同撰

受恆受漸齋文集六卷 沈日富撰

受恆受漸齋文集十二卷 沈日富撰 光緒刊本

梓湖文錄八卷 吳敏樹撰

梓湖文錄八卷 吳敏樹撰

存素堂稿二十二卷壬癸志稿二十卷 錢寶琛撰

一規八稜齋詩鈔六卷 徐廷華撰

榴寶山房文詩稿十卷 吳存義撰

榴實山房詩鈔六卷詞鈔一卷 吳存義撰

飣餖吟十二卷 石贊清撰

倭文端公遺書十卷 倭仁撰

頤其次齋詩集七卷 吳世涵撰

胡文忠公遺集八十六卷 胡林翼撰

胡文忠公遺集八十六卷 胡林翼撰

胡文忠公遺集八十六卷 胡林翼撰

胡文忠公遺集十卷 胡林翼撰

胡文忠公遺集十卷　胡林翼撰

曾文正公集二十二卷　曾國藩撰

曾文正公文鈔四卷奏疏十卷　曾國藩撰　張瑛編

曾文正公文鈔四卷　曾國藩撰

曾文正公文鈔四卷　曾國藩撰

曾文正公奏議十卷　曾國藩撰　薛福成刊本

曾文正公詩集四卷附錄二卷　曾國藩撰

曾文正公詩文集雜著十二卷　曾國藩撰　傳忠書局刊本

李忠武公遺集三卷　李續賓撰

楚頌齋詩集八卷附文稿　胡焯撰

彭剛直公詩集十六卷　彭玉麟撰

夢綠草堂詩鈔十二卷附錄一卷　蔡壽祺撰

厚躬堂錄三十五卷　張金鏞撰

養拙齋詩十四卷　王必達撰

夢硯齋遺稿八卷附援黔錄十二卷　唐樹義撰

天岳山房文鈔四十卷　李元度撰

知止齋詩集十六卷　翁心存

經德堂集十四卷　龍起瑞撰

慎盦詩鈔二卷　湘鄉左宗植撰

小鷗波館詩鈔十卷　潘曾瑩撰

吳學士文集四卷 吳山尊撰

吳學士詩文集八卷 吳山尊撰

馬徵君遺著六卷 馬三俊

馬徵君遺集六卷 馬瑞辰

悅雲山房詩存

悅雲山房駢體文存

龍壁山房詩草十七卷 王拯撰

黃氏雜著二卷 黃彭年撰

泊鷗山房集三十八卷 陶元藻撰 衡河草堂本

水流雲在館集八卷 宋晉撰

百柱堂全集五十三卷附信甫詩文集二卷 王柏心撰

幸餘求定稿十二卷 姚昌濬撰

知德軒文鈔二卷詩鈔四卷 汪鏻撰

虹橋老屋遺稿九卷 秦緗業撰 光緒己丑刊本

虹橋老屋遺稿六卷 秦緗業撰

煙嶼樓文集四十卷詩集十八卷附遊杭合集一卷山中學

詩記五卷尚書逸湯誓攷六卷 徐時棟撰

養福齋殘稿二卷 陳文騄撰 漱潤廬殘稿一卷 陳文駟撰

石柏山房詩存七卷 趙文楷撰 咸豐刊本

煙嶼樓文集四十卷 徐時棟撰 家刻本

煙嶼樓文集四十卷 徐時棟撰 家刻本

李文忠公全集一百六十五卷 李鴻章撰

李文忠公尺牘三十二卷 李鴻章撰 于式枚編 石印本

李文忠公尺牘三十二卷 李鴻章撰 于式枚編 石印本

李文忠公尺牘三十二卷 李鴻章撰 于式枚編 石印本

蔡園詩草四卷 袁江黎承忠撰 退耕堂印本

崇文勤公詩集四卷年譜一卷 崇實撰

意苕山館詩稿十六卷 陸嵩撰 道光時人 光緒年刊

宥真意齋詩集六卷 賀祥麟撰

寸草軒詩存四卷 徐鹹持撰

無近名齋詩錄一卷 李義鈞撰 任邱

潄六山房文集十二卷 郝植恭撰

心白日齋集六卷 尹耕雲撰

唐中丞遺集七卷 唐 撰 光緒刊本

金峨山館文集四卷 郭傳璞撰

遜學齋文十二卷詩十卷 孫衣言撰

遜學齋文詩鈔 孫衣言撰 不全

黔靈山樵集一卷紅鵝館詩集一卷 路 撰 退耕堂印本

萬綠草堂詩集二十卷 管繩萊撰

澂園遺集十卷 徐樹銘 長沙 石印本

荻華堂詩存二卷 蔡琳撰
來雲閣詩集六卷 金和撰
柳門遺稿二卷 楊後撰
周武壯公遺書十三卷 周盛傳撰 金陵刊本
周武壯公遺書十三卷 周盛傳撰 金陵刊本
劉武慎公遺書二十四卷 劉長佑撰
虛白室詩文鈔十二卷 方昌翰撰
維周詩鈔十六卷 程之貞撰
函樓文鈔九卷附二卷詩鈔十四卷詞鈔四卷 易佩紳撰
亦吾廬詩草八卷 歐陽雲撰
灃西文集八卷 長安柏景偉撰 思過齋刊本 又石印四卷本

瓶廬詩稿八卷 翁同龢撰

瓶廬詩稿八卷 翁同龢撰

翁松禪相國尺牘 翁同龢撰

臥雲山館詩存一卷 陳雲章撰

五石瓠齋詩稿八卷 楊靖撰 同治時人

石蓮闇詩六卷詞一卷 吳重熹撰

希達齋存稿二卷 田延年撰

希達齋存稿二卷 田延年撰

湘雨樓詩二卷 張祖同撰

青草堂集二十八卷 趙國華撰

青草堂集十二卷 趙國華撰

桐城吳先生文集四卷詩集一卷 吳汝綸撰

左盦集八卷 劉師培撰 修綆堂刊本

校經堂文集六卷 孫葆田撰

小初詩稿三十七卷 王之翰撰 同治時人

翠柏山房詩草三卷詩餘一卷 王汝純撰

王蘇州遺書十二卷 王仁堪撰

寄龕文存四卷 孫德祖撰

虛受堂集十六卷 王先謙撰

遽盦詩文鈔無卷數 柳商賢撰

璞齋集六卷詞一卷 諸可寶撰

璞齋集六卷詞一卷 諸可寶撰

清足居集一卷 鄧瑜撰

拙菴叢稿六卷 朱一新撰

漸西村人集九卷續集十卷 袁昶撰

漸江村人集十三卷續集十卷

許文肅公遺稿十二卷 許景澄撰

竹坡詩草四卷 寶廷撰 原鈔本

紅螺山館詩鈔三卷 義州李葆恂撰

壽愷堂集三十卷 周家祿撰 排印本

兩强勉齋文存二卷 倪文蔚撰 芋城刊本

澗于集四卷 張佩綸撰

澗于集四卷 張佩綸撰

稺澥詩集六卷 仁壽毛澂撰

桐鄉勞先生遺稿八卷拳案三種五卷新刑律修正案彚錄一卷附自撰年譜一卷 勞乃宣撰 桐鄉盧氏刻

復堂類集二十一卷 譚獻撰 光緒刊本

退思軒詩集 卷 張百熙撰

縵雅堂駢體文八卷 王詒壽撰

秋蟪吟館詩鈔七卷 金和撰

函雅堂集二十四卷 黃巖王詠霓撰

曾惠敏公全集十七卷　曾紀澤撰

八指頭陀詩集五卷文一卷　釋敬安撰

蘇龕集十六卷　楊葆光撰

飄滄詩稿四卷　趙金鑑撰　申丞年汴梁刊本

霜傑齋詩三卷　秦寶璣撰

椒生詩草十二卷　王之春撰

澡雪山房文存二卷　董毓蘭撰

澡雪山房文存二卷　董毓蘭撰

人境廬詩草十一卷　黃遵憲撰

樊山集二十四卷　樊增祥撰　渭南縣署刊

崇蘭堂詩初存十卷 張預撰

十六觀齋遺集 卷 何維棟撰 石印本

賀先生文集四卷 賀濤撰

澹園詩集二卷 虞景璜撰 鎮洋

散原精舍詩二卷 陳三立撰

涵齋遺稿一卷 徐仁鑄撰

竹居小牘十二卷 張士珩撰

竹居小牘十二卷 張士珩撰

張䂬樓遺集三卷 張士珩撰

蓼園詩鈔五卷 柯劭忞撰 中華書局印本

古餘薌閣詩集一卷 慕容溎女士 南陵張氏刊本

抱潤軒文集二十二卷 馬其昶

一山文存十二卷 漳梫撰

一山文存十二卷 章梫撰

頤生詩文摘要二卷 周爾潤

瓠廬詩存九卷賸稿二卷 郭增炘撰

湖濱補讀廬叢刻四種 鍾廣生

幸草亭詩鈔二卷 錢唐楊文瑩撰

嶺南新事詩八卷 陳坤 光緒時人

李剛已遺集五卷 李剛已撰

甓盦詩錄四卷 李稷勳撰

讀易雜感二卷 李時燦

徐忠勤公遺集四卷 徐坊撰

補過齋文牘十卷 楊增新撰

雲海樓詩存五卷 閔爾昌撰

倚山閣詩一卷淡月平芳館詞一卷 章華撰

王仁安集四十一卷 王守恂撰 王氏家刻本

拙稿千百二卷 朝鮮崔瀣撰 日本景宋本

耳溪散稿七卷 朝鮮洪良浩撰 寫本 原缺三卷

來清閣集十卷 日本永清久兵郎撰

凌滄集三卷 日本田邊華撰

星巖集注三十三卷 日本梁孟緯撰 木蘇牧注 昭和三年上海印本

衣雲集三卷 日本田邊華撰

新收

荃察餘齋詩文存五卷 鄧鎔撰

默菴詩存六卷 黃巖王舟瑤撰 一山詩存十一卷 海寧章梫撰 劉翰怡刻

于湖小集八卷 蕩郭鈍叟撰

善卷堂四六十卷 陸繁弨撰

善卷堂四六十卷 陸繁弨撰 經濟堂本

善卷堂四六十卷 陸繁弨撰 吳自高注 亦園藏本

保甓齋文錄二卷　趙垣撰　原刊本

螺樓海外文字一卷　李汝謙撰　石印本

齋年堂駢體文集四卷　王晦撰

伏敔堂詩錄十五卷續四卷　江湜撰

賭棋山莊文集七卷　謝章鋌撰

黄竹山房詩鈔六卷　天津金玉岡撰　壬申冬金氏石印本

穀詒堂集十卷　李壽蓉撰　光緒刊本

來鶴亭詩稿四卷　張承亮撰　承或作永

清夢盦二白詞五卷　沈傳桂撰

銅井山房類稿二卷　袁蘭升撰

拙安堂詩集不著撰者名氏

七頌堂集十二卷劉體仁撰 同治刊本

通義堂文集十六卷劉毓崧撰

人境結廬詩稿十二卷諸雝[壇]撰

篁溪存稿一卷張俱楨撰

秋士先生遺集六卷不著撰人名氏 光緒刊本

乘餘集一卷許新堂撰

二許先生集許新堂許雨田撰

寶鴨齋集七卷徐樹鈞撰

復盦文集十五卷曹允源撰 青州刊本

復盦文集十五卷 曹允源撰 青州刊本

讀秋水齋十六卷 陸懋恩撰

誦清閣文鈔四卷 石景芬撰

椿西精舍集一卷 沈皞日撰

唾庵集九卷 羅傑撰

意園文錄二卷 鄒昉撰 清溪書屋本

梵隱堂詩存十卷 釋祖觀撰 通隱堂詩存四卷 張京度撰 同治五年刊本

養真室文集六卷 王嘉詵撰 家刻本

懺惜樓詩存一卷 袁克權撰

賁山堂詩鈔十二卷 王賡撰

一經軒詩存一卷 徐鳳鳴撰

桂花吟二卷 黄氏玉禮居寫本

草堂詩餘十七卷 顧從敬撰

澹園集四卷 黄家鳳撰

遜齋文集十三卷 吳承志撰

草草草六卷 范鄗鼎撰

竣定堂詩鈔一卷孖固齋詩存一卷

孖固詩存一卷 田維翰撰

張蓉溪全集無卷數 張承華撰

栗山文集六卷 不著撰者名氏

字雲巢文集二十卷附三盛詩鈔四卷　盛大謨撰

函雅堂集二十四卷　王詠霓撰

吳絳雪詩鈔一卷　吳宗瑗女士撰

香禪精舍集無卷數　潘鍾瑞撰

松風閣詩鈔二十六卷　彭蘊章撰

樂圃吟鈔八卷　張玉穀撰　清暉樓本

澹勤堂詩六卷附孝經述　傅壽彤撰　同治刊本

小停雲館芝言十卷　師範撰

秋影樓詩集九卷　汪繹撰　鐵琴銅劍樓本

讀秋水齋詩文二十二卷　陸獻恩撰

桐華閣詩續鈔八卷 鮑瑞駿撰

刼餘詩鈔

松冠堂詩草

寒松閣詩文九卷說文佚字四卷疑年賡錄二卷 張鳴珂撰

曹李尺牘二卷 曹溶李長年撰

巢雲吟館詩稿四卷 女士趙鳳撰

澄懷堂詩集二卷 錢唐陳裴之撰

彭文敬公全集四十一卷 彭蘊章撰

問心齋學治續錄六卷 張聯桂撰

澥雲詩鈔八卷 海陽汪梅鼎撰

有恆心齋集二十三卷　程鴻詔撰

坦園詩錄十九卷　長沙楊恩壽撰

璇璣碎錦二卷　萬樹紅友撰

嘯古堂詩集四卷　寶山蔣敦復撰

烏目山房詩存四卷　常熟蔣因培撰

尊小學齋集六卷　無錫余治撰

西圃集十卷　吳縣潘遵祁撰

崇百藥齋集二十卷續集四卷三集十二卷　陸繼輅撰　陸氏重刊本

濾月軒詩集四卷文集二卷詩餘一卷　上海趙芬撰

薦華堂文鈔十六卷豸豸華堂八卷　金應麟撰

求是齋文存五卷詩存二卷 彭毓崧撰
養一齋集二十六卷 山陽潘德輿撰
培遠堂詩集四卷 長洲張藻撰
自鳴稿二卷 上海王壽康撰
繩庵外集八卷 不著撰者名氏
介翁詩集八卷 吳郡嚴宣撰
邃懷堂全集三十六卷 寶山袁翼撰
瑤華閣詩詞鈔四卷 錢唐袁綬撰
紉佩仙館燼餘鈔文鈔五卷 山陰趙瀛撰
見素抱樸之齋六卷 陽湖呂儁孫撰

滑疑集八卷 青田韓錫胙撰

讀秋水齋詩十六卷文集六卷 陸繳恩撰

十萬琳瑯閣詩存四卷 定遠方燕昭撰

素蘐閣吟草六卷 劉禮淞撰

吹網錄六卷 吳縣葉廷琯撰

疏香館閣遺錄四卷汪文摘謬一卷 葉德輝葉燮撰

容拙齋古文二卷 甘泉張舒撰

蕢貧存稿十二卷 南豐謝鳴篁撰

續離騷一卷 無名氏撰 鈔本

藤香館詩鈔四卷 全椒薛時雨撰

延桂山房吟稿十一卷 古鄮王維城撰

四持軒詩鈔二卷 定遠方士鼐撰 方氏叢書本

四持軒詩鈔二卷 定遠方士鼐撰 方治叢書本

西亭文鈔十二卷 香浦王原撰

小羅浮館詩二十四卷 趙對澄撰 延秋閣賸稿一卷 趙景淑撰 合肥

逸予詩集八卷 秀水唐員撰

退一步齋詩文集二十卷 定遠方濬頤撰

二知軒詩鈔十四卷 定遠方濬頤撰

翠螺閣詩詞稿五卷 錢唐凌祉媛女士撰

求益齋全集二十卷 强汝詢撰 溧陽

古紅梅閣遺集八卷 劉履芬撰 紫藤花館詩餘一卷 劉觀藻撰

雙桐書屋詩賸稿七卷 延川李應莘撰

快雪軒文鈔一卷 錢振鍠撰

歸硯齋詩文存五卷 嘉定朱瑋撰

悔餘菴集二十九卷 江陰何栻撰

致遠堂集三卷 稽會金平撰

芙蓉池館詩賦草二卷 臨桂羅辰撰

瞶餘稿二卷 俞懷祖撰

梅垞詩鈔三卷 武進董太倫撰

善吾廬詩存一卷 天津金銓撰

蓬萊閣詩録四卷 元和陳克家撰

陳布衣集四卷 鎮海陳晟撰 東山書院刊本

縵雅堂駢體文八卷 山陰王詒壽撰

黄竹山房詩鈔六卷鈔補一卷 天津全玉岡撰

田家雜興無卷數 沈秀甲撰

白鵠山房集八卷 武康徐熊飛撰

味無味齋詩鈔七卷文二卷 吳江董兆熊撰

自然好學齋詩鈔十卷 汪端撰

海日堂集七卷 南海程可則撰

紅薇吟榭詩鈔四卷 丹陽魏塈撰

市隱書屋初稿十八卷　亢樹滋撰

蘇奩詩錄八卷

赤霞唫草二卷　太倉王鉅撰

寶雲齋詩集一卷　不著撰者名氏　鈔本

白香亭詩三卷　武岡鄧輔綸撰

心遠齋遺稿一卷　吳宗陶撰

慎節齋文存二卷　陳代卿撰

芸香館遺稿二卷　那遜蘭保女士撰

石雪齋詩稿四卷　徐宗浩撰

知非齋詩九卷　衡山陳鍾英撰

麥有堂詩初集四卷二集五卷 清江熊頤撰

小栗山房詩鈔十卷 文慶源撰

葉忠節公遺稿十二卷 葉映榴撰

蓴廬詩鈔芊卷楚詞拾遺一卷 陳直撰

澹勤堂詩六卷一香館詩二卷 傅壽彤楊文熙撰 紫江朱氏刊本

倚山閣詩二卷淡月平芳館詞一卷 長沙章華撰

芸書閣賸稿六卷 天津金至元撰

飴鄉集四卷 南海關賡麟撰

雲在山房類稿無卷數 楊壽枬撰

芸軒吟草一卷 歙縣江海清撰

俎豆集三十卷 潘承焯撰

小草廬詩鈔七卷 長沙吳邦達撰

玉照堂詩鈔十卷 黃岡陳士章撰

夢研齋遺稿八卷援黔錄十二卷 遵義唐樹義撰

晚香堂詩存五卷 安康雷鍾德撰

總集

楚辭十七卷 漢王逸章句 宋洪興祖補注 汲古閣本

楚辭十七卷 漢王逸章句 宋洪興祖補注 寶漢樓本

楚辭十七卷 漢王逸章句 宋洪興祖補注 金陵局本

楚詞集注八卷 宋朱熹注 聽雨齋本

楚辭韻解八卷　邱仰文撰　碩松堂刊本

楚詞札記二卷　武延緒撰　武氏家刻本

文選六十卷　梁蕭統編　唐李善注　何焯評點　葉氏海綠軒本

文選六十卷　何焯評點　海綠軒刊本

文選六十卷　仿海綠軒本

文選六十卷　何焯評點　翰墨園刊本

文選六十卷　六臣注　仿汲古閣本

文選六十卷附考異十卷　梁蕭統編　唐李善注　附考異　顧廣圻撰　胡氏刊本

文選六十卷　金陵局本

文選六十卷附考異十卷　唐李善注　萬氏刊本

文選尤十四卷　明鄒思明評

文選章句二十八卷　明陳與郊編

文選集評十五卷　于光華撰　江蘇書局本

文選集評十五卷　于光華撰　同治九年重刊本

文選集釋二十四卷　朱珔撰

文選音義八卷　余蕭客撰　靜勝堂本

玉臺新詠十卷　陳徐陵編　明崇禎刊本

玉臺新詠十卷　陳徐陵編　明崇禎刊本

玉臺新詠箋注十卷　陳徐陵編　吳兆宜程際盛注　通行本

文館詞林殘卷十冊　唐許敬宗等編　影印本

初唐四傑文集二十一卷 唐王勃楊炯盧照鄰駱賓王撰

河嶽英靈集二卷 唐殷璠輯 仿宋刊本

竇氏聯珠集一卷 唐人撰 仿宋本

三唐人集三十四卷 唐李翺皇甫湜孫樵 讀有用書齋刊本

松陵集十卷 唐皮日休編 武進陶氏景宋鈔刊本

才調集十卷 蜀韋縠編 垂雲堂本

才調集補注十卷 蜀韋縠編 殷元勳宋邦綏注 思補堂刊本

才調集十卷 蜀韋縠編 維揚述古齋刊本

唐文粹一百卷 宋姚鉉編 江蘇書局本

唐十家集十卷 嘉靖壬午影南宋刊本

古文苑九卷　孫巨源編　蘭陵孫氏本

古文苑二十一卷　宋章樵注　明成化本

樂府詩集一百卷　宋郭茂倩撰　湖北局本

宋文鑑一百五十卷　宋呂祖謙編

古文關鍵二卷　宋呂祖謙編

宋中興羣公吟稿戊集七卷　不著撰者名氏　退耕堂景宋本

唐詩紀事八十一卷　宋計敏夫撰　汲古閣本

文選補遺四十卷　宋陳仁子編　乾隆刊本

文選補遺四十卷　宋陳仁子編　道光瑯環館刊本

絕妙好詞箋七卷　宋周密編　查爲仁厲鶚箋　附續詞選二卷　董毅錄　會稽章

氏重刊

南宋羣賢小集一百二十七卷宋陳思編附補遺江湖後集二十四卷宋陳起編清顧修讀書齋刻本

文章正宗讀本十六卷宋真德秀編李翰熙重編康熙刊本按清史稿作王翰熙

文章軌範七卷宋謝枋得撰

中州集十卷附樂府一卷金元好問編

中州集十卷樂府一卷金元好問編武進董氏誦芬堂景元刊本

三元人詩集六卷元宋子虛薩天錫顧仲英撰

唐詩鼓吹十卷元郝天挺注廖文炳解

古樂府十卷元左克明編明刊本

御定全金詩七十二卷　金元好問編郭元釪補輯　康熙時復奉敕補輯

瀛奎律髓四十九卷　元方回輯　元刊本

瀛奎律髓四十九卷　元方回撰　紀昀評　侯官李氏刊本

元文類七十卷　元蘇天爵編

廣文選六十卷　明劉節編　原刊本

中原文獻二十四卷　明焦竑編

漢魏六朝百三家集一百十八卷　明張溥編

漢魏六朝百三名家集評選無卷數　明張溥編吳汝綸評選　都門印書局印

漢魏六朝百三名家集評選無卷數　明張溥編吳汝綸評選　都門印書局印

尺牘清裁六十卷　明王世貞編　明刻本

古論大觀四十卷　明陳繼儒撰　明本

古論大觀四十卷　明陳繼儒撰　明本

初唐八家詩集十六卷　明許自昌編

新安文獻志一百卷　明程敏政編

四六法海八卷　明王志堅編　蔣士銓評選　寄螺齋本

四六法海八卷　明王志堅編　蔣士銓評選　藏園刊本

弘正四傑詩集七十四卷　明李夢陽何景明徐禎卿邊貢撰

唐詩品彙九十卷拾遺十卷　明高棅撰　明刊本

唐風定二十二卷　明邢昉輯　甲戌邢端刊本

秦漢文選解四卷　明葉雲初選　原刊本

六藝流別二十卷　明黃佐撰　康熙時重刊本

秦漢魏晉文選十卷　明洪廷論編　明刊本

秦漢文懷二十卷　明鍾惺　崇禎刊本

文苑彙雋二十四卷　明屠隆編　原刊本

古詩鏡三十六卷　明陸時雍選評

荊川文編六十四卷　明唐順之編　原刊本

荊川稗編一百二十卷　明唐順之編　原刊本

唐詩統籤戊籤自五百五十三卷至八百十七卷　明胡震亨撰

康熙刊本

古文品外錄二十三卷　明陳繼儒編　雍正吳頎夫刊本

四六珠璣十二卷 陳繼儒等選注

明文徵七十四卷 明何喬遠編 崇禎刊本

四忠集 漢諸葛亮宋文天祥明史可法楊繼盛撰

南宋六十家集九十六卷 汲古閣毛氏輯 宋八家集八卷 知不足齋鮑氏輯 古書流通處石印本

南宋六十家集九十六卷 汲古閣毛氏輯 宋八家集八卷 知不足齋鮑氏輯 古書流通處石印本

古文淵鑒六十四卷 徐乾學等奉敕編 武英殿開花紙印本

御選唐詩三十二卷目錄三卷 聖祖御選

御選唐詩三十二卷目錄三卷 聖祖御選

御選宋金元明四朝詩三百十二卷 張豫章等奉敕編

御選元詩八十卷明詩一百二十卷 張豫章等奉敕編 殿本

全唐詩九百卷 康熙四十二年彭定求等奉敕編 通行本

全唐詩九百卷 康熙四十二年彭定求等奉敕編 通行本

佩文齋詠物詩選四百八十六卷 聖祖御定

御定歷代賦彙一百八十四卷 陳元龍等奉敕撰

御定歷代賦彙一百八十四卷 陳元龍等奉敕撰 殿本

御選唐宋文醇五十八卷 高宗御定 殿本

御選唐宋文醇五十八卷 高宗御定 殿本

御選唐宋文醇五十八卷 通行本

御選唐宋文醇五十八卷 通行本

唐宋詩醇四十七卷 高宗御定 珊城貽安堂本

唐宋詩醇四十七卷 高宗御定 殿本

全唐文一千卷 董誥等奉敕編

古文賞音十二卷 謝有煇編 康熙原刊本

國朝正雅集九十九卷 符葆森編 半畝園本 按清史稿作一百本

宋百家詩存二十卷 曹廷棟編 二六書堂本 按清史稿作二十八卷

唐詩選八卷 周珽注 松陽堂刊本

香屑集十八卷 黃之雋撰

晚唐詩鈔二十六卷 查克弘淩紹乾輯

唐詩玉臺新詠十卷　朱存孝輯

賦彙錄要二十八卷　吳光昭箋

明詩綜一百卷　朱彝尊編　通行本

明詩綜一百卷　朱彝尊編　通行本

明詩綜稿本八冊　朱彝尊手稿本

商邱宋氏三世遺集五卷　宋犖編

明人尺牘選四卷　王元勳輯　按此書與尺牘小品係一書重刊時改

名耳

尺牘小品四卷　王元勳輯

八家四六文鈔　卷　吳鼒編　校經堂刊本

古詩選三十二卷今體詩鈔十八卷 王士禛姚鼐選 金陵局本

古詩選三十二卷今體詩鈔十八卷 王士禛姚鼐選 金陵局本

古詩選三十二卷今體詩鈔十八卷 王士禛姚鼐選 金陵局本

古詩選三十二卷今體詩鈔十八卷 王士禛姚鼐選 金陵局本

唐人五言排律詩論三卷 蔣鵬翮編

五百四峯堂詩錄二十五卷 黎簡撰 儒雅堂本

宋代五十六家詩無卷數 不著編者名氏 石印本

舊言集二卷 不著編者名氏

六朝文絜四卷 許槤選

古文眉銓七十九卷 浦起龍撰 三吳書院本

全唐詩鈔八十卷　吳成儀編　乾隆刊本

元詩選一百十一卷　顧嗣立編　秀野草堂本

元詩選一百十一卷　顧嗣立編　秀野草堂本

元詩選六卷　顧奎光選　按皆錄自顧選

宋四家詩選六卷　周之鱗　柴升編　通行本

宋詩鈔一百六卷　吳之振編　鑑古堂本

宋詩鈔一百六卷　吳之振編　鑑古堂本

詩比興箋四卷　陳沆撰

琴筑同聲集四卷　周行編

續檇李詩繫四十卷　胡昌期輯

唐駢體文鈔十七卷 陳均受編嘉慶時人

唐駢體文鈔十七卷 陳均受編

唐駢體文鈔十七卷 陳均受編

四六初徵二十卷 李漁輯 原刊本

盧陽三賢集十六卷 包集十卷余集五卷周集一卷 毓秀堂本

唐詩叩彈集十二卷 杜詔杜庭珠編 采山亭本

唐詩叩彈集十二卷 杜詔杜庭珠編 采山亭本

讀雪山房唐詩選三十四卷 管世銘編

離憂集二卷從遊集二卷 陳瑚輯 峭帆樓本

五朝詩別裁八十一卷 唐詩二十卷沈德潛撰宋詩百一鈔八卷姚培謙撰元詩百一鈔九

卷姚培謙撰明詩別裁十二卷沈德潛撰國朝詩別裁三十二卷沈德潛撰 文萃堂本 一

唐詩別裁二十卷 沈德潛編 芥子園本

明詩別裁集十二卷 沈德潛

國朝詩別裁三十二卷 沈德潛編

國朝詩別裁三十二卷 沈德潛編

歸錢尺牘五卷 歸有光錢謙益撰顧漢璋校

近光集二十八卷 汪士鋐編 原刊本

唐宋八家文讀本三十卷 沈德潛編 小嶰林本

唐宋十大家全集錄五十卷 儲大文編 金陵書局

儲氏古文七種三十四卷 儲欣評選

唐宋八家詩五十二卷 姚培謙選 遂安堂本

湖海文傳七十五卷 王昶編

湖海詩傳四十六卷 王昶編 亦西堂刊本

湖海詩鈔十四卷 陳瑛撰 漱石山房本

古文約選九卷 方苞選 果親王原刊本

漁洋山人感舊集十六卷 王士禎撰 盧見曾補傳 雅雨堂本

國朝詩鐸二十六卷 張應昌編 永康應氏刊本

滄江樂府八卷 樀蟫 按此書或樀蟫一人所撰樀蟫南施人失姓俟考

徐州詩徵八卷 桂中行編

海陵文獻二十卷 夏荃編道光時人 光緒刊本

天南鴻雪一卷 無名氏編 石印本

古文雅正十四卷 蔡世遠編

唐十家集 卷

篋衍集十二卷 陳維崧編 缺首本

鳳池集無卷數 沈玉亮 吳陳琰輯

海虞詩苑八卷 王應奎編 古處堂本

海虞詩苑八卷 王應奎編 古處堂本

國朝文會八十卷 平沙趙熟典輯 稿本

草堂雅集十三卷 顧瑛編 寫本

古文賞音十二卷 謝有輝撰

吳會英才集二十四卷 畢沅編
學海堂集初集十六卷二集二十二卷三集二十四卷 阮元編
學海堂集十六卷 阮元編 啓秀山房本
續古文苑二十卷 孫星衍輯 冶城山館本
曹南文獻錄八十二卷附錄六卷 徐繼儒編
國朝二十四家文鈔二十四卷 徐鳳輝編
古文辭類纂七十五卷 姚鼐編 合河康氏刻本
古文辭類纂七十五卷 姚鼐編 諸家評點 徐樹錚輯 都門印書局印本
古文辭類纂七十五卷 姚鼐編 諸家評點 徐樹錚輯 都門印書局印本
古文辭類纂七十五卷 姚鼐編 江蘇局本

華國編賦選一卷 孫謨 孫選

湖南文徵一百九十卷姓氏傳四卷 羅汝懷編

皇朝經世文編一百二十卷 賀長齡編

皇朝經世文編一百二十卷 賀長齡編

皇朝經世文編續集一百二十卷 饒玉成編 光緒年刊本內有十六卷未刻

國朝駢體正宗十二卷 曾燠輯

國朝駢體正宗十二卷 曾燠輯 嘉慶刊本

國朝駢體正宗十二卷 曾燠輯 聚賢堂刊本

國朝駢體正宗十二卷 曾燠輯 賞用弗屋本

國朝駢體正宗十二卷 曾燠撰 光緒甲申刊本
選詩定論十八卷 吳淇撰 原刊本
黔詩紀略後編三十卷補三卷 莫友芝黎汝謙撰陳田傳證 補陳田撰
嶺南三大家詩選二十四卷 王準選
金華文萃十三卷 胡鳳丹輯
六朝四家全集十七卷附詩話一卷 胡鳳丹輯 退補齋本
唐四家詩二十卷考異四卷 胡鳳丹輯
唐詩箋注十八卷 宋宗元
金文雅十六卷 莊仲方編 江蘇局本
金文雅十六卷 莊仲方編 排字本

全上古三代秦漢三國六朝文七百四十六卷 嚴可均編 黃岡王氏

刊本

七十家賦鈔六卷 張惠言編 合河康氏刊本

七十家賦鈔六卷 張惠言編 合河康氏刊本

切問齋文鈔三十卷 陸燿輯 道光年重刊本

金石文鈔十卷 趙紹祖輯 光緒刊本

明三十家詩選八卷 汪瑞輯 蘊蘭吟館刊本

後八家四六文鈔八卷 張壽榮撰

南宋雜事詩七卷 姚祖恩輯 扶荔山房刊本

古詩錄十二卷 張琦輯 同治刊本

鳴原堂論文二十一卷 曾國藩編 傳忠書局刊本

湖州耆舊集三十七卷 馮奉初編 愛吾鼎齋李氏刊本

唐詩解五十卷 唐汝詢撰

西泠消寒集一卷 秦緗業

山左古文鈔八卷 李景嶧劉鴻翔編 道光刊本

江右古文選二十四卷

清尊集十六卷 汪遠孫輯 振綺堂本

南菁講舍文集六卷 黄以周輯

鴛水聯吟十四卷 岳鴻慶輯

中州文徵五十四卷 蘇源生編

畿輔詩傳六十卷　陶樑輯

駢體文鈔三十一卷　李兆洛編　婁江徐氏翻刊本

駢體文鈔三十一卷　李兆洛編　婁江徐氏翻刊本

駢體文鈔三十一卷　李兆洛編

駢體文鈔三十一卷　李兆洛編

漁陽綿津二家詩鈔二十卷　邵長蘅選

陽湖錢氏家集十六卷附四卷

紅雪偶鈔四卷　倪世珍

兩浙輶軒錄四十卷補遺十卷　阮元編　浙江書局本

桐舊集四十二卷　徐璈輯

駢文類苑十四卷 姚燮輯

皖江同聲集十卷聽經閣同聲集六卷鄂渚同聲集三十七卷 胡月樵輯 退補齋本

金陵詩徵四十八卷 朱緒曾編

金陵詩徵四十四卷 朱緒曾編 光緒壬辰刊本

諸暨詩存十六卷附詩餘一卷東埭詩鈔一卷 酈滋德撰 酈氏撫古堂本

國朝杭郡詩輯三十二卷 吳顥編 丁氏重刊本

嶺南雜事詩鈔八卷 陳坤編

古文詞略二十四卷 梅曾亮編 合肥李氏刊本

唐詩諧律二卷 沈賓青選 溧陽沈氏刊本

國朝杭郡詩續輯四十六卷 吳振棫編

國朝杭郡詩三輯一百卷 丁丙編

鄧林唱賀詩詞一卷 鄧廷楨林則徐撰

國朝蜀詩略十三卷 張沆編 咸豐年刊本

國朝六家詩鈔八卷 劉執玉撰

淮海英靈集二十二卷 阮元編 小嫏嬛仙館本

淮海英靈集十四卷 阮元編 小嫏嬛仙館本

淮海同聲集二十卷 汪之選輯 原刊本

古唐詩合解十二卷 王堯衢撰

宋詩類選二十四卷 王史鑑 樂古齋本

國朝古文正的五卷附錄二卷 楊彝珍編 獨山莫氏鉛字印本

同人詩錄八卷 蔡壽祺編

清麗集六卷 徐日璉 沈士駿撰

粵東三家集十三種 伍元薇輯

乾坤正氣集選九十七卷 吳煥采編 蓮花池刊本

經訓書院文集十卷（二）不著編者名氏

天津文鈔七卷附錄八種十卷 華光鼐輯 王守恂重訂 天津金氏刊本

天津文鈔七卷 華光鼐輯 天津金氏刊本

歷代名人尺牘二十四本 吳修輯 搨本

續古文辭類纂三十四卷　王先謙編

續古文辭類纂二十八卷　黎庶昌編

國朝常州駢體文錄三十一卷　屠寄編

國朝常州駢體文錄三十一卷　屠寄編

古詩鈔二十卷附目四卷　吳汝綸評選　武强賀氏刊藍印本

古詩鈔二十卷附目四卷　吳汝綸評選　武强賀氏刊硃印本

古詩鈔二十卷附目四卷　吳汝綸評選　武强賀氏刊墨印本

遼文存六卷　繆荃孫編　雲自在堪刊本

遼文存六卷　繆荃孫編　雲自在堪刊本

津門古文所見錄四卷　郭師泰輯　光緒壬辰刊本

故舊文存四卷 王樹枏編 王氏陶廬叢刻本

洮潭合鈔十二卷續四卷黄州赤壁集十二卷 汪檠重刊 赤壁集汪

檠輯

項城袁氏家集六種

桃花潭文獻志徵六卷 翟大程編 光緒三十年刊

晚清四十家詩鈔三卷 吳闓生編 文學社刊本

全漢三國晉南北朝詩五十四卷 丁福保編 丁氏印本

鄧尉探梅詩四卷 亢樹滋撰

古文範二卷 吳闓生編

古今詩範十六卷 吳闓生編 文學社排印本

漢碑文範五卷 吳闓生編 武强賀氏刊藍印本

漢碑文範五卷 吳闓生編 武强賀氏刊硃印本

漢碑文範五卷 吳闓生編 武强賀氏刊硃印本

吳門弟子集十四卷 吳闓生輯

聲律發蒙二卷 李希賢撰

杜韓詩句集韻八卷 汪文柏撰

津步聯吟集一卷 吳重熹李葆恂撰

宜園百家詩八卷 日本矢上行編 二篇六卷 樺島益親編 三篇六卷 廣瀨貞臺撰 日本浪華書林本

詞曲類

花間集十卷 蜀趙崇祚編 吳昌綬景明正德本

花間集十卷 小字本

片玉集十卷 宋周邦彥撰陳元龍注

絕妙好詞箋七卷附一卷 宋周密輯查爲仁厲鶚箋

石林詞一卷 宋葉夢德撰 承恩堂刊本

山中白雲詞八卷 元張炎編 城書室本

二十一史彈詞十一卷 明楊慎清張三異撰

彩筆情詞二卷 明張栩選

御選歷代詩餘一百二十卷 沈辰垣等奉敕撰 殿本

御選歷代詩餘一百二十卷 沈辰垣等奉敕撰 殿本

御選歷代詩餘一百二十卷 沈辰垣等奉敕撰 殿本

詞學全書十四卷 毛先舒撰 通行本

詞律二十卷 萬樹編 保滋堂本

詞律二十卷 萬樹編 堆絮園本

樂府雅詞三卷拾遺二卷 曾慥輯

九宮大成南北詞宮譜八十一卷 周祥玉鄒金聲 古書流通處景印

十種曲二十卷 李漁撰

律詞二十卷 吳留村 保裕堂本

國朝詞綜三十八卷 朱彝尊撰 亦西齋本

藏園九種曲十三卷 蔣士銓撰 漁古堂本

藏園九種曲十三卷 蔣士銓撰 紅雪樓本

詞綜三十六卷 朱彝尊輯 碧梧書屋本

國朝詞綜續編二十四卷 黃燮清撰 同治刊本

詞律拾遺八卷 徐立本 同治六年刊

花影館詞集五卷 施紹莘撰 小娜嬛刊本

花影館詞集五卷 施紹莘撰 小娜嬛刊本

四種詞四卷 姜夔 陳允平 周密 王沂孫撰

暗香樓樂府三種 不著撰人名氏 暗香樓本

菊壽盦詞四卷 姚輝第撰

全史宮詞二十卷 史夢蘭撰

全史宫詞二十卷 史夢蘭撰

詞學集成八卷 江順治撰

國朝常州詞錄三十一卷 繆荃孫撰 雲自在龕本

今詞初集二卷 顧貞觀成德同選 雪泿山房重刊本

夢窗詞五卷 宋吳文英撰 光緒刊本

心日齋詞六卷十六家詞錄二卷附珠巢存課年譜 周之琦撰

湖海樓詞集十二卷 陳維崧撰

聽雨樓詞二卷 孫雲鶴撰 相筠館遺稿 孫雲鳳撰 桐華館本

延露詞三卷 彭雲遹撰

草堂詩餘十七卷 顧從敬撰

晴雪雅詞四卷 許昂霄撰

詞林紀事二十二卷 張宗橚撰 樂是盧本

白香詞譜箋注 卷 舒夢蘭輯謝朝徵箋 光緒刊本

啟禎宮詞二卷 秦蘭徵 鐵琴銅劍樓本

玉泉詞一卷 潘曾瑋撰

眉綠樓詞一卷 顧文彬撰

綠雪館詞一卷萬竹樓詞一卷 張鴻卓朱和羲撰

湘雨樓詞五卷 張祖同

雲起樓詞三卷 齊學裘撰

碧雲詞一卷 董綬祺撰 武進董氏刊本

蓮子居詞話四卷　海寧吳衡照撰

眞松閣詞六卷　楊夔生撰　心禪室重刊

揚州夢二卷

抒懷操一卷　程雄撰　一作曹溶撰

盛明雜劇二集三十種　武進董氏誦芬室刊

芬陀利室詞一卷　潘祖蔭撰

清夢龕二白詞五卷　沈傳桂撰

月雪樓傳奇七卷　陳烺撰

玉獅堂十種曲十五卷

玉茗堂還魂記二卷　傳奇彙刊本

薇省同聲集五卷

春蟄吟一卷　鄭文焯

蘿月詞二卷　許賡皞撰

劍虹龕詞一卷　任邱邊保樞

螽龕遺詞二卷　常應苕撰

疏影樓詞四卷　姚燮撰

倚蘿山館詞鈔一卷　梁祚昌撰

聚紅榭雅集詞八卷

栖香閣詞三卷　顧文婉撰

瑤天笙鶴詞二卷　汪淵

紅豆簾琴意一卷 陳克劬撰

滄桑豔二卷 丁傳靖撰

味藜集鷲翁集蜩知集各一卷 王鵬運撰

黃山樵唱一卷 朱師轍撰

雲淙琴趣二卷 邵章撰 邵氏家刻本

詩文評類

文心雕龍十卷 梁劉勰撰 黃叔琳注 養素堂本

文心雕龍十卷 梁劉勰撰 黃叔琳注 紀昀評 兩廣節署印本

苕溪漁隱叢話一百卷 宋胡仔撰 耘經樓本

全唐詩話六卷 宋尤袤撰

詩人玉屑二十卷 宋魏慶之編

詩藪六卷 明胡應麟撰

事文玉屑十八卷 明楊宗撰

詩詞雜俎十二種 明毛晉輯

五代詩話十卷 王士禎撰鄭方坤刪補 鄭氏杞菊軒本

帶經堂詩話三十卷 王士禎撰張宗柟編 南曲舊業本

帶經堂詩話三十卷 王士禎撰張宗柟編

宋四六話十二卷 彭元瑞撰 海山仙館本

全閩詩話十二卷 鄭方坤輯

全閩詩話十二卷 鄭方坤輯

靜志居詩話二十四卷　朱彝尊撰　扶荔山房本

靜志居詩話二十四卷　朱彝尊撰　扶荔山房本

靜志居詩話二十四卷　朱彝尊撰　扶荔山房本

靜志居詩話二十四卷　朱彝尊撰　扶荔山房本

明詩綜詩話五卷　朱彝尊撰　汪諧鈔

昭昧詹言二十一卷　方東樹撰　光緒刊本

昭昧詹言二十一卷　方東樹撰　武强賀氏刊本

昭昧詹言二十一卷　方東樹撰　武强賀氏刊本

聲調四譜十二卷附一卷　董文煥撰

蘇亭詩話六卷　張道撰

柳亭詩話三十卷 朱俊撰

射鷹樓詩話二十四卷 林昌彝撰 咸豐刊本

射鷹樓詩話二十四卷 林昌彝撰 咸豐刊本

楹聯叢話十二卷 梁章鉅撰

四六叢話三十三卷選詩叢話一卷 孫梅撰 光緒重刊本

養自然齋詩話十卷 鍾駿聲撰

養自然齋詩話十卷 鍾駿聲撰

甌北詩話十二卷 趙翼撰

甌北詩話十二卷 趙翼撰

經史百家雜鈔十八家詩鈔評點四卷 吳汝綸撰 鉛印本

隨園詩話二十四卷 袁枚撰

隨園詩話二十六卷 袁枚撰

隨園詩話十六卷補遺四卷 袁枚撰

鷗坡詩話六卷 葉廷琯撰

雪樵詩話四十卷 楊鍾羲 劉翰怡刊本

雪樵詩話十二卷 楊鍾羲 劉翰怡刊本

詞科掌錄十七卷餘錄七卷 杭世駿撰

聲調譜說二卷 吳紹澯撰 按清史稿作一卷

宋詩紀事一百卷 厲鶚撰

明詩紀事一百八十七卷 陳田撰 陳氏家刊本

篛石山房詩話鈔六卷 楊霈

初白菴詩評三卷 張載輯

廣陵詩事十卷 阮元輯

在山泉詩話四卷 潘飛聲

蠡莊詩話十卷 不著撰者名氏

桐陰清話八卷 倪鴻撰

閩川閨秀詩話續編四卷 丁芸輯

停雲館詩話十二卷 李家瑞

全浙詩話五十四卷 陶元藻

全浙詩話五十四卷 陶元藻

金浙詩話五十四卷 陶元藻

六紅詩話四卷 呂善報

塞愚詩話二卷 張翼廷

達觀堂詩話八卷 張晉本

十二石齋詩話四卷 梁九圖

龍山詩話十二卷 雷國楫

臥園詩話四種 潘煥龍

詩學枝談六卷 周竣圻

春草堂詩話八卷 謝堃

緦齋詩談八卷 張謙宜

詠物七律偶記一卷　翁方綱
石洲詩話八卷　翁方綱
定香亭筆談二卷　阮元
橡評詩話十二卷　方恒泰
臥園詩話四種　潘焕龍
七子詩話二十二卷　不著編輯名氏
樵隱詩話十三卷　林鈞
海天琴思錄八卷　林昌彝
詩觸五卷　不著撰者名氏
圍爐詩話六卷　吴喬

竹溪詩話二卷　李少白

羣集點勘無卷數　吳汝綸撰　蓮池書社印本

國朝詩人徵略六十卷二編六十四卷　張維屏撰

湖北詩徵傳略卌卷　丁宿章撰

詩史類

南唐雜事詩一卷　孫榕撰

金源紀事詩八卷　湯運泰撰　綠鐵山房本

明宮雜詠二十卷　饒智元撰

制義類

皇明八科館課四十八卷　明陳邦選

黃陶菴集八卷　明黃淳耀

欽定四書文無卷數　方苞奉敕編　按四庫全書作四十一卷

十二科大題觀略　呂留良評點

嶺雲編無卷數　徐樾編　康熙刊本

狀元策二卷　順治至康熙

尊經書院課藝　光緒五年刊

本朝館閣賦八卷　程洵等編

賦鈔箋略十五卷　張杏濱箋

制義叢話二十五卷　梁章鉅撰

同館賦鈔二十二卷續鈔十八卷　法式善編續鈔徐桐編　缺十六卷

書髓樓藏書目卷五

水竹邨人

叢書

儒學警悟七集四十卷 宋俞鼎孫編

百川學海一百種 宋左圭輯 武進陶氏影宋咸淳本 石印

百川學海四十一種 鈔本不全

說郛一百二十卷續四十六卷 明陶宗儀撰 續陶珽編 宛委山房本

世德堂六子 明胡氏刊

古今醫統正脈四十四種 明王肯堂輯 萬曆刊本

津逮祕書十五集一百四十四種 明毛晉輯

汲古閣所刻書二十種 明毛晉即津逮祕書殘本

陳眉公祕笈二十種 明陳繼儒輯

武英殿聚珍版叢書

武英殿聚珍版叢書五十八種 江西局本

聚珍版叢書第一單三十九種 重刊本

通志堂經解一百三十八種 那蘭成德

古經解彙函十六種附小學彙函十四種 孫堂輯

古經解彙函十六種附小學彙函十四種 孫堂輯廣東本

經苑二十五種 錢儀吉輯

右經彙函十種 元尚居校刊

王氏書畫苑四十三種

武進陶氏景宋金元明本詞二十三種 武進董氏刊本

三賢集靜修集四卷椒山集四卷夏峯集四卷 元劉因明楊繼盛清孫奇逢撰

荆駝逸史五十三種 李之遯輯

荆駝逸史五十四種 李之遯輯原刊本

荆駝逸史五十三種 李之遯輯石印本

金石三例續金石三例共六種

金石三例續金石三例共六種

詞學叢書五種

醫學叢書十四種 周學海輯

正誼堂全書六十三種 張伯行輯 正誼書院刊本

正誼堂全書二十六種 張伯行輯 正誼書院刊本 不全

十子全書十種 嘉慶丁卯蘇州刊本

明季稗史十二種 不著撰人名氏 通行本

漢官六種十卷 孫星衍輯 朱記榮刊本

牧令書七種 丁日昌輯 江蘇書局本

豫章叢書一百二十種 胡思敬

豫章叢書二十八種

漢魏叢書八十六種 王謨 乾隆刊本

永嘉詩人祠堂叢刻十四卷 冒廣生輯

涇川叢書四十一種 趙紹祖輯

武林掌故叢編二百六種 丁丙輯

武林掌故叢編一百種 丁丙輯

江西叢刻一百二十八種

雲南叢書十種 甲寅年刊

西湖集覽二十六種 武林丁氏輯

湖墅叢書六種 王麟書輯

湖墅叢書六種 王麟書輯

畿輔叢書一百六十九種 王灝輯

畿輔叢書一百六十九種　王灝輯

畿輔叢書一百六十九種　王灝輯

奇晉齋叢書十六種　陸烜

小萬卷樓叢書十七種　錢培名

借月山房彙鈔十六集一百三十五種　張海鵬彙刊　上海博古齋景刊

讀畫齋叢書四十六種　顧修輯

讀畫齋叢書四十六種　顧修輯

讀畫齋叢書四十六種　顧修輯

說鈴前集三十三種後集十九種　吳震方輯

雅雨堂叢書十一種　盧見曾

觀古閣叢書六種 鮑康

涉園叢刊八種 海鹽張氏

士禮居黃氏叢書二十種 黃丕烈輯 石印本

粵雅堂叢書一百二十一種續集五十種 伍崇耀輯刊

祕書二十一種 汪士漢輯 嘉慶刊本

述古叢鈔十種 劉晚榮輯

漸學廬叢書十六種 光緒年刊

結一廬朱氏賸餘叢書四種

功順堂叢書十八種 潘祖蔭輯

滂喜齋叢書十六種 潘祖蔭輯

滂喜齋叢書五十五種 潘祖蔭輯

仰視千七百二十九鶴齋叢書三十七種 趙之謙輯

長恩書屋叢書十九種 莊肇麟輯

篆刻瑣著二十三種 顧湘輯

小石山房叢書四十一種 顧湘輯

小石山房叢書四十一種 顧湘輯

小石山房叢書四十一種 顧湘輯

虞山叢刻十四種 丁祖蔭

頤志齋叢書二十二種 丁晏輯

春暉堂叢書十一種 林侗輯

春暉堂叢書十一種　林侗輯

畿輔河道水利叢書九種

守約篇叢書六十三種　李光廷輯

天壤閣叢書二十二種　福山王氏

晁氏叢書八種　晁貽端輯　徐學樓刊本

函海一百六十一種　李調元輯

函海一百六十一種　李調元輯

文選樓叢書十四種　阮元輯刊

蓬喜廬叢書三種　傅維龍刊於日本

藝海珠塵一百六十五種　吳省蘭輯

那羅陀室叢書二十三種

那羅陀室叢書二十三種

晨風閣叢書二十二種 繆荃孫

麗廔叢書八種 長沙葉氏輯刊

三貽堂叢書十二種 張鳳臺輯 河南官書局刊

篌園叢書十一種

篌園叢書十一種

龍威秘書八集 馬俊良集刊

惟德堂影宋五種 缺脩真正旨一種 顧曾壽輯刊
孝經 一心相篇 修真正旨 長歷鈎

玄 隨筆

松鄰叢書二十二種 吳昌綬

廣仁堂叢書二十二種 天津廣仁堂刊本

文選四種

聚學軒叢書六十種 劉世珩輯

藝苑珍賞七十四種

蜚雲閣叢書六種 淩曙

問經堂叢書七十種 孫馮翼

述古叢鈔十種 劉晚榮

平津館叢書六十三種 孫星衍

惜陰軒叢書三十四種 李錫齡

昭代叢書十編五百種有錄無書者五十種 沈懋德輯 張潮楊復吉

原刊 世楷堂本

海山仙館叢書四十六種 潘仕誠

海山仙館叢書四十六種 潘仕誠

張氏叢書二十一種 張澍輯 郎二酉堂叢書

雲間張氏叢刻四種

經訓堂叢書二十三種 畢沅 靈巖山館刊本

盟廬叢刻六種 蔣廷黻輯

知不足齋叢書一百三十三種 鮑廷博

知不足齋叢書一百九十七種 鮑廷博

廣雅叢書八十八種 張之洞
雅雨堂叢書十一種 盧見曾
史學粹珍八種八卷 余肇鈞輯 同治刊本
百家子書一百種五百二卷 湖北局刊本
續古逸叢書十二種 涵芬樓印本
涵芬樓叢刻十六種
涵芬樓祕笈十集五十二種 商務印書館
四部叢刊
四部叢刊八種
東倉書庫叢刻七種

風雨廔祕笈留真十種 鄧實

廣倉學窘叢書五十二種 明智大學編印

廣倉學窘叢書五十二種

廣倉學窘叢書五十二種

廣倉學窘叢書十一種

廣倉學窘叢書十一種

廣倉學窘叢書十一種

廣倉學窘叢書四種 內專門名家二册係他匣移置此匣者

唐代叢書一百六十四種 王文誥輯

雙梅景闇叢書十二種 葉德輝輯 葉氏郋園本

傳奇圖像十種 陶氏涉園景 明刻印本

玉函山房輯佚書八百餘種附目耕帖三十一卷 馬國翰輯

玉函山房輯佚書八百餘種附目耕帖三十一卷 馬國翰輯

雲在山房叢書二十一種 楊壽枏輯

古逸叢書二十八種 黎庶昌撰

談藝珠叢二十七種 王啓原輯

談藝珠叢二十七種 王啓原輯

宋金元明本詞四十種 雙照樓刊本

心矩齋叢書十種 蔣鳳藻 文學山房

榆園叢刻三十種 許增輯

古愚消夏錄 汪汲編

古愚消夏錄十七種六十二卷 汪汲編

隨菴徐氏叢書十種

六譯館叢書 廖平 成都存古書局刊本

託跋廛叢刻十種 陽湖陶氏涉園印本

百川書屋叢書六種 陶湘輯 武進陶氏影宋本

觀自得齋叢書三十種 徐士愷

靈鶼閣叢書五十六種 江標輯

集虛草堂叢書十種 馬其昶輯 合肥李氏刊本

潘刻七種 潘祖蔭

日本京師大學景印舊鈔本四種

兵學五種 外國人著 望三益齋刊本

二思堂叢書六種 梁章鉅

二思堂叢書六種 梁章鉅 不全

西域地理四種 鴻文書局本

鄭氏佚書二十三種 漢鄭玄撰 袁鈞輯

眞西山全書五種 宋真德秀撰

亭林遺書二十六種 顧炎武撰

亭林遺書十種 顧炎武撰 朱記榮刊

亭林遺書十種 顧炎武撰 蓬瀛閣刊本

亭林遺書十種 顧炎武撰 蓬瀛閣刊本

音學五書 顧炎武撰

音學五書 顧炎武撰

孫夏峯全書十四種 孫奇逢

孫夏峯全書十四種 孫奇逢

孫夏峯全書十四種

王船山遺書六十種 王夫之撰

王船山全書五十八種 王夫之撰 曾氏校刊本

安道先生叢刻 種 陳瑚撰

祁州刁氏叢書五種 刁包撰

祁州刁氏叢書五種 刁包撰

陸子遺書二十一種 陸世儀撰

陳文恭公全書十三種 陳宏謀撰

梅氏叢書二十九種 梅文鼎撰 光緒敦懷書屋刊

顏李遺書十七種 顏元李塨撰 畿輔叢書本

顏李遺書十七種 顏元李塨撰 畿輔叢書本

顏李遺書十七種 顏元李塨撰 畿輔叢書本

顏李遺書十七種 顏元李塨撰 畿輔叢書本

顏李遺書十七種 顏元李塨撰 畿輔叢書本

顏李叢書 種

湯文正公遺稿七種　湯斌

西河合集一百二十六種　毛奇齡撰　缺一函　蕭山書留草堂

抗希堂十六種　方苞撰

王漁洋全書三十六種　王士禛

王漁洋全書三十六種　王士禛

王漁洋全書三十六種　王士禛

地理大成五種　山法全書十八卷　平陽全書十五卷　地理六經注六卷　羅經撥霧三卷　理氣三訣四卷　葉泰撰

玉津閣集十種　胡薇元撰

張皋文箋易詮全集十四種　張惠言撰　即茗柯全書

王薳思先生遺書八種 王植撰

榕村全集十種 李光地撰

尤西堂全集五十一種 尤侗撰

尤西堂餘集十三種 尤侗撰 原刊本

尤西堂餘集十三種 尤侗撰 原刊本

授堂遺書八種 武億撰

紀文達批書三種 紀昀評點 廣東刊本

趙甌北集八種 趙翼撰

趙甌北集八種 趙翼撰

趙甌北集八種 趙翼撰

珍藝宧遺書十二種 莊述祖撰

珍藝宧遺書十二種 莊述祖撰

章氏遺書五十一卷 章學誠 王宗炎編 吳興劉氏刊本

竹柏山房十五種 林春溥撰 自刻本

萬氏經學五書 萬斯大 辨志堂本

番禺陳氏四種

孫氏五種 孫馮翼

杭氏七種 杭世駿

左海全書 種 陳壽祺

洪北江全書二十六種 洪亮吉撰 授經堂重刊本

洪北江全書三十二種 授經堂重刊本

洪北江全書十種

董廷榮所箸書三種

朱文端公藏書十三種 朱軾撰

劉端臨遺書八種 劉拱台撰

郝氏叢書十七種 郝懿行撰

安吳四種 包世臣撰

李氏五種 李兆洛撰

李氏五種 李兆洛撰 合肥李氏重刊

曾文正公全書十三種 曾國藩撰

韓南溪四種 韓超撰 振綺堂石印本

苗氏說文四種 苗夔撰

俞曲園叢書　種 俞樾

倪偉人所著書六種

賈氏叢書十三種 賈臻輯

賈氏叢書十三種 賈臻輯

敏果齋七種 許乃釗撰

養志居僅存稿六種 陳宗起

張文襄公全書十四種二百二十九卷 張之洞撰 戊辰年刊本

史香崖所著書十五種 史夢蘭撰

李嘉績所著書　種　李嘉績

馬通伯所著書五種　馬其昶撰

沈寄簃先生遺書甲編二種　沈家本撰

愛園叢書九種　張慎宜撰　成都刊本

湘綺樓全書十九種　王闓運撰

周慤慎公全集十種四十五卷　周馥　秋浦周氏刊本

煙霞草堂遺書二十二種　劉光蕡撰

卷五

書髓樓續收詩文集存目卷六

水竹邨人

別集

謝康樂集四卷　晉謝靈運撰　同治刊本

水心先生別集十六卷　宋葉適

雪機叢稿三卷　宋樂雷發

樵川二家詩六卷　宋嚴羽黃鎮成撰　光緒刊本

海南白先生續集十卷別集八卷　元葛長庚　寄雲堂校本

晚聞堂集十六卷　明余紹祉撰　道光余龍光輯

寒玉集十一卷寒光集三卷寒香集選二卷　明天台陳函輝撰

劉簡齋先生詩文集十四卷 明劉榮嗣撰
劉簡齋先生詩文集十四卷 明劉榮嗣撰
龍塢集五十卷 明王時濟撰 順治重刊本
梅園集五卷 明沈一中撰
秋谷集二卷 明翟童崔世召撰
慎獨堂集二十六卷 明呂明德撰
靜嘯齋存草十二卷 明董斯張撰
花王閣賸稿一卷 明紀坤撰 七世孫樹寶校 樂叙堂重刊本
太古堂集二卷 明膠州高宏圖撰
太古堂集二卷 明膠州高宏圖撰

半洲詩集六卷　明閩縣張經撰

九煙先生遺集六卷

柯竹巖集十八卷

傅本虛集八卷石門集七卷　明侯官傅汝舟侯官高瀫撰

堵文忠公集十卷　明宜興堵允錫撰

張蒼水集二卷　明張煌言排印

寒石先生集四卷　明西華理雹和撰　按雹和本姓李

寒石先生集四卷　明西華理雹和撰

曲紅堂詩集無數卷　明臨川范景淹撰

嶧桐集二十卷　明西泠邵嘉撰

石臼集十六卷　明高淳邢昉撰　光緒重刊本

達觀樓集二十四卷　明豫章鄒維璉撰

半憨集二卷　明澄海王槐軒撰

湘中草六卷　明古吳湯傳楹撰

賜閒草二卷　明海陽林熙春撰

西園詩集七卷　明中州彭堯諭撰

聖雨齋詩集十卷　明檇李周拱辰撰

蟋蟀窩詩集五卷　明張度

蟋蟀窩詩集五卷　明張度

二十七松堂集十卷　明曲江廖燕著　日本文久年刊

立十七松堂集十六卷 明曲江廖燕著 日本文久年刊

蠶園詩集五卷續集二卷 明乍浦李確撰

返生香二卷 明吳江葉小鸞女士撰

萬壽詩一卷 世祖寫本

御製文集四十卷二集五十卷 聖祖

世宗憲皇帝御製文集三十卷附怡賢親王遺詩一卷 世宗

御製詩餘集六卷 高宗

御製詩餘集六卷 高宗

樂善堂全集三十卷 高宗

樂善堂全集三十卷 高宗

乾隆御製詩初集四十三卷二集九十卷三集文初集三十卷 高宗

御製詩四集一百卷 高宗

御製詩五集一百卷 高宗

御製詩五集一百卷 高宗

御製巡幸盛京詩一卷 高宗

御製詩初集四十八卷 仁宗

御製全史詩六十四卷 仁宗

味餘詩屋全集四十二卷 仁宗

清寧合撰二卷 仁宗

味餘集鈔四卷 仁宗 鈔本

御製嗣統述聖詩二卷全韻詩五卷 仁宗

御製詩初集二十四卷 宣宗

養正書屋全集四十卷 宣宗

養正書屋全集四十卷 宣宗

御製詩集八卷文集二卷 文宗

御製詩全集五卷 穆宗

初學集二十卷有學集十四卷 常熟錢謙益撰 錢曾箋注

夏峯集十四卷補遺二卷 容城孫奇逢撰

田簶淵先生詩集無卷數 華亭田茂遇撰

獨漉堂詩集十五卷　順德陳恭尹撰

吳屯侯詩文集無卷數　嘉定吳屯侯撰

西亭詩一卷　吳屯侯撰

梅莊遺草六卷　福清翁白撰　嘉慶刊本

種月軒遺草十四卷　會稽俞得鯉撰

尊水園集十二卷　德州盧世㴶撰

尊水園集十二卷　德州盧世㴶撰

抱犢山房集六卷　梁谿嵇永仁撰

天延閣詩集五卷　宣城梅清撰

託素齋集十卷　長汀黎士弘撰

傅青主集三十卷 陽曲傅山撰 宣統刊本

胡石莊詩集二十卷 竟陵胡承諾撰

胡石莊詩集二十卷 竟陵胡承諾撰

葵園集六卷 崑山呼谷撰

鏡菴詩選五卷 諸城劉翼明撰

但吟草四卷 德州蕭惟預撰

吳詩集覽二十卷 太倉吳偉業撰

梅村詩集二十卷 太倉吳偉業撰

青箱堂詩集三十二卷 宛平王崇簡撰

雁字詩一卷偶存草一卷 貴池吳孟堅撰

尊聞堂集鈔八十卷　澤州陳廷敬撰

午亭文編五十卷詩三卷　澤州陳廷敬

蒼峴山人集五卷　句吳秦松齡撰

樹滋堂近稿一卷　上海錫張懌撰　鈔本

天愚山人詩文集十六卷　鎮海謝泰宗撰

靜惕堂詩集四十四卷　嘉興曹溶撰

筆畊堂詩集一卷四牧齋詩集　韓江黃錦黃華撰

南雷詩歷四卷　餘姚黃宗羲撰　粵雅堂叢書本

樸巢詩選一卷　如皋冒襄撰

賴古堂文集二十四卷附錄一卷　祥符周亮工撰　乾隆重刊本

馮氏小集二卷遊仙詩二卷 常熟馮班撰

鈍吟集三卷 常熟馮班撰

安雅堂集廿卷 萊陽宋琬撰

安雅堂集十卷 萊陽宋琬撰

定山堂詩集四十三卷 淮南龔鼎孳撰 光緒重刊本

五公山人集十六卷 新城王餘佑撰

嶼舫詩集七卷 柏鄉魏裔介撰

寒松堂全集十二卷 蔚州魏象樞撰

寒松堂全集十二卷 蔚州魏象樞撰

四憶堂集十六卷 商邱侯方域撰

壯悔堂集十六卷　商邱侯方域撰

申鳧盟詩集八卷文集三卷鷗盟集十卷文集三卷　廣平申涵光申涵盼撰

申鳧盟詩集八卷文集三卷荊園小語一卷年譜一卷　廣平申涵光撰

申鷗盟詩集十卷文集三卷　廣平申涵盼撰

蓮龕集十六卷　臨川李來泰撰

東村全集十卷　霑化李呈祥撰

遂初堂集四十卷　吳縣潘耒撰

林蕙堂全集二十六卷　延陵吳綺撰

林蕙堂文集二十卷　延陵吳綺撰

蕉林亞集三卷　真定梁清標撰

蕉林詩集十八卷　真定梁清標撰

蕉林詩集十八卷　真定梁清標撰

東園集七卷　任邱李經垓撰

寒支集十四卷　寧化李世熊撰　道光刊本

容齋千首詩八卷　合肥李天馥撰　光緒重刊本

石園全集三十卷　吉水李元鼎撰

寤硯齋學詩二卷　淮山戴晟撰

愛日堂集九卷　高郵孫宗彝撰

青門集三十卷附家錄二卷 武進邵長蘅撰

突星閣詩鈔十五卷 漢陽王戩撰

蟲音一卷 新安魏一鼇撰

南村詩稿二十四卷 金壇潘高撰

黄山詩留十六卷 膠東法若真撰

贛叟詩鈔四卷 上元紀映鍾撰

匏園集十卷 三原岳映斗撰

秋壑集一卷 薊州李孔昭撰 同治刊本

去來吟一卷 薊州李孔昭撰

萬青閣自訂集八卷 錢塘趙吉士撰

林臥遥集三卷千疊波録一卷　錢塘趙吉士撰

萬青閣自訂集八卷　錢塘趙吉士撰

新又堂詩十二卷　錢塘趙吉士撰

半農齋集八卷　靖江蔣中和撰

杲堂文鈔六卷杲堂詩鈔四卷　李鄴嗣撰

且亭詩無卷數　鉅鹿楊思聖撰

中山全集十四卷　中山郝浴撰

中山詩鈔六卷　中山郝浴撰

范忠貞公集十卷　遼陽范承謨撰

范忠貞公集五卷　遼陽范承謨撰

十笏草堂詩四卷 新城王士祿撰
二曲集二十六卷 盩厔李顒撰 道光重刊本
鈍翁類稿六十二卷續稿五十六卷姑蘇楊柳枝詞一卷 長洲汪琬撰 附籌蓭遺稿一卷 汪筠撰 寸碧堂詩集二卷 汪膺撰
堯峯文鈔五十卷 長洲汪琬撰
潛庵遺稿五卷 湯斌撰
潛庵遺稿五卷 湯斌撰
完玉堂詩集十卷 浙西釋元璟
瞎堂詩集二十卷 天然昰禪師撰

瞎堂詩集二十卷 天然昰禪師撰

瞎堂詩集二十卷 天然昰禪師撰

天然昰禪師梅花詩一卷 天然昰撰

曹實菴詩集四卷 安邱曹貞吉撰

二曹全集十三卷 安邱曹貞吉申吉撰

黄山紀遊詩詞三卷 曹貞吉撰

東江集九卷 仁和沈謙撰

蓮山詩十九卷附蓮山家言六卷 海陽陳衍虞撰 家言一卷 陳士規等撰

匡菴詩集十二卷 溧陽馬世俊撰

斗齋詩選二卷 祥符張文光撰

靜觀堂詩集二十一卷 石門勞之辨撰

直木齋詩十卷 陽羨任繩隗撰

秀巖集三十一卷附錄七卷 仙井胡世安撰

鳴鶴堂集二十二卷 宜興任源祥撰 光緒重刊本

沚亭集十二卷 益都孫廷銓撰

味諫軒詩稿二卷 上海郭開泰撰

拜鵑堂詩集二卷 錢塘潘向奇撰

七頌堂集十二卷 潁川劉體仁撰

何山草堂七卷 山陰呂師濂撰

傳忠毅公全集八卷 進賢傅宏烈撰

晴江閣集三十卷 丹徒何挈撰

種竹草堂詩一卷 滿洲趙勳撰

寒村詩文選二十二卷 慈谿鄭梁撰

得閒人詩一卷 容城孫望雅撰 不全

懶蠶居士遺稿七卷 無爲季步騶撰 光緒刊本

挹奎樓選稿十二卷 侯官林雲銘撰

采山堂詩八卷 嘉興周篔撰

槐軒集十卷 茌平王日高撰

秋水集十六卷 大同馮如京撰

秋水集十六卷 大同馮如京撰

志壑堂詩十五卷 淄川唐夢賚撰

青溪遺稿十五卷 孝感程正揆撰

鶴靜堂集十九卷 松江周茂源撰

哲次齋稿十二卷 鄢陵梁熙撰

習陽集六卷 習陽王雲明撰

習陽集一卷 習陽王雲明撰

習陽集一卷 習陽王雲明撰

松壺集十四卷 萊蕪程雲夫撰

止谿先生集三卷 海昌朱嘉徵撰

退食槐聲留餘集四卷 濟陽艾元徵撰

盋山詩六卷 桐城方文撰

盋山續集五卷 桐城方文撰

遜谷詩八卷 威縣胡孟向撰

天益山堂遺集十一卷 慈谿馮元仲撰

甌香館集十二卷補遺二卷 武進惲格撰 湖北書局

山薑詩選二十一卷 德州田雯

世恩堂詩集二十卷 華亭王頊齡撰

王文靖公集二十四卷 宛平王熙撰

王文靖公集二十四卷 宛平王熙撰

王山遺響六卷　盧陵張貞生撰

湄湖吟集十一卷　濱州杜漺撰

麟篆齋遺稿一卷　任邱李士焜撰　賀葆真鈔本

結廬詩鈔二卷　錢塘范允鏘撰

漢廬詩三卷　登封葉封撰

菜根堂詩集二卷　漢陽李以篤撰

浪齋新舊詩一卷　吳縣徐波撰

擔公遺詩一卷　釋普荷撰

千山詩集二十卷　釋可禪撰

拙巢詠物詩二卷　嘉定江剡撰

春及堂詩二卷 錢塘陸鳴皋撰

白茅堂集四十六卷 顧景星撰

陸陳二先生文鈔十二卷 太倉陸世儀陳瑚撰葉裕仁編 安道書院刊本

陸陳二先生文鈔十二卷 太倉陸世儀陳瑚撰葉裕仁編 安道書院刊本

我詩集六卷 陽曲傅眉撰 鈔本

焉谷人遺詩六卷 德州馮廷櫆撰

北田詩臆一卷 嘉興馮浩然撰

戒菴詩草六卷 狄道張晉

好山詩四卷 山陰吳修齡撰 鈔本

施愚山學餘詩集五十卷文集二十五卷別集四卷外集二

卷 宣城施閏章撰 棟亭刊本

樂圃集七卷 曲阜顏光敏撰

佳山堂詩集十卷 益都馮溥撰

和蘇詩三卷附芙蓉城傳奇 望江龍燮撰 鈔本

遂德軒詩文集無卷數 睢州田蘭芳撰

古歡堂文集二十二卷詩集十四卷黔書二卷 德州田雯撰

淇稌山房十卷 休寧吳應逵撰

明水樓詩六卷 曲阜顏光猷撰

鴛鴦湖櫂歌無卷數 秀水朱彝尊撰

騰笑集四卷 朱彝尊撰

曝書亭集八十卷　秀水朱彝尊撰　附笛漁小稿十卷　朱昆田撰

竹垞文類二十六卷　朱彝尊

曝書亭附稿四卷　朱彝尊撰　阮氏刊本

寶廉堂詩集二卷附錄一卷　張瑗　鈔本

華瑄山房詩集四卷　平原董訥

一半勾留集三卷白舫集二卷　錢塘朱樟撰

靜用堂偶編續編無卷數　李感　涂天相撰

陳檢討詩鈔十卷詞鈔十卷　宜興陳維崧撰

寶綸堂集無卷數　諸暨陳洪綬撰

北黔山人詩五卷　新安吳菀撰

冰壑集六卷　歷城朱令昭撰

澄懷園詩選十二卷　桐城張廷玉撰

切問齋集十二卷　吳縣陸耀

切問齋集十二卷　吳縣陸耀

蒼雪山房稿一卷　濟南朱綱撰

景蘇閣集句四卷　雲間徐基撰

蔣文肅公牡丹百詠一卷　南沙蔣廷錫

操齋集四十五卷　漳浦蔡衍鎤

墨井詩鈔二卷附三巴集一卷題跋一卷　虞山吳歷撰

南洲草堂集四卷　吳江徐釚撰

秋笳集四卷　吳江吳兆騫撰

乙未亭詩集　卷　長洲徐昴發撰

解春集三卷　錢塘馮景撰

恕堂詩無卷數　泰州宮鴻歷撰

泛梗集八卷　長寧吳之章撰　排印本

耕煙草堂詩鈔四卷　仁和戴梓撰

鶴關詩集四卷　歙縣吳邦治撰

鬨鬨草堂詩集三卷　延陵吳有斐撰

雲根清壑集六卷　歷城朱緗撰

墨香閣集十二卷　茶陵彭維新撰

墨香閣集十三卷　茶陵彭維新撰

蓍觴詩詠集六卷　大名成文昭撰

西堂全集六十二卷　吳縣尤侗撰

居業齋全集五十卷　廣濟金德嘉撰

横山初集十六卷　慈谿裘璉撰

裂殼玉集十七卷附四韻事四卷　慈谿裘璉撰

偶存草六卷　濟寧林蕃撰

阮亭紀年詩十七卷　新城王士禎撰

榕園全集四十卷別集四卷　安溪李光地撰　乾隆元年刊本

榕園全集二十八卷　安溪李光地撰　道光刊本

橫雲山人集二十六卷　華亭王鴻緒撰

學齋詩集五卷　寶應喬崇烈撰

五鹿詩選二卷　東明袁佑撰

飾善堂詩集十卷　長洲稽曾筠撰

漁山詩草三卷　任邱邊汝元撰

東廬遺稿一卷　鄞縣錢廉撰

玉禾山人詩集十卷　合肥田實發撰

静娛集三卷　太倉毛序撰

習齋先生偶興一卷　博野顔元撰　寫本

充射堂詩集四卷　興化魏周琬撰

憺園文集三十六卷　崑山徐乾學撰

研堂詩稿十二卷花外散吟一卷　毗陵楊維坤撰

山聞詩三卷　休寧汪楫撰

黄湄詩選十卷　郃陽王又旦撰王士禛選

黄湄詩選十卷　郃陽王又旦撰王士禛選

樗林詩存六卷　登封焦欽寵撰

高江村全集七十五卷　錢塘高士奇撰

高江村全集七十五卷　錢塘高士奇撰

橘巢小稿四卷　長洲王世琛撰

後村詩集十二卷　歙縣王文治撰

笠翁一家言十卷 錢塘李漁撰

白田草堂存稿二十四卷 寶應王懋竑撰

苑西集十二卷 錢塘高士奇撰

交河集六卷 交河王蘭生撰

蓮洋詩鈔無卷數 蒲州吳雯撰

二十四泉堂詩集十二卷 歷城王苹撰

穆堂別稿五十卷 臨川李紱撰

秋錦山房集十卷 秀水李良年撰

陸密菴集二十四卷 山陽陸可求撰

春藹堂集十八卷 海寧陳奕禧撰

讀書堂綵衣全書四十六卷 河陽趙士麟撰

偶更堂集四卷 商丘徐作肅撰

陳滄洲詩集二十九卷詞五卷 湘潭陳鵬年撰

道榮堂文集六卷詩集十卷 湘潭陳鵬年撰

樸村詩文集三十六卷 嘉定張雲章撰

緯蕭草堂集六卷 宋至

西陂類稿五十卷 商邱宋犖撰

綿津山人集十八卷銘五卷附緯蕭草堂詩一卷 商邱宋犖緯蕭

草堂詩宋至撰

二峯集一卷 西陵邵錫榮撰

海沂詩集三十卷 沂州宋之韓撰

三魚堂集十二卷外集六集 平湖陸隴其撰

餘園詩鈔六卷 泰州繆沅撰

畫溪西堂臺四卷 宜興謝芳連撰

二冰樓集三十八卷 臨川李茹旻撰

赤畝集四卷 桐城孫元衡撰 光緒刊本 漁陽評點

白石山房集二十六卷 吉水李振裕撰

欣然堂集十卷 江陰陶孚尹撰

雪枝山人詩集八卷 秀水鄭炎撰

孫氏紀遊四卷 輝縣孫湀撰

擔峯詩四卷　輝縣孫洤撰

翫劍樓詩稿八卷　華亭廖鳳徵撰

近思堂詩六卷　祥符周在建撰

唐堂集六十一卷　華亭黃之雋撰

小山藁集　德州田同之撰

蔗塘未定稿十卷　宛平查爲仁撰

受祺堂詩三十五卷　富平李因篤撰

涵村集十卷　長沙秦文超撰

有懷堂集八卷　臨汾王永命撰

龍山詩集三卷　寧海華藹撰

于清端公全集八卷　永寧于成龍撰

深秀亭詩集十二卷　華亭潘鍾麟撰

課忠堂詩鈔無卷數　景州魏廷珍撰

南畇文稿十七卷芝庭先生集十八卷　長州彭定求彭啓豐撰

草堂詩集六卷　寧都彭任撰

玉池生集五卷　長白岳端撰

曉亭詩鈔四卷附鶴鳴集一卷　宗室塞爾赫撰　鶴鳴集伊都祉撰

陳清端公集十卷附年譜二卷　海寧陳璸撰

德蔭堂集十六卷　滿洲阿克敦撰

德蔭堂集十六卷　滿洲阿克敦撰

益戒堂詩集十六卷　長白揆叙撰

儉重堂集十二卷　文安紀邁宜撰

夢筆山房繭甕集四卷　文安紀逵宜撰

夢筆山房繭甕集十卷　文安紀逵宜撰

存誠堂詩集二十卷　桐城張英撰

澄懷園詩選十二卷　桐城張廷玉撰　光緒刊本

詠花軒詩集六卷　桐城張廷瑑撰

道腴堂詩編三十卷　華亭鮑鉁撰

有懷堂詩稿六卷文稿二十二卷　長洲韓菼撰

己畦詩集十卷殘集一卷　吳江葉燮撰

使滇集二卷 江都史申義撰

分甘詩鈔四卷 吳縣葉舒璐撰

孤雲亭集四卷 黔陽向文煥撰

秋葉軒詩四卷 錢塘張琳撰

楝亭詩鈔六卷 千山曹寅撰

眺秋樓詩八卷 商邱高岑撰

說安堂詩草八卷 景陵盧震撰

甓湖草堂集六卷近集四卷 高郵吳世杰撰

敬義堂詩集無卷數 錢塘王典撰

空明集十卷 華亭張棨撰

愛菊堂詩稿六卷　臨沮楊瑯樹撰

義門先生集十二卷　元和何焯撰　光緒排石本

傳恭堂詩集五卷　桐城張廷瓚撰

浮青水榭詩四卷　宜興儲雄文撰

蕭亭詩選三卷　鄒平張實居撰

半硯冷雲集三卷　鹽官曹三才撰

帶波園詩集一卷　郾城郭峻撰

慎修堂詩集八卷　將樂廖騰煃撰

一山存集八卷　施一山撰

夢月巖詩集二十卷　新安呂履恆撰

青要山房詩選十二卷　新安呂謙恒撰

瓶芳園遺詩七卷　曲阜顏伯珣撰

恆齋詩集十六卷　吳江周龍藻撰

飴山詩集二十卷　益都趙執信撰

長留集無卷數　遼海劉廷璣曲阜孔尚任撰

雙溪草堂詩集十卷　休寧汪晉徵撰

東谷集四十四卷　陽城白胤謙撰

梅崖山房詩意一卷　丹徒李基和撰

皆山堂詩草十卷　安寧段昕撰

趙恭毅公賸稿八卷裘萼公賸稿四卷　武進趙申喬熊詔父子撰

周廣庵詩集七卷 華亭周金然撰

虛直堂文集二十四卷 商邱劉榛撰

賀蘭雪樵河上稿三卷歸田稿一卷 磁州張榕端撰

賀蘭雪樵詩集四卷 磁州張榕端撰

蓼園詩草四卷 東莞鄧廷喆撰

蕪城集三卷 江都史申義撰

驪城雜詠一卷 錢塘趙端撰

李中丞集三卷 滇陽李申發撰

野香亭集二卷 合肥李孚青撰

半生亭集三卷 慈谿鄭鳳撰

翠岩偶集六卷　長山李雍熙撰

宮巖詩集四卷　蔚州李予望撰

涵村詩集八卷　長沙秦文超撰　光緒重刊

磊園留草二卷　高郵王道直撰

亦山草堂遺稿八卷　宜興陳維嵋撰

荼坪詩鈔十卷　武進徐永宣撰　排印本

芋畹詩集八卷　桐城許七雲撰　排印本

竹素園詩鈔八卷　長洲許廷鑅撰

鐵堂詩鈔二卷　侯官許珌撰

鍾水堂詩集二卷　曲阜顏肇維撰

臨野堂詩集二十二卷　吳江鈕琇撰

嚴太僕集十二卷　常熟嚴虞惇撰

湖海集十三卷　曲阜孔尚任撰

楚香亭集六卷　合肥許夢麟撰

杏村詩集十二卷　德州謝重輝

楊氏全書三十六卷　江陰楊名時

蓬亭偶存詩草十五卷　海陽陳王猷撰

芙航詩襭十二卷　武進楊士凝撰

黃葉村莊詩集十卷　石門吳之振撰

紀恩詩一卷　德清蔡升元撰

師婁堂詩稿一卷 固始閻錫爵撰

蓉洲詩文稿十二卷附錄二卷 無錫季麒光撰

西圃草堂詩集四卷 常熟嚴禹沛撰

賜宴詩一卷 武進周清源撰

潛邱劄記十六卷 閻若璩撰 附左汾近稿一卷 閻詠撰

秀濯堂詩無卷數 郭山吳起元撰

古劍書室文鈔十卷 長洲吳廷楨撰

石堂集十卷 釋祖珍撰

高雲堂詩集十六卷 釋曉青撰

退谷文集二十二卷 上元黃越撰

雅雨堂集六卷出塞集一集 德州盧見曾撰

出塞集一卷 德州盧見曾撰

奉使琉球詩三卷 長洲徐葆光撰

婆羅草堂詩三卷 新安吳菘撰 新安鄭矢都

秋水菴詩一卷 單縣袁養撰

叢碧山房詩集五十六卷 任邱龐塏撰

淮浦詩集一卷 德清談九乾撰

臨漪園詩集四卷 睢州湯準撰

復齋詩集十一卷 遠安談經正撰

桐埜詩集四卷 貴陽周起渭撰 光緒刊本

甘莊恪公全集十六卷　奉新甘汝來撰

香樹齋集六十卷　嘉興錢陳羣撰

詡菴詩鈔八卷　山陽劉謙吉撰

耕餘居士集十八卷　餘姚鄭世元撰

據梧詩集十五卷　武進管掄撰

咸陟堂詩文集五十七卷　釋光鷟撰

敬業堂集五十卷　海鹽查慎行撰

述本堂詩集　無卷數　桐城方氏諸人撰

今有堂詩集十一卷　江都程夢星

孺廬全集十四卷　南昌萬承蒼撰

懷清堂集二十卷 仁和湯右曾撰

懷清堂集二十卷 仁和湯右曾撰

徒黔集二卷 仁和湯右曾撰

誰堂詩集二卷 江都杜乘撰

懷珍集一卷 高淳陳悅義撰

白蒲書屋詩三卷 如皋姜畊

味知堂詩集二十卷 高其倬撰

式馨堂詩前後集十八卷 麻城魯之裕撰

臥雲堂詩稿一卷 汝州馬振垣撰

若菴集五卷 歙縣程庭撰

窺園稿四卷　獲嘉賀振能撰

何文簡公集廿二卷　山東新城何世基撰

履園詩集二卷　撫寧張垣撰

曉夢窗詩鈔三卷　遂寧張孚望撰　寫本

蠹窗詩集十四卷　桐城張令儀女士撰

慶芝堂詩集十八卷　瀋陽戴亨撰

綫淼園詩無卷數　龍門張之澄撰

江瓢集一卷　山陰唐芳第撰

芸華集六卷　泰和梁機撰　光緒刊本

藤塢詩集無卷數　真定梁允植撰

澹園紀年詩集四卷 銅仁徐誾撰

梅東草堂詩集九卷 虎林顧永年撰

閒青堂詩集十卷 遼陽左衛朱倫瀚撰

復古詩十四卷 貴池吳銘道撰

栩栩園詩無卷數 鄞縣屠粹

石湖草堂詩集六卷附鍾霦鍾岱詩各一卷 安遂鍾元鉉撰

解春集十七卷 錢塘馮京撰

眞志堂詩集五卷 郯縣仝軌撰

思綺堂文集十卷 錢塘章藻功撰

柯庭餘習十二卷 桐鄉汪文柏撰

涵村詩集十卷 湘潭秦文超撰 光緒重刊

非水舟遺集二卷 介休梁錫珩撰

抑菴詩選四卷 宛平張增撰

淡吟樓詩鈔十五卷 華亭張梁撰

六藏堂詩稿二卷 榆山朱續京撰 寫本

海虞三陶先生集二十二卷 常熟陶元淳貞一正靖撰

存素堂集三十四卷 法式善撰

板橋詩鈔六卷 興化鄭燮撰

板橋詩鈔六卷 興化鄭燮撰

得樹齋詩草一卷附張晉琵琶十七變一卷 狄道張謙撰 鈔本

雪園詩集一卷 甘泉楊維元撰

隱居堂遺詩二卷 安邱張在辛撰

梅莊遺集九卷 全州謝濟世撰 光緒年鉛字印本

種花主人稿一卷 德平葛元福撰

種花主人稿二卷 德平葛元福撰

笑門詩集二十二卷 泗州戚琍撰 此本只有前十卷以下均缺

笑門詩集十卷 戚琍

六松堂詩文集十卷 寧都曾燦撰

鶴汀集三卷 太倉張毛健撰

張文端公全集八卷 遂寧張鵬翮撰

樹村詩草一卷 德州孫于盤撰 鈔本

文昭五種七卷 長白文昭撰

積翠軒詩集二卷 滿洲述明撰

班餘剪燭集十四卷 滿洲常安撰

瀋水三春集十二卷 滿洲常安撰

受宜堂駐淮集十二卷 滿洲常安撰

東山草堂集二十二卷 上杭丘嘉穗撰

與梅堂集十六卷 佟世恩撰

種竹山房稿八卷 同江岳禮撰

傳紅寫翠室賸稿一卷 漢陽鄔銓撰

盟鷗草一卷　曲阜孔傳鐸撰

申椒集二卷　曲阜孔傳鐸撰

清芬堂存稿八卷　德清胡會恩撰

李愬谷詩一卷　蠡縣李塨撰　鈔本

孟亭編年詩十卷　寶應王箴輿撰

朱杜溪先生集七卷附游記一卷　宿松朱書撰

南崖集四卷　常熟陶元淳撰

南崖集四卷退菴先生集二卷　陶元惇陶貞一撰

商氏剡籐詩鈔四卷　剡中商元柏撰

懷蘇堂集十卷　鄞渚胡潤詩　匯未選

朱文端遺札二卷　高安朱軾

在陸草堂文集六卷　宜興儲欣

岣嶁訪古吟一卷　衡山曠敏本

岣嶁訪古吟一卷　衡山曠敏本

岣嶁刪餘詩草一卷　曠敏本

敬亭文稿十七卷　太倉沈起元撰

樓山詩集六卷　銅梁王恕撰

雷溪草堂詩一卷　那蘭氏長海女士長白

青要集十三卷　新安呂恆謙河南人

硯林詩集二卷　錢塘丁敬

蟬雪吟一卷　高邑無名氏

珠風閣詩草七卷　天津查曦

松泉詩集二十卷　休寧汪由敦

鄒掃齋唱和集二卷　晉安鄭方坤

蔗尾詩集十五卷　晉安鄭方坤

蔗尾詩集十卷　晉安鄭方坤

南陔堂詩集十二卷　德清徐以升

夢堂詩稿十五卷　漢軍旗馮英廉撰

抱山集六卷　續溪方竹撰

崇本堂集二十二卷　建寧徐時作

補巢書屋詩集十卷 錢夢銓

拙存堂集八卷 金壇蔣衡

芳茵園詩集二卷 咸寧祁琳

培遠堂偶存稿六十一卷 桂林陳宏謀撰

泛梗集八卷印本 長寧吳之章撰

泛梗集八卷 長寧吳之章撰

小獨秀齋集十三卷 喬億

固哉草堂詩一卷 滿洲高斌

四焉齋集十六卷附陸鳳池詩一卷 上海曹一士撰

貞一齋十卷 吳江李重華

陳司業全集十一卷 常熟陳祖范

海外吟四卷 德州李徽熊

熊耳山人二東詩草八卷 盧氏王璽鑑撰

鹿洲集四十二卷 漳浦藍鼎元

藍戸部集二十八卷 宜黄藍千秋撰

江聲草堂詩集八卷 錢塘金志章

𨚗山堂遺集三卷 香山黄紹統

靜㕓詩稿三十卷 鎮洋汪學金

日鋤齋詩六卷 宛平張琛

試㮼堂詩集十二卷 江陰王蘇

南溟集五卷 高密宮爾勸撰

紉芳齋詩文集二卷 南豐譚尚忠撰

雲留草五卷 南康蔡韶清撰

質園詩集三十三卷 會稽商盤

玉山詩文鈔八卷 寶應項璋

弢甫集十四卷 錢塘桑調元

謙受堂集十五卷 大興邵大業 嘉慶刊本

謙受堂集十五卷 大興邵大業 同治刊本

在原詩鈔四卷 嶧縣孫譜

澂潭山房詩文集二十一卷附一卷 歙縣程襄龍

柏香書屋詩鈔二十四卷 華亭張鳳孫
南華山房詩鈔六卷 嘉定張鵬翀
香涇仙吏遺集一卷 常熟殷再巡
劍虹齋集十二卷 介休梁濟
餘集二卷 三韓楊廷璋
餘集二卷 三韓楊廷璋
圖東學詩八集 丹徒張學琳
秋水齋詩集十五卷 烏程張映斗
浣補詩鈔十八卷 錢塘范咸
生香書屋集十一卷 昌平陳浩

生香書屋集十一卷 昌平陳浩

草竹軒一卷 長白善泰

矢音集十卷 錢塘梁詩正

挹翠軒一卷 滿洲富明安

錫慶堂詩集八卷 長洲嵇璜

明善堂詩集廿二卷 怡親王允祥

尹文端公詩集十卷 滿洲尹繼善撰

陳文肅公遺集十一卷附年譜 祁陽陳大受撰

悅雲集二卷 奉天王以中撰 鈔本

海珊詩鈔一卷 烏程嚴遂成撰

梅莊集一卷 蕭山張遠撰

詩禮堂雜詠五卷 天津王又樸 按縣志作七卷

陶晚聞先生集十卷 常熟陶正靖撰

安樂園詩存六卷 華陽岳鍾琪

經進詩稿六卷 秀水汪如藻

清芬樓遺稿四卷 荊溪任啓運

白頭吟四卷 釋嘯溪著

偶存詩草一卷 長白國棟

澄悅堂詩集十四卷 長白國棟

白華前稿六十卷 南匯吳省欽撰

白華前稿六十卷 南匯吳省欽撰

竹巖詩草二卷 任邱邊中寶撰

隨園詩草八卷 任邱邊連寶撰

小桐廬詩草十卷 震澤袁景輅

姚鏡堂全集十卷 歸安姚學塽撰

弢甫五岳集二十一卷 錢塘桑調元

紅豆村人詩稿十二卷 錢塘袁樹

結埼亭詩集十卷 鄞縣全祖望

蔭椿堂詩存稿一卷 姓楊氏漢軍旗虔禮寶撰

業精堂詩草研堂詩草翽羽堂詩草各一卷 大興田志勤 志隆 志蒼撰

最樂堂詩選六卷 上海喬光烈撰

青城山人集十八卷 仁和闞槐撰

經遺堂集二十六卷 江都韋佩金撰

傳經堂詩鈔十二卷 蕪湖韋謙恆

靜廉齋詩集二十四卷 仁和金甡撰

靜廉齋詩集二十四卷 仁和金甡撰

聽雨齋詩集二十四卷 南城吳照

虛一齋集五卷 陽湖莊培因

虛一齋集四卷 陽湖莊培因

喬羽書巢詩十卷 吳江金士松

嵩陽山人集廿一卷 襄城劉青藜撰

檜門詩存四卷 仁和金德瑛

檜門詩存四卷 仁和金德瑛

尺庄片草六卷 淮山金玉鳴撰

莊聲草堂詩集八卷 錢塘金志章撰

三李堂集十卷 吳縣金學蓮撰

寄庵詩鈔十三卷 寧州劉大紳撰

若汀吟草四卷 元和沈雲尊

偉堂詩鈔二十卷 涇上趙帥

芸暉堂詩集五卷 蠡縣閻中寬

陶廬詩鈔二卷 南皮侯日曦

應制集三卷 德清徐倬撰

江茗山房詩存十卷 宜良嚴烺

蠹竹山房詩集二卷 無爲州侯坤

南屏集十卷 溧陽任端書

嶽雲詩鈔七卷 江寧朱福田

次立齋詩文集六卷 古杭袁知撰

潛研堂詩集十卷 嘉定錢大昕撰

靜菴詩鈔五卷 泰安胡釴

賜硯齋詩選四卷留春草堂詩鈔七卷 寧化伊朝棟秉綬父子撰

澄碧齋詩鈔十二卷　仁和錢琦撰

蟹舍詩鈔一卷　華亭錢長垣撰

房仲詩選二卷　仁和沈心

李氏三家集十六卷　高郵李憲喬憲暠憲噩

少鶴詩鈔十一卷　李憲喬

石桐先生詩鈔一卷　李憲噩

睫巢集六卷　東海李鍇

壽籐齋詩三十五卷　歙縣鮑倚雲手寫摹刻

湘舲諸稿四卷　長州錢棨撰

瓶水齋詩集二十卷　大興舒位

瓶水齋集十八卷 大興舒位 光緒重刊本

槐塘詩鈔十六卷 錢塘汪沆撰

松花菴律古詩一卷韻史一卷 臨洮吳鎮

松花菴詩草五卷 狄道吳鎮

松崖詩錄五卷 狄道吳鎮

銅鼓書堂遺稿三十二卷 宛平查禮

銅鼓書堂遺稿三十二卷 宛平查禮

龕山集四卷 太古孟淦撰

五百四峯堂詩鈔二十五卷 順德黎簡

楚蒙山房集五卷 新喻晏斯盛撰

笠亭詩鈔十二卷 海鹽朱琰

豐川續集三十四卷 豐川王心敬

瓠息齋前集二十四卷 烏程凌樹屏

瓣香山房詩集十二卷 南城曾廷枚

稼門詩鈔十卷 桐城汪志伊

青磵詩文鈔九卷 福清林枝春撰

瀾東詩鈔十卷 新化歐陽輅

膠山安氏詩一卷 無錫

悅親樓賡雲初集四卷 海寧祝德麟

漱芳居集三十四卷 涇上趙青藜

四百三十二峯草堂詩鈔二十卷研栰齋文集二卷 長寧趙希黃

六松齋集八卷 孫擴圖撰 延釐堂集五卷 濟寧州孫玉庭撰

文晴先生詩鈔十二卷 通州孫世儀

紫竹山房詩集三十二卷 錢塘陳兆崙撰

六樓集二十卷 肄亭黃達撰

壹齋集三十三卷 當塗黃鉞撰

響泉集三十卷 金匱顧光旭

響泉集三十卷 金匱顧光旭

瓶庵先生遺集十二種 閩縣趙超然撰

脊園詩鈔十卷 秀水莊肇奎撰

雙松晚翠樓詩十卷　武進莊令輿

恩餘堂藁五十一卷　南昌彭元瑞

繼述軒詩草二卷　當塗邢孟卜邢芝父子撰

點倉山人詩鈔八卷　太和沙琛

十誦齋集六卷　錢塘周天度

澥陸詩鈔九卷　興化顧于觀撰

李中允集六卷　綿州李驥元

退軒詩錄十五卷　歷下鍾廷瑛

沈氏羣峯集六卷韓詩故二卷　長洲沈清瑞撰

沈氏羣峯集六卷　長洲沈清瑞撰

戴園集十六卷 合浦李符清

娵隅集十卷婷雅堂集十卷 上海趙文哲撰

思樹軒詩稿四卷 河間李棠

思樹軒詩稿四卷 河間李棠

憑養詩集八卷 建寧李大儒

蘭韻堂詩文集二十二卷 平湖沈初

蘭韻堂詩文集十七卷 平湖沈初

樗莊文稿十卷附三卷 海寧沈維材

求勿齋詩六卷 烏程沈世楓

蔚霞堂集十卷 臨海蔣履撰

思無邪齋詩鈔八卷 嘉興蔣浩

欣遇齋集十六卷 天津沈峻撰

立崖詩鈔七卷 長洲蔣業晉

清獻堂集二卷 仁和趙佑

清獻堂集十卷 仁和趙佑

清獻堂集十卷 仁和趙佑

少甫遺詩二卷 元和沈雲尊撰

古香樓遺稿廿卷 歸安沈長春

亦有生齋集五十九卷 武進趙懷玉

石柏山房詩存八卷 太湖趙文楷

紫琅山館詩鈔四卷 江蘇通州李懿曾

戢思堂詩鈔二卷 奉天漢軍李宏撰

忠雅堂詩集二十九卷詞二卷 蔣士銓撰

愛日堂吟稿十五卷 仁和趙昱撰

萬善堂詩十卷 羅江李化楠撰

七錄齋詩選八卷 山陽阮葵生

童山詩集四十二卷 綿州李調元

童山文集二十卷 綿州李調元

脫粟集一卷 高郵沈雅

果堂集十二卷 吳縣沈彤撰

朗園小草一卷　毘陵沈瑞明

愼一齋詩集四卷　桐鄉沈啓震

香餘詩鈔一卷　吉林沈承瑞

葦廬詩內集四卷　臨川李秉禮

嘯村近體詩選三卷　懷寧李葂

惜分陰齋詩鈔十六卷　長洲李棨撰

星湖詩集十六卷　崑山曹龍樹撰

惜抱軒文集十六卷後集十卷詩集十卷後集一卷外集一卷法帖題跋三卷筆記八卷九經說十七卷春秋三傳補注三卷國語補注一卷今體詩鈔九卷　桐城姚鼐

原上草十卷 長沙吳登鴻

歲吟錄四卷 硜伯吳栻

泊鷗山房集三十八卷 山陰陶元藻撰

古華詩鈔六卷附錄二卷 奉賢陳廷慶

石鼓硯齋詩選三十三卷 安徽新安曹文埴

雙樹軒詩初稿十三卷 荆溪儲麟趾撰

雨春軒詩草廿卷 泰和姚頤撰

絳跗閣詩集十一卷 秀水諸錦

安愚齋集四卷 湘陰周錫溥

凝齋先生遺集十卷 江西新城陳道撰

凝齋先生遺集八卷 新城陳道撰

希齋詩存四卷文鈔二卷 無爲高學濂

春橋草堂詩集八卷 桐鄉朱方藹

眺秋樓詩八卷 商丘高岑撰

甌江遊草一卷 歙縣汪啓淑撰

南園雜詠一卷 嘉善陳祁撰

偶一草拾遺 獻縣劉廷楠

繞竹山房詩稿二十四卷 餘姚朱文治

刪後全集二十六卷 姚江陳梓撰

小羅浮山館詩鈔十五卷 錢塘吳昇

二洪遺稿伯初文存一卷初堂遺稿十三卷 歙縣洪樸洪榜

沈歸愚全集六十三卷 長洲沈德潛

南皐詩集七卷 膠洲高鳳翰

碧鮮齋詩鈔二卷 上海曹錫黼

雲樵集詩箋四卷 涇縣吳芳培撰

來鶴堂集十四卷 奉天于宗瑛撰

來鶴堂集十四卷 奉天于宗瑛撰

南澗詩鈔三卷 仁和吳可馴

桐埜詩集四卷 貴陽周起渭撰

龔定菴文集補五卷 仁和龔自珍

詩庸六卷 宜興謝芳連撰
晝溪詩集十五卷 桐城吳詢
壺山自吟稾二卷 秀水朱休度撰
香亭詩稿六卷 光州吳玉綸
舊雨草堂八卷 平原董元度撰
鶴半巢詩存十卷 元和馮培
裘文達公集二十六卷 新建裘曰修
瓠息齋前集二十四卷 凌樹屏
海愚詩鈔十二卷 遼東朱孝純
常理齋遺稿六卷 承德常紀

吞松閣集四十卷　秀水鄭虎文撰
奉使集一卷日記一卷　江西廣昌黄永年撰
大溈山房遺稿九卷　寧都黄湘南撰
青墅詩鈔七卷讀史八卷　侯官鄭大謨
知足齋詩集二十卷　大興朱珪撰
緝齋詩文集十八卷　漳浦蔡新
劉文清公集二十卷　諸城劉墉
細萬齋集十四卷　德清蔡環黼撰
石笥山房全集十八卷　山陰胡天游撰
石笥山房詩集四卷　山陰胡天游撰

澹靜齋全集十四卷　閩縣龔景瀚

朱笥河文集十六卷詩集二十卷　大興朱筠

小峨嵋山人詩鈔三十三卷　福建歸化謝紹謀　活字版印

海山存稿二十卷　涪州周煌撰

三松堂集二十六卷　吳縣潘奕雋

蘭因集二卷　象山倪象占撰

竹溪詩草四卷　陽曲裴謙撰

午風堂集六卷叢談八卷　無錫鄒炳泰

容齋詩集二十卷　介休茹綸常

向日堂詩集十六卷　海寧陳寅撰

玉芝堂文集六卷　昭文邵齊燾

惟清齋全集十九卷　滿洲鐵保

抗塵齋詩略三卷　吳縣金植撰　鈔本

梅菴詩鈔五卷　滿洲鐵保

岑華居士蘭鯨錄八卷外集二卷　長洲吳慈鶴撰

筠瀾堂詩草十二卷　南豐吳森

培蔭軒詩文集八卷　光山胡季堂

養園詩稿二卷　都匀劉啓秀

繩菴集二十卷　武進劉綸撰

南園倡和集一卷　臨汾劉標

金冬心先生集 錢塘金農 石印

小信天巢詩鈔十六卷 海鹽陳石麟撰

西行口占一卷 博野鍾淑 鈔本

江松泉詩集六卷 江都江昱

古衡山房詩集十二卷 海鹽陳樽

敦拙堂詩集四卷 德化陳奉茲

樓山詩集六卷銅梁山人集三十一卷 銅梁王恕王汝璧撰 光緒年刊

遠亭詩鈔一卷 渤海高鑾

紫雲山房詩鈔 汾陽曹學閔

兩當軒集二十二卷附四卷考異二卷 武進黃景仁

東海半人詩鈔二十四卷 海寧鍾大源

復初齋集六十二卷 大興翁方綱

蛾術齋詩選二卷 大庾李如筠撰 鈔本

靈巖山人詩集 卷 鎮洋畢沅

樂遊聯唱集二卷 畢沅撰

學福齋集五十七卷 華亭沈大成

頤綵堂集二十八卷 秀水沈叔埏

小樓詩集八卷 寶應王嵩高

守坡居士集十二卷 高密宮去矜

螢窗草堂詩集八卷 汾陽朱瑤

冠豸山堂文集二卷 童能靈

瓶菴居士詩鈔四卷 閩縣孟超然

味經齋存稿四卷 奉新宋鳴璜

冶塘詩鈔十六卷 四明邵𤥐

夢樓詩集二十四卷 丹徒王文治

二園集二十五卷 清湘俞廷舉

金華山樵詩後集三卷 雲南趙州師範

抱瓮軒詩文稿一卷 雲南趙州師範

蓮窗書室詩鈔二卷 鹽山劉曾璇

崇本山堂二子詩鈔二卷 建寧徐光義光美撰

施功園詩鈔二卷　長洲施鴻勳

韓川詩文集十九卷　福安陳從潮

杏本堂詩古文學製　鄞縣陳之綱

餘事齋詩文稿四卷　永陽黃惠

雨峯詩稿二卷　婺源齊翀

春融堂集六十八卷附年譜二　青浦王昶

葆淳閣全集二十四卷　韓城王杰

晚聞居士遺集九卷　蕭山王宗炎

潛虛詩鈔四卷　常熟翁咸封撰

樹經堂詩二卷　南康謝啓昆

樹經堂詠史詩八卷 南康謝啓昆

樹經堂集二十七卷 南康謝啓昆

樹經堂集二十七卷 南康謝啓昆

蘢鱸山房文集十二卷 衡陽魏瀚

所存集二卷 孝感胡紹鼎

所存集一卷 孝感胡紹鼎 夜月樓叢書本

簣山堂詩集十六卷 諸城王賡言撰

夢餘詩鈔二卷 山陰邵颿

蕙圃寄吟十二卷 丹徒劉夢熊

榮性堂集十九卷 吳縣吳俊

挹秀山房詩集九卷　諸城劉墉

淵雅堂集五十四卷波餘遺稿一卷寫韻軒小藁一卷　長洲王芑孫翼孫曹貞秀撰

吾友于齋詩鈔十二卷　嘉定張錫爵

茗香堂集十六卷　常熟王家相撰

新安二江先生集十卷　歙縣江春江昉撰

小輞川詩鈔二卷　吳縣王錞

思誠堂集八卷　吳縣張鏞　光緒刊本

鶴沙集二卷　渤海張逢堯

偶留草一卷　華亭張婁

白雲山房詩集十二卷 新城張象津

荷塘詩集十二卷 涇陽張五典

賁桐軒集四卷 漢軍旗張浤

芝亭詩草十二卷 蒲城張士範撰

高山堂詩文集四卷 吳縣周琳

秋蟬吟草四卷 吳縣朱顯撰

丹陽周氏家集 丹陽周遜周彥曾撰

二詠軒詩草二卷 山陽吳進

遄喜堂詩集八卷 上海徐兆魁

怡雲詩草二卷巢睫吟稿二卷 沅江張其祿張烜 光緒刊本

東岡詩錄賸十四卷　長沙周有聲

竹堂詩草九卷　臨淄王心清

頤齋僅存草二卷　丹徒張自坤

念初堂詩集四卷　武威張澍撰

念初堂詩集四卷　武威張澍撰

念初堂詩集四卷　鈔本　武威張澍撰

蔚園文鈔七卷　常熟張大受撰

味雪樓詩草　卷　常熟宋鳴瓊撰

蘇門山人詩鈔三卷　蕭縣張符升徐又錚跋

焚餘詩草一卷　城陽于學謐撰

玉雨書屋詩草一卷 德州封大受鈔本

二娛小廬詩鈔四卷 長洲尤維熊撰

潛虛室詩文鈔七卷 常熟翁咸封撰

舒白香全集十七卷 靖安舒夢蘭撰

關中集五卷 太倉張泰基

療飢集二卷 廬陵胡兆爵撰

笑竹集十五卷 秦武域撰 附薇郎集二卷 曲沃秦知域撰

題襟館聯句詩一卷 曾燠

簡松草堂詩集二十卷箏語三卷 錢塘張雲璈

船山詩草二十卷 遂寧張問陶

和樂堂詩鈔五卷　天津殷希文

種瑤草詩鈔二卷　山陰文元星

宦遊草一卷　通州劉塏撰

陵陽集四卷　儀徵施朝幹

隨村先生遺集六卷　宣城施璟

隨俟書屋詩集十一卷　介休劉錫五撰

續香齋集四卷　孝感喬遠炳撰

公餘集八卷　劉秉恬撰

太滁山詩錄八卷　吳縣張吉安撰

栟芝詩集二卷　善化張九思

百一草堂集唐詩十卷　錢塘柴才柴杰

知恥齋詩文集八卷　湘鄉謝振定撰

紹銘堂讀史雜詠一卷　上元張廷珏排印

青芬閣詩集四卷　順德張青撰

陶園集三十二卷　湘潭張九鉞撰

白純詩集十六卷　浦圻張開東撰

雙佩齋詩集八卷　王友亮撰　補接書屋詩草一卷　婺源王麟生撰

擁書堂詩集四卷　華亭張濬華

二亭詩鈔六卷　江都朱篔

梅屋詩鈔五卷　婁縣張若采

陶村詩選一卷　保山袁文典

樸庭詩稿　會稽吳綸文著

初月樓詩文鈔十四卷　宜興吳德旋

延陵四世詩鈔六卷　桐城吳鷺　吳貽誠　吳貽詠

邈雲草一卷　潼關楊鸞撰

邈雲二編十卷　潼關楊鸞撰

傳研堂詩存八卷　清江楊懋衍撰

燕南趙北詩鈔四卷　桐城楊瑛昶

嶺南集八卷　景東廳程含章撰

心吾子詩鈔十六卷　浩麗程尚濂

宋鹿堂姜氏家集睫巢詩鈔六卷臨雲亭詩鈔六卷　姜星源　姜貽績撰　附壬寅存稿一卷　姜順龍　夢田詞一卷　姜貽經

練江詩鈔八卷　歙縣程之鵕撰

勉行堂詩集二十四卷文集六卷附方芬女士綺雲春閣詩鈔二卷　程晉芳撰

蓬山詩存二卷附嶺海醻唱集一卷　天津鄭熊佳撰

江干詩草二卷　丹徒余京撰　寫本

南漪遺集五卷　仁和張熷撰

實事求是齋遺藁四卷　山陽汪廷珍

心止居集六卷　山陰楊夢符

鑑塘詩鈔一卷 順德梁善長撰

在山吟二卷 襄陵楊維棟

吉士齋集二卷 秀水汪彝撰

沐青樓集七卷 歙縣江天與

陶人心語六卷 灤陽唐英

嶺南集八卷 仁和杭世駿撰

頻羅菴集十六卷 錢塘梁同書

芙蓉山館全集十九卷 金匱楊芳燦撰

家事集四卷 丹徒楊磊撰

尺木樓詩集四卷 休寧程世繩撰

陶山詩錄二十六卷詞二卷 善化唐仲冕撰

陶山詩前錄二卷詞一卷 善化唐仲冕撰

一枝樓吟草二卷 寶山程芳銘

紀堂詩集二卷 邗上黃標寫本

秋盦遺稿一卷 錢塘黃易撰石印

未谷詩集四卷 桂馥撰

修潔堂初稿二十二卷 江寧甯楷

竹莊詩草十三卷 甕安傅玉書

竹莊詩草十二卷 甕安傅玉書

心孺詩選二十四卷 山陰傅仲夏

含溪詩草二十卷　三韓王秉韜撰

西園瓣香集三卷　長安王元常王錡王百齡撰

青虛山房集十一卷　定興王太岳　光緒刊本

討樹園詩存無卷數　南昌萬廷蘭

野園詩集十二卷　漢川傅垣撰

榆村詩集六卷　錢塘費辰撰

一品集二卷　歸安費錫章

春萍詩鈔十二卷　丹徒戴純

藕怡詩鈔四卷　興化顧仙根

戴簡恪公遺集　卷　開化戴敦元撰

唫臞山房詩八卷　仁和龔禔身
雲臥山房詩集二卷　周嘉猷
長吟閣詩集十卷　崑山黄子雲撰
黄瘦詩稿八卷　如皋黄振
杏花書屋詩稿二卷　上海桂心堂撰
靜退齋集十卷　歸安戴文燈撰
陳學士集十八卷　文安陳儀撰
宦楚吟稿一卷　孫廷權
黼齋詩鈔一卷　海鹽孫映煜
文靖先生詩鈔十三卷　南通州孫世儀
蘇門山客詩鈔五卷　烏程潘尚仁

芳茂山人詩錄七卷　陽湖孫星衍

延釐堂詩二卷　濟寧孫玉庭撰

逸雲居士詩編七卷　鄞縣孫蔚

遠音集五卷　江寧顧鑑撰

紅豆詩人集十九卷　陽湖董潮撰

顧雙溪集九卷　無錫顧奎光撰

治齋詩存三卷　太倉顧成志撰

問羲軒詩鈔二卷　武進莊綸渭

汪容甫遺詩五卷　江都汪中　光緒年述古齋刊本

汪容甫遺詩四卷　江都汪中　光緒排印本

滄浪吳山二集二卷 歷城方昂鈔本
綠溪集七卷 黎城靳榮藩
詠史偶稿一卷綠溪詞一卷 黎城靳榮藩
清素堂詩集四卷 吳縣石鈞撰
韞山堂集二十四卷 武進管世銘 附祇可軒删餘稿二卷
景文堂詩集十三卷 咸學標撰
舫山堂園居詩草十卷 杜若拙
越雪初集一卷 柳州葉時晳鈔本
長笛書樓集九卷 奉賢馬光裘
易圃詩鈔三十一卷 嘉定王元勳

西園遺稿一卷 熊夏鞏撰 四十賢人集一卷 熊文泰撰補

亭遺詩一卷 熊象黻撰 灊山

三餘堂存稿二卷 南通州胡長齡撰

虛白齋存稿十卷 山陰吳壽昌

南野堂詩集十二卷 嘉興吳文溥

黃琢山房集十卷 山陰吳璜

止止軒詩稿四卷 昌陽趙鈞彤

小蓬亭詩六卷 海陽陳子典

凝齋遺集十卷 江西新城陳道撰

偉堂詩鈔二十卷 涇上趙帥

偉堂詩鈔二十卷 涇上趙帥

萊根精舍詩草十六卷 孝感夏力恕

寶奎堂集十二卷 上海陸錫熊

春柳草堂詩集二卷 上海陳澤泰

青苔館詩鈔八卷 丹徒張學仁

松園集一卷 觀城張如炠 小鈔本

韻山堂詩集七卷 仁和王文誥

西坪詩鈔二卷 諸城王文驤

小倉山房詩鈔三十一卷 錢塘袁枚

海右集四卷 嘉定王初桐撰

力園詩草十一卷 河南新安呂瀀曾

有正味齋集十六卷 錢塘吳錫麒

謙益堂詩鈔二卷 賈虞龍

茂荆堂遺詩草稿 王日賡 鈔本

約園詩集一卷 婺源王廷亨

昆彌拾悟詩草一卷 遼東朱孝純

望嶽樓古體詩二卷 黟縣朱霈

紀慎齋先生全集十七種 臨川紀大奎

雲溪詩草一卷 臨汾賈澤洛

獨學廬稿三十八卷 吳縣石韞玉

紀文達公集三十二卷 獻縣紀昀

思勉齋詩鈔八卷 丹徒張尚絅

挹錄軒詩稿六卷 鐵嶺長闈撰

妙香齋詩集四卷 蘭山趙德懋撰 光緒重刊本

畬經堂集二十八卷 武陵朱景英

西溪遺詩一卷 淄川胡訓

汀風閣詩集三卷 歸安戴永植

海門詩鈔十二卷 南徐鮑臯

擘經室詩錄五卷 沅元

愛日堂吟稿十五卷 仁和趙昱

棄餘詩草二卷　海寧查景撰

聽鐘樓詩鈔十卷　元和韓是升

少晤齋詩集六卷　南昌方振

錢南園先生遺集五卷　昆明錢灃

錢南園先生遺集五卷　昆明錢灃

東井詩文鈔六卷　鄞縣黃定文撰

讀書樓詩集六卷　孝豐吳應奎　丙辰年右卯卷

綠筠書屋詩鈔十八卷　閩縣葉觀國

洽園詩稿二十九卷　吳縣范來宗

紀行詩十卷　新建熊爲霖

堅白石齋詩集十六卷 靜樂李鑾宣

敏齋詩草二卷巴塘詩鈔二卷 狄道李苞撰

小草山房集一卷 祁門馮憲撰 鈔本

河干詩鈔四卷 漢軍馮慧裕撰

弱水詩集二十二卷 蒲城屈復

皆山草堂詩鈔廿二卷 蒲城祖之望

蘿月軒存稿八卷 長白玉保

詒晉齋集八卷隨筆一卷後集一卷 成哲親王永惺

怡情書室詩鈔一卷 睿恪親王素心主人

虛白亭詩鈔二卷 睿忠親王

多歲堂詩集六卷　長白成書

多歲堂詩集六卷　長白成書

誠正堂稿八卷　禮親王永恩

樗亭詩稿十卷　葉河薩哈岱

樗亭詩稿十六冊未分卷　葉河薩哈岱鈔本

樗亭詩稿十八卷　葉河薩哈岱鈔本

兆溪詩文集二十二卷　吳江王元文

大谷山堂集六卷　蒙古夢麟乾隆十年進士

寶日軒詩集四卷附存四卷　錢塘王德溥

賴古齋集八卷　陽湖湯修業

嘯松梅詩八卷　醴陵張邦柱

石帆詩鈔十卷　桐城嚴光祿

歸求草堂詩集十卷　嚴長明

金闕攀松集一卷玉井搴蓮集一卷　江寧嚴長明

退思齋吟草六卷　滿洲伯麟

餘蔭堂詩稿二卷　長白玉德

秀鍾堂詩鈔一卷　滿洲寅保撰

于役河干集八卷　錢塘符曾撰

隨緣載筆五卷　松筠撰

挂月山莊詩鈔一卷　長白觀榮

碧虛齋吟草八卷　高郵宋茂初

四松堂集五卷　宗室敦誠撰

寶閑堂集六卷　臨潼張四科

守意龕詩集二十八卷　三韓張百齡或曰遼東人

慎獨齋吟賸四卷　山陰童鳳三

嬰山小園詩集十六卷　平湖張鉞撰

蛟湖詩鈔四卷　寧化人黃慎

森圃存稿八卷　許州孫世封

桂舟遊草二卷　三韓王站柱

存悔堂齋集二十八卷外集四卷　萍鄉劉鳳誥

蓉莊遺稿二卷　無錫顧鈺
清籟閣詩草二卷　惠敏
心鐵石齋存稿四十卷　奉新宋鳴珂
月山詩集五卷　宗室恆仁
紫瓊巖詩鈔一卷　慎郡王允禧
花間堂詩鈔一卷　慎郡王允禧
習靜軒集二十四卷　鰲圖
習靜軒集二十四卷　鰲圖
習靜軒集十六卷　鰲圖
彭門詩草七卷　鰲圖

樂賢堂三卷 吉林德保

靜怡軒詩草一卷 長白毓奇

寄閒堂詩集八卷附東溪東村詩 長白明德

時泉百一草一卷 長白圖敏

晉齋詩存二卷 滿洲昇寅

寶綸堂詩文集十四卷 天台齊召南

易簡齋詩鈔四卷 蒙古和瑛

瑤華詩鈔十卷 瑤華道人

稽古齋全集八卷 和碩和親王

理堂集二十二卷附外集 濰縣韓夢周

石林草堂詩存無卷數 江都葉舟撰

賀九山房詩四卷 北平李其永撰

賈稻孫集四卷 高郵賈田祖撰

雙蔭軒詩鈔六卷 黔西李華國撰

西塘草七卷 湘皋羅天閶撰

切問齋集十二卷 吳江陸耀撰

媕雅堂詩續集四卷 上海趙文哲

淺山堂集二卷 錢塘趙賢撰 閩遊雜詩一卷 錢塘趙箕撰

雲停山館詩鈔八卷 如皋石渠撰

還讀齋詩稿二十卷 元和韓崶撰

西沚居士集二十四卷　嘉定王鳴盛撰

嵐溪詩鈔二卷　靈石王如玉撰

碧腴齋詩存八卷　桂林胡德琳撰

碧腴齋詩存八卷　桂林胡德琳撰　不全

雙藤書屋詩集十二卷　靈石何道生撰　月波舫遺稿一卷　靈石何熙績撰

方雪齋詩十三卷　靈石何道生撰

渟雲軒古詩鈔二卷　山陰何經愉撰

阮齋詩文鈔十卷　南海勞孝輿撰

東井遺詩四卷　武康高文熙撰

衍慶堂詩十一卷　連平顏檢撰

夢雪草堂詩稿八卷　武威郭楷撰

師竹齋十四卷　緜州李鼎元撰

筠心書屋詩鈔十二卷　長洲褚廷璋

蕉村遺稿三卷　錢塘陸曾蕃撰

洛間山人詩鈔十二卷　雒南薛宁廷撰

慎餘齋詩鈔四卷　歸安葉佩蓀撰

紅櫚書屋詩文詞十四卷　曲阜孔繼涵撰

莫如樓詩選六卷　湘鄉蔣湘城培垣撰

秋水亭詩草七卷　山東新城王祖昌撰

劍囊草五卷 丹陽陸炳撰

白華樓詩鈔五卷附錄一卷 閩縣薩正衡撰

響文書屋集略八卷 安鄉潘相撰

清白士集六種二十八卷 錢塘梁玉繩撰

燕石齋詩草一卷附吳安謙聽雨草堂詩存一卷 南清河吳興炎撰

板屋吟一卷 狄道吳簡默

味蔗軒詩鈔一卷 上虞顧騠也 雙桐書屋賸稿二卷 通州李光謙

姑臧李郭二家詩草十一卷 李蘊芳郭楷撰 鉛字印本

姑臧李郭二家詩草十一卷 李蘊芳郭楷撰 鉛字印本

玉門詩鈔一卷 鐵保鈔本

蓬山詩存二卷嶺南酬唱集一卷 天津鄭熊佳

前州詩稿四卷 漢陽程思樂

拜經堂詩集十二卷 攸興賀德宗

辟疆園遺集十卷 梁溪顧敏恒敬愉颺憲撰

綠天書舍存草六卷 嘉興錢楷

笏山詩集十卷 江都申甫

寶書堂詩鈔八卷 上海褚華

月滿樓集四十三卷別集五卷文集十四卷 元和顧宗泰

有懷堂詩文二卷 濟南田肇麗

三農外集四卷 婺源朱雝模

嘉樂堂詩集一卷　和珅　延禧堂詩鈔一卷　豐紳

恩福堂詩鈔一卷　吉林英和

大雲山房文稿十卷　陽湖惲敬

南園詩選二卷　江寧何士顒

南園詩選二卷　江寧何士顒

飲冰集一卷　海虞吳靜女士　鈔本

紅香館詩草十卷　毘陵女士惲珠

帶綠草堂遺詩二卷　女士韓氏

學古集四卷　仁和宋大樽

吏隱集詩鈔四卷　襄平蔣韶年

晚翠軒遺稿一卷 吳縣莊德芬女士

在璞堂吟稿二卷 鳳池女士方芳佩

織雲樓詩合刻二卷 歸安女士周映清 晉寧女士李含章

若汀吟草四卷 元和沈雲尊撰

淡齋小稿二卷 釋戴寧撰 鈔本

枺溪詩集一卷 洺川劉調贊 鈔本

臥雲軒稿二卷 周煊撰 紅若山房稿四卷十六國宮詞二卷

南通州周昇

小峴山人詩文集三十四卷 秦瀛

薄遊草八卷 上元侯雲松撰

白圭堂詩鈔八卷　婺源江之紀撰

陶文毅公全集六十四卷　安化陶澍撰

印心石屋詩集七卷　安化陶澍

彭文敬公全集二十六卷年譜一卷　長洲彭蘊章撰

澗東集三卷　長洲彭蘊章撰

復初集二十五卷　泰順曾鏞撰

尙絅堂詩集五十六卷　陽湖劉嗣綰撰

尙絅堂詩集五十六卷　陽湖劉嗣綰撰

劉孟塗集二十七卷　桐城劉開撰

藹吉詩鈔八卷　宛平查梧鈔本

藹吉詩鈔八卷 宛平查梧鈔本

冶城山房全集十六卷畫錄一卷 奉新彭俊生撰

雲中集六卷 天門劉湄撰

薌林詩鈔二卷 溧陽彭劍光撰

東園詩鈔十二卷 定遠凌泰封撰

東園詩鈔十二卷 定遠凌泰封撰

香雪山莊詩二十卷 涇縣吳文炳撰

鐵橋漫稿八卷 烏程嚴可均撰 光緒刊本

玉磬山房詩集六卷 邱縣劉大觀撰

仿舫詩鈔十卷 番禺劉熊撰

青藜閣吟草六卷 丹徒劉禮淞撰

禝欲亭集三十二卷 壽陽祁寯藻撰

西崖詩文鈔十二卷 浦江朱興悰撰

印雲軒詩鈔十六卷 德清俞鴻漸撰

諸華香處詩集十三卷 吳江邱璋撰

夫椒山館詩二十一卷 陽湖周儀暐撰

夫椒山館詩二十一卷 陽湖周儀暐撰 排印本

竹素齋集十卷 歸安姚學塽撰

蓮窗書室詩鈔二卷 璺山劉曾璇撰

小浮山人集十八卷 吳縣潘曾沂撰 光緒刊本

功甫小集八卷　吳縣潘曾沂撰　嘉慶刊本

潄石齋吟草十四卷　閩縣林元英撰

紅藥山房吟稿五卷　寶山鍾曾齡撰

亦政堂詩集十二卷　漢陽劉珊撰

是程堂集十四卷　錢塘屠倬撰

香蕈堂詩略八卷　和州陳廷桂撰

今白華堂詩錄十八卷　鄞縣童槐撰

今白華堂詩錄十八卷　鄞縣童槐撰

畫石軒詩集四卷　吳江朱逢泰撰

蓮舫詩鈔二十卷　頓邱王偁撰

斯未信齋詩錄十六卷　南通州徐宗幹撰

石甫集二十五卷　桐城姚瑩撰

後湘集九卷　桐城姚瑩撰

藕唐詩集十四卷　諸城王瑋撰

香蘇山館詩鈔三十卷　東鄉吳嵩梁撰

香蘇山館詩鈔三十六卷　東鄉吳嵩梁撰

再生小草二卷　吳嵩梁

再生小草二卷　吳嵩梁

求當集十二卷　江都張鏐撰

秋𦡆書屋詩鈔九卷　海寧王斯年撰

䃭齋文存四卷 海寧查元偁撰

天繪閣初稿四卷 太湖王仲澥撰

船山詩草二十卷 遂寧張問陶撰

消夏詩草一卷 涇縣吳讓恆撰

積石文稿十八卷詩存四卷 震澤張履撰

漱芳閣詩集十卷 平湖徐士芬撰

嗣雅堂詩存五卷 長洲王嘉祿撰

味菜山房吟草二卷 桐廬汪百祿撰

西泠懷古集十卷 錢塘陳文述撰

秣陵集六卷 陳文述撰

西泠仙詠三卷 陳文述撰

頤道堂詩選三十八卷 錢塘陳文述撰

西泠閨詠十六卷 錢塘陳文述撰

蕉影齋詩集五卷 山陰謝照撰

蕉影齋詩集五卷 山陰謝照撰

雕菰樓集二十四卷密梅花館詩錄一卷 焦循焦廷琥

蜜梅花館詩文錄二卷 焦廷琥

海紅華館詩鈔十卷詞鈔二卷 吳江鄭璜撰

紅杏山房詩鈔十二卷 嘉應宋湘撰

紅杏山房詩鈔十卷 嘉應宋湘撰

小詩航詩鈔三卷　蕭山蔡聘珍撰

簫樓詩稿二十卷　鄞縣陳權撰

悟雪樓詩存三十四卷　廣豐徐謙撰

紹德堂詩鈔八卷　青陽施騰輝撰

和樂堂詩五卷　天津殷希文撰

蓺芸館詩存廿三卷培荊堂詩草一卷環翠樓詩鈔一卷　吳縣王世錦王鼎伯王熊伯撰

海右集八卷　昆陵徐子威

睦堂先生詩集三十四卷　永豐徐湘潭撰

一規八棱硯齋集十卷　陽湖徐廷華撰

知守齋初集十卷　龍溪鄭開禧撰

南川草堂詩鈔十三卷　奉新宋鳴珂撰

紅豆樹館詩選十四卷　長洲陶樑

繞竹山房詩稿十卷　餘姚朱文治撰

小山泉館詩存八卷　如皋汪爲霖撰

䕒壽堂同懷集六卷　京江張秉鈞秉銳撰

青埵山人詩十卷　武進洪飴孫撰

藕頤外集二卷附畹香詩鈔一卷　灊山熊寶泰撰畹香詩熊夫人張淑撰

雪梅紀勝二卷附錄二卷　天台謝綬名撰

天眞閣集六十卷　昭文孫原湘撰

天眞閣集三十二卷 孫原湘撰

南村草堂詩十六卷 新化鄧顯鶴撰

塞垣吟草四卷東歸途詠一卷 宛平陳庭學撰

讀書延年堂全集四十三卷 長沙熊少牧撰

謙庵詩鈔十一卷 湘潭張禮撰

謙庵詩鈔十一卷 湘潭張禮撰

嘉樹山房集二十二卷 震澤張士元撰

二竹齋詩鈔八卷 膚施張井撰

白雲山房集九卷附刻三種三卷 濟南張象津撰

式訓集十六卷 安邱張伯恆撰

豔雪堂詩集四卷　陽城張晉撰

養素堂詩集二十六卷　武威張澍

飲緑山堂詩集十四卷　丹徒張鉉撰

飲緑山堂詩集十四卷　丹徒張鉉撰

筠心堂集十五卷　瓊州張岳崧撰

壺園詩鈔十九卷　歙縣徐寶善撰

壺園詩外集六卷　歙縣徐寶善撰

順安詩草八卷　嘉興張廷濟撰

順安詩草八卷　嘉興張廷濟撰

澄懷堂詩集十四卷　錢塘陳裴之撰

求是堂詩二十三卷　涇縣胡承珙撰

九曲山房詩鈔十六卷　會稽宗聖垣撰

白氷堂詩集二十六卷　永豐張瓊英撰

采馨堂詩集十二卷　永豐張瓊英撰

逃禪閣集八卷　丹徒張崟撰

悔昨齋詩錄四卷　丹徒張琛撰

悔昨齋詩錄四卷　丹徒張琛撰

星山詩草四卷　江安楊庚撰

菊夢廬詩鈔四卷　安邱張善恆撰　光緒刊本

東霞山館詩鈔六卷　邵武楊兆璜撰

鄦園詩草四卷 大興陶謩相撰
黄山紀遊詩一卷 宣城張炯撰
甲六集二卷 烏程徐文心撰
小隱山房詩鈔四卷 桐鄉程綸撰
夢硯齋遺稿八卷 遵義唐樹義撰
陶山詩錄十二卷附書義一卷 湘潭唐仲冕撰
蒔古齋吟稿二卷 上海楊城書撰
左海全集十種三十一卷 福州陳壽祺撰
左海詩鈔六卷 祖州陳壽祺撰
子良詩集存十六卷 番禺馮詢撰

彝壽軒詩鈔十四卷 錢塘張應昌

紅雪山房詩選十二卷 常熟吳嵰撰

鵠山小隱詩集十五卷 竟陵熊士鵬撰

唐確愼公集十卷 善化唐鑑撰

知還書屋詩鈔十卷東瀛紀事一卷 柳州楊廷理撰

藤花吟館詩鈔十卷 長樂梁章鉅撰

寸心知室詩文集 蕭山湯金釗撰

水西閒館詩二十卷 天長程虞卿

淮雨賸稿一卷雪鴻集一卷 天長程虞卿

香巖詩存三卷 上元張培撰

知止齋詩集十六卷 常熟翁心存撰
知止齋詩集十六卷 常熟翁心存撰
蘊眞居詩集六卷 太倉陸學欽撰
掃落葉齋詩稿六卷 嘉定時銘撰
追逋集二卷 獻縣戈湏撰 家藏寫本
養春齋詩鈔二卷 新城涂以輈撰
春園詩選十四卷 海寧查有新撰
一粟軒詩集二卷 浙江平陽鮑臺撰
蠊廬詩集八卷 江陰夏翼朝撰
齋心草堂詩鈔四卷詞一卷 仁和錢枚撰

夢陔堂詩集三十五卷　江都黃承吉撰

小重山房集三十二卷　華亭張祥河撰

小重山房續錄十二卷　張祥河撰

驂鸞吟稿一卷　華亭張祥河撰

詩舲詩錄六卷詩外四卷詞錄二卷

石雲山人集二十三卷　南海吳榮光撰

梅麓詩文鈔二十八卷附鈔三卷蕉窗詩鈔十六卷　婺源齊彥槐齊學裘父子撰

持雅堂詩鈔二十五卷　南昌尚鎔撰

覺生詩鈔十九卷　歙縣鮑桂星撰

覺生詩鈔十九卷　歙縣鮑桂星撰

繼雅堂詩集三十四卷　鄞縣陳僅

繼雅堂詩集三十四卷　鄞縣陳僅

妙吉祥室詩鈔十三卷附錄二卷壽閒齋吟草八卷　海鹽朱葵之撰

拜石山巢詩鈔八卷　會稽陳光緒撰

小粟山房詩鈔十卷　錢塘及慶源撰

壽春堂集十四卷　吳縣吳樹萱撰

金源紀事詩八卷　青蒲湯潤泰南

來復堂集六卷　南匯李培根撰

白雲詩集四卷 德清陳斌撰
寄塵山房詩編五卷 平樂倪三橋寫本
南行吟草一卷 東武王應垣撰
碧螺書屋二卷 太湖王申撰
瑀琤山房詩稿四卷 華州王志恬撰
桂巖居詩稿二卷 嘉定李景董撰
赤霞吟草二卷 太倉王鉅撰
瀾蒓詩選二卷 石門吳曾貫撰
安心竟齋詩鈔四卷 順德黄玉衡撰
一朶山房詩集十八卷 貴筑傅潢撰

嘯雨草堂集五卷 太倉盛徵璵撰

潑墨軒集六卷 濟寧戴鑑撰

春星閣詩鈔十五卷 寧遠楊季鸞撰

春星閣詩鈔十五卷 寧遠楊季鸞撰

春星閣詩鈔十五卷 寧遠楊季鸞撰

秋竹齋詩存八卷 閩縣梁運昌撰

且飲樓詩選五卷 太倉顧晞撰

硯隱詩存四卷 吳縣楊羲撰

且種樹齋詩鈔一卷 秀水盛復初撰

菊飲山房集八卷 昌平楊灝撰 寫本

歐可詩文鈔二十卷　南昌龔鉽撰

啖蔗軒詩存三卷筆記年譜日記三卷　定遠方士淦撰

松壺畫贅二卷　仁和錢杜撰

玉山草堂詩集十二卷　仁和錢林撰　按王壼孫所撰錢學士墓表玉山草堂詩集寫定三十卷此本祇十二卷又無序跋疑不全

蘊愫閣詩集十二卷　鎮洋盛大士撰

薝盦詩鈔五卷　漢軍楊光祖撰

蟲鳥吟十卷　漢陽蕭德宣撰

蟲鳥吟十卷　漢陽蕭德宣撰

佩雅堂詩鈔三卷　溧陽強潾撰

馮侍御遺稿六卷　江蘇通州馮元錫撰

鷹青集四卷　桐城姚元之撰

培花小園詩鈔十三卷　贛縣戴雲官撰

硯壽堂詩鈔十一卷　錢塘吳存楷撰　光緒重刊本

恩錫堂詩稿四卷　龔受穀豐兄弟撰

小萬卷齋經進稿四卷詩稿三十二卷續稿十二卷遺稿一卷文稿三十四卷　涇縣朱璟撰

種榆山館詩鈔二卷　錢塘陳鴻壽撰　乙卯吳氏聚珍板重印

青芙蓉閣詩鈔六卷　桐鄉陸元鋐撰

宦蜀詩鈔十卷　旌德呂兆麒撰

文選樓詩存五卷　揚州阮元撰

雙琴堂詩文集九卷　易州趙春熙撰

寄素堂詩稿四卷　奉天李承標撰

吳學士詩集九卷　全椒吳鼒撰

柳菴遺詩八卷、全椒吳鼒撰　按吳鼒恐係徐鼒之誤，俟考

覺不覺軒詩鈔十二卷　順德簡鈞培撰

粵嶽山人稿十三卷　香山黃培芳撰

養一齋詩集四卷文集二十卷　陽湖李兆洛撰　光緒重刊本

詩娛室詩集十二卷　嘉善黃安濤撰

緯雪山房詩鈔二十六卷　福州楊慶琛撰

同懷集四卷　丹徒楊試昕試德撰

同懷集四卷　丹徒楊試昕試德撰

知還書屋詩鈔十卷　柳州楊廷理撰

壽雪山房詩稿十卷　山陰陳廣寧撰

橋東詩草十一卷　大興邵葆祺撰

心遠小榭詩文集五卷　番禺梁松年撰

夙好齋詩鈔十五卷　歸安楊知新撰

泰雲堂集二十三卷　金匱孫爾準撰

蘭雲集八卷　慈谿柯振嶽撰

二思齋詩鈔六卷　香山何文明撰

入塼館詩存一卷 甬上李慈鉌撰 排印本

石柏山房詩存八卷 太湖趙文楷撰

學未齋集十卷 觀城張夢蘭撰 寫本

秋室集十卷 歸安楊鳳苞撰

香雪亭詩集八卷 麻城胡翹霜撰

月塘書屋詩存十六卷 長沙楊延亮撰

惜味齋存稿十四卷 江西新城楊炳著撰

抱蕭山道人遺稿二卷 嘉善陳鴻墀撰

簡學齋詩八卷附律賦試律 蘄水陳沆撰

傳硯齋詩存一卷 婁縣張允垂撰

怡園詩稿一卷 蕭山陳汾撰 寫本
仙槎遊草一卷 金陵張寶撰
說餅菴詩集六卷 歷城朱曾傳
藕頤類稿二十卷 潛山熊寶泰撰
綠雪堂遺集二十卷 會稽王衍梅撰
綠野齋集七卷 劉鴻翶撰
印雪軒詩鈔十六卷 德清俞鴻漸撰
柴辟亭詩集四卷 嘉興沈濤撰
水屋賸稿二卷 浮山張道渥撰
菽菴詩一卷 黄彥撰 三體詩一卷 金農撰

有眞意軒詩存一卷　河內李家駿撰
洗桐軒集十四卷　甘泉李周南撰
笏庵詩鈔十卷　錢塘吳清鵬撰
猎閒生詩詞四卷　錢塘汪遠孫
蘊眞居詩集六卷　太倉陸學錢撰
春舫詩鈔四卷　蒲邑蓋方泌撰
春舫詩鈔四卷　蒲邑蓋方泌撰
眞息齋詩鈔五卷　桐鄉陸費瑔撰
曬書堂集二十四卷　棲霞郝懿行撰
清貽館遺稿二卷　宿松石葆元撰

裁物象齋詩鈔詞草二卷 陽湖管貽葄撰
靈芬館全集二十二卷 吳江郭麐撰 掃葉山房石印本
靈芬館詩初集四卷 吳江郭麐撰
靈芬館詩二集十卷 吳江郭麐撰
利于不息齋初集六卷 曲阜孔昭焜撰
鐵山園詩稿八卷 曲阜孔慶鎔撰
遂初草廬詩集十卷 濱州杜堮撰
清娛閣吟稿六卷 丹徒女士鮑之蕙撰
浮槎山館詩集三卷 合肥史臺懋撰 排印本
祝氏華鄂集十五卷 江陰祝百千百五撰

筱雲詩集二卷 錢塘陸應宿撰

玉蘭山館吟草三卷 川沙祝悅霖撰

白華樓詩鈔五卷 閩縣薩玉衡撰

白湖詩稿八卷 慈谿葉燕撰

心知堂詩稿十八卷 成都汪仲洋撰

澄懷堂屋詩鈔四卷 長白穆彰阿撰

深省堂閒吟集十四卷 長白景安撰

衍澤堂集十八卷 定親王緜恩

神清室詩稿二卷 宗室永憲撰

適齋居士集四卷 覺羅舒敏撰

周寶生詩稿十卷 吳縣周寶生撰

求志堂存稿彙編十二卷附柳下詞儲素樓詞二卷 周濟撰

日新書屋稿二卷 海昌祝洤撰

虛室詩六卷 高郵王敬之撰

小言集二十二卷 高郵王敬之撰

茶聲館詩集十六卷 平湖朱爲弼撰

茶聲館詩集九卷 平湖朱爲弼撰

海雅堂集六卷 番禺凌揚藻撰

達亭遺稿四卷 定州王聚華撰

靜永堂詩稿四卷 長洲宋銑撰

懷荆堂詩稿四卷 滿洲恆慶撰 敬儀堂經進詩稿一卷詩

存一卷 滿洲桂芳撰

懷荆堂詩稿四卷 滿洲恆慶撰 敬儀堂經進詩稿一卷詩

存一卷 滿洲桂芳撰

石琴室稿無卷數易水往還稿無卷數 烏爾恭阿鄭親王

瑞榴堂詩四卷 蒙古托渾布

西磵集三卷 漢軍德宣撰

三十六灣草廬稿十卷 寧鄉黃本麒撰

彝壽軒詩鈔十卷寄廬雜著二卷 錢塘張應昌撰

蓉裳詩鈔八卷 湘潭張家榘撰

魯巖所學集十五卷交遊記餘事稿合編三卷 魯山張宗泰撰
魯巖所學集十五卷交遊記餘事稿合編三卷 魯山張宗泰撰
晉齋詩存二卷 長白昇寅撰
鑄廬詩賸一卷 漢軍裕貴撰
鑄廬詩賸一卷 漢軍裕貴撰
課餘聞詠一卷 和碩睿慎親王
紀夢唫草六卷 富斌
紫石泉山房詩文集十三卷 歙縣吳定撰
香南居士集十九卷 長白崇恩撰
香南居士集六卷 長白崇恩撰

戎旃遺興草三卷　宗室晉昌撰

心齋集一卷　震澤任兆麟撰

有竹居集十五卷附蒼頡篇三蒼四卷　震澤任兆麟

鐙味齋詩存五卷　蘭儀曹宗瀚撰

厲廉州詩集八卷　儀徵厲同勳撰

存素堂詩文集二十卷　太倉錢寶琛撰

存素堂稿十三卷　太倉錢寶琛撰

鐙嚮齋詩集八卷　桐鄉蔡鑾揚撰

大小雅堂詩文集十二卷　青浦邵堂撰

留春書屋詩集十二卷　山陰平恕撰

萍州賸草一卷　方外俞體營撰

享帚齋四卷　丹徒周恩綬撰

賜硯堂詩集鈔本一卷　衡山彭浚撰

借庵詩鈔十二卷詩存七卷　方外借庵撰

宜雅堂遺集四卷　上海曹洪梁撰

閩歸集二卷　長洲曹文漢撰

濫竽齋詩集四卷　吳郡張學鴻撰

史梅叔先生詩選十二卷　山東　縣史　密撰

芸香堂詩集二卷　長白和琳撰

衣讔山房詩集八卷　侯官林昌彝撰

二南詩鈔七卷　歷城周樂撰
蠙廬詩鈔十卷　盱眙王蔭槐撰
太鶴山人集十三卷　青田端木國瑚
花宜館詩鈔十六卷附詞二卷　錢塘吳振棫撰
佳想軒詩鈔二卷　嘉定廖文錦撰
偶然居士遺稿一卷　上元林端撰　鈔本
橫浦集五卷　南城吳照撰
豐湖漫草二卷　嘉應宋湘撰
紅椒山館詩鈔四卷　華亭張興鏞撰
柯家山館遺詩六卷詞三卷　歸安嚴元照撰

適園詩錄一卷 阿林保撰

筆耕集一卷 常清撰 鈔本

玉笥山房要集五卷 會稽顧廷綸撰

小琅山館詩鈔十卷詩餘一卷 桐鄉嚴廷珏撰

求志居集三十六卷外集一卷 皖江陳世鎔撰

樫花館集十二卷 盩厔路德撰

攬青閣詩鈔二卷 嘉興李貽德撰

寶鐵齋詩錄無卷數附續錄 元和韓崇撰

白鶴山房詩詞二十四卷 歸安葉紹本

西漚集十八卷 盩江李惺撰

杏軒詩文集十卷　涇縣胡貞幹撰

六硯草堂詩集四卷　陽城延君壽撰

㽞村詩草一卷　番禺何紘撰

[千]思齋詩鈔六卷　香山何文明撰

菁江詩鈔一卷　浙江李聖就撰

坦菴詩草一卷　狄道李華春撰　鈔本

經餘書屋詩鈔八卷　高郵沈在廷撰

織簾書屋詩鈔十二卷　天津沈兆澐撰

花嶼讀書堂詩文鈔十卷　吳縣李福撰

味閒齋遺草五卷　長沙李象鵾撰

秋水池堂詩集五卷 吳江袁棠撰

青梅巢詩鈔五卷 番禺李士禎撰

燕滇雪跡集六卷 博羅何南鈺撰

槩園詩鈔八卷 長沙毛國翰撰

晉齋詩存二卷 昇寅 知足知不足齋詩存一卷 寶琳 味經

書屋詩存無卷數 長白寶珣撰

端居室集十二卷 華亭王蔚宗撰

挹青閣詩集六卷 丹徒茅澗之撰

恆春吟館詩集二卷 丹徒趙佩湘撰

瘦生詩鈔六卷 寶山范起鳳撰

晚晴軒詩鈔五卷 元和蔣廷恩撰

榕園全集十五卷 侯官李彥章撰

榕園全集三十卷 侯官李彥章撰

歎夫詩文稿二十卷 臨川李夢松撰

怡莽詩草四卷 鐵嶺李如枚撰 鈔本

補讀書齋遺稿十卷 嘉興沈維鐈撰

妙吉祥室詩鈔六卷 鉛山蔣知讓撰

蓼莽詩存八卷 濰縣郭書俊撰

客遊吟無卷數 博野尹偉圖撰 鈔本

增默庵詩遺集二卷 莆田郭尚先撰

燕來堂詩稿二卷 榮成岳賡廷撰

思補齋詩集六卷 吳縣潘世恩撰

釣雲軒詩鈔六卷 蒼溪薛稻孫撰

鑑止水齋集二十卷 德清許宗彥撰

補園詩集八卷 上元伍光瑜撰

尙志堂詩稿一卷 平陽葉嘉掄撰

榆西仙館詩文稿四十三卷 仁和蔣詩撰

紅香館詩草一卷 陽湖女士惲珠撰

葛城詩稿二卷 新安陳悳正撰

萬善花堂文稿七卷 大興方履籛撰 雲自在龕本

抱冲齋詩集二十卷 長白斌良

趙艮甫詩詞三種十卷 震澤趙函

晉齋詩存二卷 長白昇寅

晉齋詩存二卷 長白昇寅

鏊舟園稿二卷 東洞庭王鏊

儒門語要六卷畬香草存六卷 華亭倪元坦

韻泉軒詩草一卷 桐城張曾懿撰

雕蟲詩草一卷 平陽吳乃伊撰 鈔本

念堂詩草三卷 慶雲崔旭撰

念堂小草一卷 慶雲崔旭撰

海粟齋詩鈔續刊十卷 信陽郭鑑庚撰

崇百藥齋集二十八卷附陸錢惠尊五眞閣唫稿一卷 陽湖陸繼輅撰

寶善堂彙稿十四種二十八卷 台峰阮復祖燦輝烜輝

今白華堂詩集十八卷 鄞縣童槐

嶽青詩集二卷 桐城吳靈驤撰

怡雲詩草二卷 張其祿 巢睫吟稿二卷 張煊

鄒氏家集十三卷 漢陽鄒嘉貽鄒廷金鄒堯廷父子三家

樂園詩鈔六卷 溆浦嚴如熤撰

嚴樂園集四種六卷 溆浦嚴如熤撰

嚴樂園集四種六卷 溆浦嚴如熤撰

鄧林唱和詩詞一卷 江寧鄧廷楨 侯官林則徐

伴梅居詩草一卷 歙縣女士何佩玉

瘦黃春仙館詩賸一卷 魯黃氏

竹韻樓詩鈔二卷 吳縣女士王淑

佩滋存草一卷 吳縣女士汪畹玉

古春軒詩鈔二卷 錢塘梁德繩撰

存希閣詩錄一卷夢蟾樓遺稿一卷 江陰繆徵甲及夫人劉壽萱撰

賜錦堂初稿六卷投贈集八卷 金谿陳珪撰

梵隱堂詩存十卷 釋祖觀

義停山館集二十六卷 閩縣王景賢

綠雲仙館詩稿十二卷 太原温啓封

抱眞集十卷志道集三卷 曲阜孔憲圭

西園詩鈔四卷 南皮張㩴庭撰

西園詩鈔四卷墨花軒詩詞刪存四卷 南皮張㩴庭撰

書髓樓續收詩文集存目卷七

水竹邨人

別集二

讀騷樓集八卷　江都陳逢衡撰

梅窩詩鈔三卷　漢軍陳夏玉撰

且鷗集九卷　瑞安項霽撰

虹橋老屋遺集三卷　無錫秦緗業撰

虹橋老屋遺集四卷　無錫秦緗業撰

笠雲山房詩集十五卷　伏羌王權撰

友石齋詩集八卷我盦遺稿二卷　仁和高錫恩撰

友石齋詩集八卷我盦遺稿二卷 仁和高錫恩撰

躬恥齋詩文鈔四十六卷 會稽宗稷辰撰

海秋詩集二十六卷 益陽湯鵬撰

存吾春山房集二十二卷 關中李鈺撰

幼樗喰稿六卷 石門方廷瑚撰

鈍齋詩鈔二卷 高要馮譽驄撰 鉛印本

鈍齋詩鈔二卷 高要馮譽驄撰 鉛印本

暖春書屋詩删三卷 上元方俊撰

煙嶼樓詩集十八卷附遊杭合集一卷 鄞縣徐時棟撰

補拙軒小草四卷 保靖胡興仁撰

致壽廬遺集十卷　吳縣吳恩熙撰　鉛印本
儀宋堂詩集十卷　吳縣吳嘉淦撰
龠翁詩鈔四卷　吳縣錢辰撰
藕花書屋詩鈔二卷　肅寧陳廷墳撰
朗山詩草一卷　天津姚承恩撰
朗山詩草一卷　天津姚承恩撰
學未齋集十卷　觀城張夢蘭撰　鈔本
掃江亭吟稿十四卷　江蘇通州馮雲鵬撰
又其次齋詩集七卷　遂昌吳世涵撰
又其次齋詩集七卷　遂昌吳世涵撰

笠杖集四卷　枝江張盛藻撰

毋自欺齋詩略一卷　梁元撰　茗香室略一卷　李如蕙撰　梁

毋自欺齋詩略一卷　梁元撰　三水李香山

石琴詩鈔十二卷　宜賓李映棻撰

雲悅山房偶存稿六卷　侯官楊維屏撰

臥雲軒詩稿二卷　周煊撰　紅石山房初稿四卷十六國宮詞二

卷　周昇撰崇川煊昇父子

養志居僅存稿十八卷　丹徒陳宗起撰

西雲詩鈔四卷文鈔二卷札記四卷　福安李枝青撰

意苕山館集十六卷附嶺上白雲集十二卷寙翁文鈔四卷

陸嵩懋修父子撰

鐇經堂類稿二十四卷齊陳氏韶舞樂罍通釋二卷 晉江陳慶鏞撰

鐇經堂詩集三卷 晉江陳慶鏞撰

鴻濛室詩鈔二十卷 寶寧方玉潤撰

鴻濛堂詩鈔三卷 寶寧方玉潤撰 鈔本

澹吾室詩鈔四卷 唐樹森撰 鄂不齋詩文集無卷數六如居士外集四卷 唐仲冕編 臺陽見聞錄無卷數 善化唐贊袞撰

鷗汀漁隱集六卷 宜黃陳階燦撰

二知軒詩存十四卷 定遠方濬頤撰

二知軒詩鈔十四卷 定遠方濬頤撰
二知軒詩鈔十四卷 定遠方濬頤撰
甘泉鄉人稿三十二卷 嘉興錢泰吉撰
稔齋詩草一卷 天津姚承豐撰
稔齋詩草一卷 天津姚承豐撰
杜月山莊詩鈔十四卷 山陰陸文傑撰
綠伽楠館詩稿一卷 高要馮譽驥撰
通藝閣詩錄八卷 婁縣姚椿撰
通藝閣詩錄八卷 婁縣姚椿撰
江上草堂詩集二卷 蒙古清瑞撰 鉛印本

味眞閣集二卷 儀徵張安保

蘇菊村集十八卷附錄二卷 蘇源生撰

雅安書屋六種十三卷 歙縣汪程燮撰

冰壺山館詩鈔一百三十二卷 金華王夢寅撰

瀠月山館詩鈔六卷爾雅經注集證三卷附姚惜抱漢書評點一卷 臨桂龍啓瑞撰

養默山房詩錄十一卷 松滋謝元維撰

養默山房詩錄十一卷 松滋謝元維撰

巢經巢詩鈔十卷 遵義鄭珍撰

西圃詩文集二十卷 吳縣潘遵祁撰

丹魁堂詩集十一卷附年譜感遇錄二卷 江陰季芝昌撰

丹魁堂詩集七卷 江陰季芝昌撰

毋自欺齋詩草一卷 三水梁元撰

松島室吟二卷 仁和邵希曾撰

補學軒詩八卷 廣州 象州鄭獻甫撰

仙屏書屋集十八卷 宜黃黃爵滋撰

己酉北行草一卷

擁城書屋詩七卷 奉新鄧珏撰

荻訓堂詩鈔十卷 黃岡鄧琛撰

蕙西先生遺稿一卷 仁和邵懿辰撰

白香亭詩三卷　武岡鄧輔綸撰

藻香館詩詞鈔七卷　江陵鄧承宗撰

樗雲詩鈔五卷　龍溪鄭琮撰

貞白堂詩無卷數　恩錫撰

明志齋詩草二卷　新建蔡嘉佺撰

綴玉集四卷　東莞蔡兆華撰

紅薇吟榭詩鈔八卷　丹陽魏塈撰

睹棋山莊集三十二卷　長樂謝章鋌撰

睹棋山莊集十四卷　長樂謝章鋌撰

性影詩草一卷　瀏陽尋樂撰　鈔本

蓮絜詩翰釋文七卷　江陰謝𦫶撰

會稽山齋全集二十五卷　陽湖謝應芝撰

詠梅軒稿五卷　武進謝蘭生撰

好雲樓二集十六卷附問答一卷　臨川李聯琇撰

好雲樓詩選二十八卷　臨川李聯琇撰

養一齋全集四十一卷附制義文　山陽潘德輿撰

李文恭公全集四十六卷　湘陰李星垣撰

安愚集八卷附雜著八種匏菴詩鈔二卷　安福阮烜煇燦煇撰

夢綠草堂詩鈔十三卷　德化蔡壽祺撰

竹西吟草一卷附唐史樂府一卷　鎮洋邵廷烈撰

喝月樓詩錄二十卷　長洲王鴻撰

喝月樓未刻稿三卷　長洲王鴻撰　稿本

健修堂詩集二十卷空同詞二卷　任邱邊浴禮撰

健修堂詩集二十卷空同詞二卷　任邱邊浴禮撰

小隱山房詩鈔一卷　吳經世撰　太能寒軒詩鈔八卷　錢塘吳爲栘撰

敬業堂集六卷　鶴山馮鉞撰

讀白華草堂詩十七卷　鎮平黃釗撰

觀象居詩鈔二卷　江西新城陳蘭瑞撰

願學堂詩鈔二十八卷　鄞縣王宗燿撰

箟薌山人詩集十卷　南海岑澂撰

斗南吟草四卷 大興邵位南撰

大梅山館集三十八卷 鎮海姚燮撰

柏梘山房集三十卷 上元梅曾亮撰

東洲草堂詩鈔三十卷詩餘一卷 道州何紹基撰

四合詩鈔四十卷 南昌龔鉽撰

龔適甫集十一卷 南昌龔鉽撰

餘軒詩鈔十三卷 香山何日愈撰

補讀書齋遺稿八卷 嘉興沈維鐈撰

柳汁吟舫詩草十四卷 中江何盛斯撰

冬風閣詩集六卷 永清李九鵬撰

冬風閣詩集六卷 永清李九鵬撰

味塵軒詩集十六卷 宣城李文瀚撰

蔭圃詩鈔二卷 易州趙亨鈐撰

喜聞過齋全集十二卷 昆陽李文耕撰

紉香草堂詩鈔七卷 宣城李學孝撰

卓峰草堂詩鈔二十四卷 宜黄符兆綸撰

畫耕偶錄四卷 烏程邵梅臣撰

贈雲山館遺詩三卷詩餘一卷 章邱孟傳璿撰

攜雪堂文集五卷 吳可讀撰

吳柳堂詩文集四卷 皋蘭吳可讀撰 楊慶生箋注 鉛印本

溫經堂詩鈔四卷 陽湖徐燮鈞撰

無我相齋詩選四卷 歷城何鄰泉撰

江忠烈公遺集一卷 湘鄉江忠源撰

柘湖兩姚先生集四卷 金山姚前樞前機撰

刪存草浣花小榭閒吟各一卷 寶山鍾其昌撰 稿本

雪蕉齋詩鈔七卷 永嘉王德馨撰

雪門詩草十四卷 善化許瑤光撰

瑞芎軒詩鈔四卷 仁和許乃穀撰

自怡悅齋吟草四卷 仁和沈鑅撰

南廬詩鈔六卷 海寧查世官撰

萬里吟一卷　商河馬毓林撰

四待軒遺詩一卷　湘潭馬敬之撰

珠樹堂三種三卷　婁縣史本泉撰　鈔本

石琴鐵硯軒餘稿一卷　長白趙鴻儀撰

石泉書屋全集二十四卷　利津李佐賢撰

石泉書屋詩八卷文一卷雜著一卷尺牘二卷　利津李佐賢撰

植庵集十卷　李愼傳撰

屺雲樓全集四十六卷　閩縣劉存仁撰

倚晴樓詩集二十卷　海鹽黃燮清撰

趣園五種二十三卷　貴筑陳鍾祥撰

玉笙樓詩錄十二卷 海寧沈壽榕撰

話山草堂詩鈔十二卷 大興沈道寬撰

詩禪室詩集二十五卷 海寧查冬榮撰

誦芬堂詩鈔二十八卷 永豐郭儀霄撰

嘯古堂詩八卷 寶山蔣敦復撰

抱眞書屋詩八卷 蒙自陸應穀撰

錄猗軒集六卷 溆浦舒燾撰

竹泉山房四卷附全恭人璞詩集一卷 胡光瑩撰 寫本

寸草堂詩鈔十一卷 上海胡式鈺撰

寸草堂詩鈔十三卷 上海胡式鈺撰

務時敏齋存稿十卷 錢塘洪昌燕撰

望山草堂詩鈔十卷 泰順林鶚撰

花農詩鈔六卷 宛平查林撰

梅仙詩集二十二卷 石埭蘇珮撰

雨香書屋詩鈔二卷 咸寧雷以鍼撰

藿邨詩存二卷 咸寧雷以鍼撰 與雨香書屋詩鈔重

隨吟小草一卷 歸安沈鉉撰

守柔齋詩鈔三卷 高要蘇廷魁撰

紫茜山房詩鈔一卷 平湖沈全藻撰

瓶隱山房詩詞集二十卷 錢塘黃曾撰

瓶隱山房詩詞集二十卷 錢塘黃曾撰

澹園詩選八卷 濰縣于祉燕撰

琴隱園詩四十卷 武進湯貽汾撰

雅雪園詩鈔十六卷 新化鄒湘倜撰

雅雪園詩鈔六卷 新化鄒湘倜撰

周甈亭集十卷 丹陽周玉瓚撰

竹石屋詩詞草五卷 鄞縣童華撰

一粟廬詩一稿四卷 秀水于源撰

綠槐書屋詩稿十二卷 陽湘張綸英女士撰

瀓潤齋存詩二卷 元和汪棨撰

聽雨草堂詩存二卷 清河吳安謙撰

寸草軒詩集四卷 奉新徐斌撰

靈洲山人詩錄六卷 番禺徐灝撰

望山堂詩續二卷 泰順林周霖撰

北征詩鈔六卷 新昌俞汝本撰

雅存堂集四卷 丹陽周㮾撰

紅蕉詩鈔六卷 仁和周光緯撰

聽松濤館詩鈔十卷 安福阮文藻撰

聽松濤館詩鈔十卷 安福阮文藻撰

聽松濤館詩鈔十卷 安福阮文藻撰

息影庵詩集四卷附詞一卷秋鐙瑣憶一卷又附夢影樓稿一卷秋水軒詞一卷 錢塘蔣坦撰 夢影樓稿關鍈撰 秋水軒詞莊盤珠撰

潘少白先生集十卷 會稽潘諮撰

松月山花詩鈔十四卷 山陰陸文傑撰

還讀廬詩鈔八卷 吳縣周孝壎撰

陔蘭書屋詩集六卷文集一卷詞三卷 吳縣潘曾綬撰

赤堇遺稿六卷 慈溪葉元階撰

句麓山房詩草八卷 錢塘周向青撰

樂志堂詩略二卷文略六卷 南海譚瑩撰

倚松閣詩鈔十五卷附淩虛閣詩草一卷 南海馮熾宗 馮錫鏞撰

倚松閣詩鈔十五卷附淩虛閣詩草一卷 南海馮熾宗 馮錫鏞撰

楚遊吟遺稿一卷 甌寧張孔修撰

一飛詩鈔一卷 滿洲文冲撰

孤鴻編一卷 震澤殷增撰

延青堂詩集一卷 合肥張廷邴撰

疊雲閣詩集六卷 吳縣曹林堅撰

疊雲閣詩集九卷 吳縣曹林堅撰

題蕉館詩八卷 鎮洋周廣盛撰

浮槎存稿七卷 漢陽鄒貽詩撰 留耕草堂初稿六卷 鄒堯廷撰 附伯冶

存稿一卷 鄒廷全撰 桐軒存稿一卷 鄒廷鈞撰

寶稼堂詩鈔二卷　樂亭周運仲撰

思補齋詩集六卷　吳縣潘世恩撰

味靈齋詩鈔八卷　昆明戴絅孫著

古伴柳亭稿十卷　陽城田秫撰

周甓亭集十卷　丹陽周玉瓚撰

鴻雪吟四卷　瀘溪黃鍇撰

雲左山房詩鈔　侯官林則徐撰

壯懷堂集十卷　侯官林直撰

董方立遺書九種十一卷　陽湖董貽清撰

峴嶕山房詩集十卷　洪洞董文煥撰

味無味齋詩鈔七卷　吳縣董兆熊撰

秦人宅藏稿六卷　桃源向光謙撰

讀雪齋詩集九卷　上元孫文川撰

青藜閣詩鈔一卷　會稽劉鴻庚撰

辛壬集二卷桂隱一卷　桂林劉名譽撰

陸次山集二卷　浙東陸墺撰

釣魚蓬山館集六卷　江山劉佳撰

疏蘭仙館詩集十四卷　鎮洋朱錫綬撰

燹餘吟草十三卷　武岡張經贊撰

樂山堂文鈔八卷　曾興仁撰　話陶窗遺稿二卷　善化曾衍先撰

天香樓詩集一卷　仙居王魏勝撰　鈔本

秦晉游草二卷　遵義蹇謌撰

知不足軒詩草四卷　祁門張詔撰　鈔本

澹藭軒詩初稿五卷　張紹英女士撰

小安樂窩文集四卷　震澤張海珊撰

梅墅詩鈔八卷　長洲張啓鵬撰

古泉山館詩集八卷　嘉定瞿中溶撰

月壺題畫詩十卷　上海瞿應紹撰

舍是集十卷　儀徵王翼鳳撰

大吉祥室遺稿一卷　華亭張振凡撰

曼陀羅館詩鈔一卷詞鈔一卷 華亭張家鼒撰

浩然堂詩集七卷 盧江江開撰

懷古田舍詩節鈔六卷 瀋陽漢軍徐榮撰

張南湖詩詞存一卷 金匱張應蘭撰

聽鸎館詩鈔一卷 華亭張烒撰

古人今我齋詩八卷 順德吳維彰撰

孫柳州遺草三卷 太倉孫壽祺撰

聽香室遺稿三卷附試帖 吳縣潘誠貴撰

鏡池樓吟稿二卷 海上陳文藻撰

拙公詩鈔二卷 黃益增撰 寫本

求志居集十二卷 懷寧陳世鎔撰

徵園詩集十卷 長沙徐樹銘撰

樹君詩鈔一卷 天津梅成棟撰

燕南二俊詩鈔二卷 慶雲崔旭 天津梅成棟撰

峨秀堂詩鈔四卷 峩眉朱世重撰

詠史集八卷 南昌汪元慎撰

三香散人遺集三卷 甘肅靜寧張煒撰

還珠堂集五卷 儀徵厲同勳撰

還珠堂詩集四卷 儀徵厲同勳撰

含清堂詩存十卷 蕭山徐光第撰

白華山人詩集十八卷 定海厲志撰

養浩齋詩十四卷 貴池桂超萬撰

養浩齋詩稿九卷文集四卷 貴池桂超萬撰

養浩齋詩稿十卷 貴池桂超萬撰

松心詩集二十卷 番禺張維屏撰

花甲閒談十六卷 番禺張維屏撰

朱九江先生集十卷 南海朱次琦撰

思益堂集十九卷 長沙周壽昌撰

養拙齋詩存十卷 閩縣曾元澄撰

㐆齋文集八卷詩集四卷 平定張穆撰

寶善書屋詩稿七卷 江夏王景彝撰

藤花館詩存一卷 太倉王汝騏撰 排印本

盟蘭山館遺稿二卷 海昌朱蔚撰

不忘初齋詩草四卷 仙遊王紹燕撰

冷雲仙館詩文稿十卷曾氏家訓一卷 左錫嘉撰 吟雲仙館詩稿一卷 華陽曾詠撰

補劼勤詩存二十四卷 山陰陳錦撰

自鏡齋詩文鈔四卷 吳縣潘曾瑋撰

養志居僅存稿

靜怡軒詩鈔 吳江汪藻撰

悔翁詩鈔廿六卷筆記六卷詞五卷 江寧汪士鐸撰

悔翁詩鈔廿六卷筆記六卷詞五卷 江寧汪士鐸撰

汪梅村先生集廿二卷 江寧汪士鐸撰

鐵孟居士詩稿四卷 儀徵汪全泰撰

米乙舟文集八卷 新城陳用光撰 觀象居詩鈔二卷 陳蘭瑞撰

禮部遺集八卷 當塗黃富民撰

思貽堂全集四十四卷 漢陽黃文琛撰

花洋山館詩文鈔十七卷 峨眉張熙宇撰

花洋山館詩文鈔十七卷 峨眉張熙宇撰

運甓齋詩稿八卷 鄞縣陳勱撰

運甓齋詩稿續編六卷　鄞縣陳勱撰

省香齋詩集六卷　曲阜孔慶錙撰

顯志堂稿十二卷　吳縣馮桂芬撰

五招山房詩集無卷數　温江車酉撰

小鷗波館詩鈔十二卷　吳縣潘曾瑩撰

廑庸室詩草一卷　諸暨余坤撰

廑庸室詩草一卷　諸暨余坤撰

仙樵詩鈔十二卷　遂陽劉文麟撰

寶稼堂詩鈔二卷　樂亭周連仲撰

蒼莨詩集二十一卷河防紀略四卷　善化孫鼎臣撰

香圃集八卷　金匱安詩撰

蓬萊閣詩錄四卷　元和陳克家撰

復廬詩藁四卷　天長陳丙撰

紅蕉吟館詩存十二卷　宜良嚴廷中撰

生香閣詩草四卷　四川鄰水甘丙昌撰

翠微山房詩稿八卷　永嘉金璋撰

戴氏三俊集　戴蓀、戴福謙、戴純撰　附傳書樓詩稿壽花軒詩略　汪全順

汪懋芳撰

至堂詩鈔六卷　江西東鄉艾暢撰

鶴巢詩存六卷　會稽顧淳慶撰

百柱堂稿八卷 監利王柏心撰

漆室吟十三卷 監利王柏心撰

補學軒詩集八卷 象州鄭獻甫撰

六半樓詩鈔六卷詞鈔一卷 婁縣蔡鵬撰

雙桂堂詩存四卷 海鹽支清彥撰

鴻爪集三卷 象州鄭存紵撰

守默齋詩集十二卷 雲嶺侯家璋撰

楚頌齋詩集八卷 武陵胡焯撰

楚頌齋詩集八卷 武陵胡焯撰

笑鄉詩鈔一卷 鐵嶺張恆潤撰

鄧文毅公詩文遺集　黄海鄧遠燡撰

繆武烈公遺集六卷　溧陽繆梓撰

惜心書屋詩六卷文二卷　遂縣王正誼撰

倭文端公遺書十卷　蒙古倭仁撰

瓶城山館詩鈔十六卷　彭澤周劼撰

小瑯環園詩錄七卷　嘉定張修府撰

小瑯環園詩錄七卷　嘉定張修府撰

橋東詩草二十四卷　大興邵葆祺撰

悆山詩稿一卷　武威孫揆章撰　小鈔本

棣軒詩草一卷　新化譚煥南撰　小鈔本

小石山房詩存六卷　德清胡光輔撰

詒安堂詩稿十六卷　上海王慶勳撰

知白齋詩草　臨榆王樸撰

復見心齋詩炎卷　錢塘孫人鳳撰

黃鶴山人詩鈔十八卷　閩縣林壽圖撰

猍餘詩鈔二卷　宛平朱琦撰

依舊草堂遺稿　烏程費丹旭撰

王寬甫集七卷　高郵王敬之撰

張文達公遺集四卷　南皮張之萬撰　京師同文館印本

廣雅碎金四卷附錄一卷　南皮張之洞撰

聽香讀畫山房遺稿四卷 宗室德誠

聽香讀畫山房遺稿四卷 宗室德誠

養和山館遺稿二卷 上海王慶楨撰

嗣雅堂詩存五卷 長洲王嘉祿撰

娟風軒遺稿十卷 會稽屠湘之撰 鈔本

梅雪堂詩集十卷 瑞安曹應樞撰

雪鴻小草六卷 武陵王之棠撰

自鳴稿二卷 上海王壽康撰

碧厓詩草六卷 寶坻王殊洽撰

敬勝堂詩鈔二卷 上海孫鳴盛撰

與我周旋齋三卷　銅山孫運錦撰

望三益齋詩文鈔五卷　盱眙吳棠撰

介園遺集四卷　善化黄倬撰

張瑞甫遺集二卷　無錫張岳駿撰

夢園詩集四十六卷　豫州劉曾騄撰

夢園集六十七卷　豫州劉曾騄撰

味諫果齋集六卷　錢塘王汝金撰

小隱山樵詩夾草四卷　富春王義祖撰

覆瓿詩草六卷　元和陳本直撰

篋山詩草二卷　南皮劉日萼撰

損窦詩鈔二卷 定遠凌煥撰

壎箎集十三卷 雙流劉沅及其兄撰

琴源山房遺詩六卷 湘潭言友恂撰

綠蕉館詩鈔四卷 海鹽陳景高撰

綠蕉館詩鈔四卷 海鹽陳景高撰

養拙齋集十四卷 王必達撰 桂隱詩存 臨桂王必蕃撰

齋莊中正堂集十五卷 吳江殷兆鏞撰

松風閣詩鈔二十六卷 彭蘊章撰

移芝室集四卷 武陵楊彝珍撰

移芝室集四卷 武陵楊彝珍撰

古香山館存稿十六卷 湘鄉彭洋中撰

古香山館詩存三卷 湘鄉彭洋中撰 寫本

種榆仙館詩鈔二卷 錢塘陳鴻壽撰

存吾春齋詩鈔十三卷 永豐劉繹撰

得樹軒詩稿一卷 鐵嶺楊銓撰

扶雅堂詩集十卷 吳江楊炳春撰

知白齋詩鈔四卷詞存六卷 婺源江人鏡撰

月塘書屋詩存十一卷 長沙楊延亮撰

梧溪石屋詩文鈔十卷 長樂温訓撰

張亭甫全集三十三卷 建寧張際亮撰

蕭然自得齋詩集八卷詩餘一卷 合肥徐漢蒼撰

享帚集六卷 稜川楊豫成撰

鶴天鯨海焚餘稿六卷 海鹽朱昌頤撰

藤蓋軒詩集二卷 葉河吉年撰

少梅詩鈔六卷 長白瑞元撰

少梅詩鈔六卷 長白瑞元撰

靜宜齋詩存一卷附一卷 長白蘊秀撰

餘暇集二卷 長白特依順撰

誠齋詩鈔三卷 長白達三撰

敦善堂詩 灠羅桂葆 原稿本不全

漚羅菴詩稿八卷　長白法良撰

漚羅菴詩稿八卷　長白法良撰

學行草一卷　宗室禧恩撰

知足知不足齋詩存一卷　長白寶琳撰

味經書屋詩存一卷　長白寶珣撰

坦室詩草六卷　滿洲恩霖撰

撼山草堂詩稿三卷　郴州陳起書撰

撼山草堂詩稿三卷　郴州陳起書撰

撼山草堂詩稿三卷　郴州陳起書撰

漱六山房十一卷　清河吳昆玉撰

寄園詩鈔十二卷 銅陵曹翰田撰

桐華竹實之軒詩鈔二卷 蒙古謙福撰

求是山房遺集四卷 滿洲鄂恆撰

求是山房遺集四卷 滿洲鄂恆撰

蘇菻吟館鈔存十卷 蒙古柏葰撰

承恩堂詩集十卷附錄五卷附詩餘消寒集各一卷 滿洲恩錫撰

貞白堂叢刻三種無卷數 恩錫撰

貞白堂詩三卷 恩錫撰

杏花樓詩集四卷 大興朱浩撰

抱冲齋詩集三十六卷　長白斌良撰

謙預齋詩鈔六卷　羅山黎世序撰

鐵琴書室詩鈔二十二卷　黎學淵撰　與前謙預齋詩鈔合刻

樂循理齋詩稿八卷附一卷　瑞郡王奕誌

行有恆堂初集二卷　定郡王載銓撰

禊愚軒詩文集二卷　滿洲英啓撰

榴實山莊詩文稿八卷　泰興吳存義撰

適齋詩集四卷　長白完顔崇實撰

薜荔山莊詩文稿五卷　長白成瑞撰

松閟閣詩鈔二卷　慶林撰

松閱閣詩鈔二卷 慶霖撰

驛路草一卷我園草一卷 長白秀塋撰

鐵花山館詩稿八卷 錢塘吳兆麟撰

古藤書屋詩存一卷 江蘇清河吳以誠撰

月橋小稿一卷 華亭高承昫撰 鈔本

西神山人詩集一卷 江蘇丁玉藻撰 鈔本

小竹園詩鈔二卷 漢川程開鎮撰

愚谷公遺稿二卷 銅陵張大觀撰

讀書廬詩鈔二卷 鄞縣黄定齋撰

玉屏草堂詩集四卷 羅田陳瑞球撰

鳳研齋存稿二卷 平陽陳乙撰

雙瓣香編四卷 桐邑沈家珍吳陳勳撰

養知書屋詩集十四卷文集二十八卷 湘陰郭嵩燾撰

懷白軒初稿十四卷 陽湖陸初望撰

懷白軒初稿十四卷 陽湖陸初望撰

讀秋水詞十六卷 陽湖陸黻恩撰

此君書樓詩鈔九卷 奉賢夏際唐撰

對嶽詩續錄四卷韓齋文集四卷 曲阜孔憲彝撰

味根山房詩文鈔十卷附錄三卷附史澄退思軒詩存一卷 番禺史善長撰

于南詩錄二卷 曲阜孔繼鑅撰

心向往齋詩集三卷 曲阜孔繼鑅撰

心首日齋集六卷 桃源尹耕雲撰

心白日齋集六卷 桃源尹耕雲撰

廿我齋詩稿殘刻二卷 臘越尹藝撰

仲實詩存二卷類稿一卷 山陽魯蕡撰

通甫詩存六卷 山陽魯一同撰

通甫詩存六卷 山陽魯一同撰

所園詩存一卷 魯武茂撰

敦夙好齋詩編十二卷 漢陽葉名灃撰

敦夙好齋詩集二十三卷 漢陽葉名灃撰

桐華舸詩鈔十六卷 武進鮑瑞撰

雙白燕堂詩十卷 武進陸耀遹撰

瑯風草堂詩鈔十二卷 休寧葉霖蕃撰

退菴賸稿二卷 錢塘沈映鈐撰

春暉閣詩鈔六卷 固始蔣湘南撰

萬綠草堂十五卷 武管進繩萊撰

松巢吟稿一卷 清江聶節亨撰

篆枝堂詩存五卷 上元夏埰撰

醫俗軒詩文集四卷 曲阜孔昭熺撰

醫俗軒詩文集四卷　曲阜孔昭熺撰

平遠堂遺詩六卷　甌寧許賡皞撰

清華館詩稿一卷　海昌郭沈昶撰

亦園詩鈔二卷附廣鈞子繩薛借綠軒遺草二卷　宿松石廣鈞撰

樂潛堂詩二集十卷　震澤趙函撰

御覽集六卷　漢陽葉志詵撰

省香齋詩集六卷　曲阜孔慶鏞撰

玉函山房詩集四卷　歷城馬國翰撰

六吉齋詩鈔五卷　瑞安鮑作雨撰　鈔本

雲臥山莊詩集八卷　湘陰郭嵩燾撰

奚囊草一卷 蒲台蓋鈺撰

不改樂之堂詩稿四卷 錢塘范崇階撰

空青水碧齋詩集十三卷 全州蔣琦齡撰

江上小蓬萊吟舫詩存十八卷詩餘二卷 懷寧葉坤厚撰

春星草堂七卷 歸安沈丙瑩撰

芙蓉池館詩草一卷 臨桂羅辰撰

瑞芍軒詩鈔四卷 仁和許乃穀撰

雪門詩草十四卷 許瑤光撰

雪門詩草十四卷 許瑤光撰

五塘詩草六卷 石屏許印芳撰

誦芬堂詩文鈔三十二卷 永豐郭儀霄撰

秋舫詩鈔四卷 平湖蔣澐撰

沈文忠公集十卷 錢塘沈兆霖撰

四薇堂詩鈔十卷 安化羅銜炳撰

藏齋詩鈔六卷 青浦何其超撰

知養恬齋詩文集六種 安化羅繞典撰

知養恬齋詩集二卷 安化羅繞典撰

蜀槎小草二卷 安化羅繞典撰

瞰泉齋詩存一卷 安化高希賢撰 鈔本

慎盦詩文鈔四卷 湘陰左宗植撰

小芋香館遺集十二卷　湘陰李杭撰

散樗書屋詩存六卷　上猶李臨馴撰

草草堂詩草二卷　東莞何仁山撰

邃懷堂全集三十七卷　寶山袁翼撰

綠蘿書屋遺集四卷附羅廷琛誦芳堂詩草一卷　南海羅文俊撰

進修堂詩集十二卷　介休白恩佑撰

琴研草堂集十三卷　海寧沈毓蓀撰

荔影堂詩鈔四卷　侯官薩大文大年撰

無近名齋詩稿四卷　任丘李義鈞撰

信天閣詩草四卷　夏塏撰　篆枚堂詩存五卷　夏瑍撰

郁鄢山房集十五卷　宜賓趙樹吉撰
西垣詩鈔二卷黔苗竹枝詞一卷　巴陵毛貴銘撰
西垣詩鈔二卷　巴陵毛貴銘撰
椿蔭軒詩鈔二卷　榮昌敖冊賢撰
松冠堂詩詞十一卷年譜二卷　太倉趙崇慶撰
味鐙聽葉廬詩草二卷　太湖李振鈞撰
老學後盦詩詞八卷　江寧何兆瀛撰
悔餘菴詩稿十七卷　江陰何栻撰
修齊堂詩鈔五卷尺牘四卷　鄞縣李承烈撰
觀善室遺稿四卷　湘陰李星漁撰

子銘先生遺集一卷 洒陽李皋撰 硃印

小羅浮館詩十六卷 合肥趙對徵撰

乙齋詩鈔十二卷 高安蕭煒撰

琴士詩鈔十二卷 涇縣趙維祖撰

鶴儕軒詩草八卷 姚文彬撰

洗桐山館文鈔一卷 灤川周鏞撰

等閑集一卷 錢塘張敬謂撰

聽秋書屋稿三卷 南寧喻懷仁撰

浣花閣詩草四卷 山陽熊裕蒙撰

天全詩錄一卷 天津王鵠撰 鈔本

泊山文集八卷詩集十卷日記一卷易錄十卷 桐城姚東之撰

小廬詩存無卷數 臨川李宗瀛 王晉卿選詩社鈔本

蝨我廈詩集二卷 上元陳大鉉撰鈔本

心逸軒詩存一卷 長白鶴算撰

釃江詩草二十六卷 鬱林蘇宗經撰二

歸田稿六卷 泉州孫珩撰

觀古閣詩鈔八卷 歙縣鮑康撰

湘潭郭氏閨秀集三卷附梧笙館聯吟集二卷 女史郭潤玉

綠筠書屋詩稿八卷 磁州張錢撰

韓靖果公書牘二卷 韓超寫本

汲盦文存六卷 秀水楊象濟

繡餘續草一卷 琴川歸懋儀女士

憶秋軒詩鈔二卷 德化范淑女士

憶秋軒詩鈔二卷 德化范淑女士

綠雲山房詩草二卷 山陰勞蓉君女士

海天萍寄賸草一卷三秀齋詩鈔一卷 丹徒徐彬鮑之芬夫婦撰

緯青遺稿一卷 張绷英女士

凝香閣詩鈔一卷 黄之臺女士

枕經堂詩鈔二卷 方朔

躬厚堂集二十五卷 平湖張金鏞

春在堂詩編十九卷　俞樾撰

汲庵文存六卷　秀水楊象濟

劫餘詩選三十三卷　婺源齊學裘撰

朱文端公遺扎一卷　朱軾撰

倚雲閣詩詞存二卷　張友書撰

松雲精舍詩錄四卷　釋慧霖撰

樂道堂集十二卷　恭親王撰

歸樸堂詩存四卷　善化陳戊撰

石泉集四卷　侯官郭柏蔭撰

醉墨畫禪詩草一卷　長白書紳撰

郭青郎集六種十卷　侯官郭柏蒼撰
郭青郎集四種八卷　侯官郭柏蒼撰
鐵笛仙館從戎草二卷　蒙古栢春撰
心逸軒詩存四卷　長白鶴算撰
黎文肅公全集六十九卷　黎培敬撰
唫香草堂遺詩一卷　武進徐志源撰
朔風吟略十一卷　黄安劉秉琳撰
耨經廬詩集續編十三卷　洪洞王軒撰
義停山館集二十七卷　閩縣王景賢撰
吳微君遺集二卷　廬江吳廷香撰

朱弱冠集八卷　長白覺羅廷奭撰

露宕山房詩草二卷　蒙古貴成撰

述園詩存一卷　滿洲恩齡撰

學愈愚齋詩集一卷　葉河吉明撰

偶齋詩草三十六卷　宗室寶廷撰

偶齋詩草三十六卷　宗室寶廷撰

竹坡詩草四卷　宗室寶廷撰　鈔本

憶琴書屋存稿四卷　澧州黃文涵撰

儉德堂文存一卷　南豐劉庠撰　鈔本

亦嘯山房詩存一卷　長沙楊白元撰

墨花香館詩存　滿洲慶康撰

墨花香館詩存　卷　慶康撰

兇筍園賸稿一卷　山陰傅霖撰

闡妙香館詩二卷　天津梅寶璐撰

補梅詩鈔一卷　寶應王殿森撰　鈔本

墨壽閣詩集二十卷　鎮洋汪承慶撰

漁浦草堂詩集四卷　錢塘張道撰

鞠隱山莊遺詩一卷　桐城吳寶三撰　排印

鞠隱山莊遺詩一卷　桐城吳寶三撰　排印

鞠隱山莊遺詩一卷　桐城吳寶三撰　排印

謝城先生遺詩四卷　烏程汪日楨撰
信芳閣詩存一卷　江寧汪汝式撰
曼陀羅華館集二卷　梁溪汪棨棠撰
翠筠館詩存二卷　駐防魁玉撰
覆瓿詩鈔二卷　羅山黎復典撰
澄觀集六卷　瀏陽黎宗鍊撰
默齋詩存四卷　滿洲桂山撰
楓江漁唱删存五卷　震澤徐世勳撰
郊德軒詩文鈔六卷　桐城汪鏵撰
蘿華山館詩存一卷　湘陰郭嵩燾撰　鈔本

瑟廬遺詩一卷　大定章永康撰　石印

瑟廬遺詩一卷　大定章永康撰　石印

楓南山館遺集八卷　陽湖莊受祺撰

柳門遺稿二卷　上元楊後撰

龍壁山房集二十六卷　馬平王錫振撰

龍壁山房集十七卷　馬平王錫振撰

西榆山房全集八卷　代州馮志沂撰

烏石山房詩稿二十三卷谷盈子一卷　閩縣龔易圖撰

烏石山房詩稿十六卷　閩縣龔易圖撰

鴻旅山莊詩集四卷　桃源郭世欽撰

田硯齋詩集六卷 嘉興褚榮槐撰 排印

閱莒草堂遺草四卷 大興王柘撰

亦園詩存一卷 西平陳蔚昌撰

行𡸣存草一卷 浙江平陽金東撰 鈔本

白雲草詩八卷 震澤王彬撰

石菖蒲館詩鈔二卷綠棋華盦詞二卷樗竹詞詩詞草五卷

江寧黃文達文瀚撰

雪竹樓詩文稿十卷 安福黃道讓撰

學稼草堂詩草十卷 秀水陳嗣夏撰

陳鍾祥四種二十三卷 貴筑陳鍾祥撰

留春山房古鈔二三四集七卷 遵義龔璁撰 無初集

綠野詩草一卷 臨淄于雲升撰

吟秋館詩存四卷 長洲江澄撰

藏園詩鈔一卷 新化游智開撰

坡硯山房燼餘集十四卷 樂安鄒嶧賢撰 不全

蕉餘軒詩略一卷 上元王京雒撰 鈔本

潛書屋詩一卷 武進陳亮疇撰 鈔本

白雨湖莊詩鈔四卷 平江余雲煥撰

碧渠詩文集二卷 黄岡樊東陽撰

紅粟山莊詩六卷 泰州朱寶善撰

亦吾廬詩草八卷 彭澤歐陽雲撰

三瓦硯齋詩鈔十卷 閬中金玉麟撰

劍堂詩文集三卷 善化張恩準撰

瓶廬詩稿八卷 常熟翁同龢撰

賜龍堂詩稿八卷 江夏彭瑞毓撰

小隱山房三十二卷 黄岡劉溙撰

願學堂詩鈔二十八卷 鄞縣王宗燿撰

可亭詩稿六卷 昭文言南金撰

聚星堂詩稿一卷 高淳陳犖撰

妙香庵詩存一卷 平遠林遇春撰

聽香室遺稿一卷　吳縣潘誠貴撰

且閑軒詩存一卷　邗江陳闓撰

吉階詩草五卷　武陵王成升撰

玉壘山房詩集四卷　蔡燮昌撰

淮南賸草一卷　上元錢壽昌撰　鈔本

傳硯堂詩錄八卷　吳縣張鴻基撰

覓庵詩草一卷　溆浦嚴鋮撰

諧伯詩存二卷　山陽周音撰

後湖草堂詩鈔二十四卷　固始王守毅撰

瑤華閣詩集五卷　錢塘袁綬女士撰

鶚泉山館集八卷 吳縣潘觀保撰

知止堂集二十九卷 寧陽黃恩彤撰

都梁草三卷 儀徵于養源撰

王湘綺先生集三十卷 湘潭王闓運撰

四持軒詩鈔四卷 定遠方士鼐撰

舒蓺室集三十五卷 南滙張文虎撰

青琅玕館遺稿三卷 金匱顧濟撰

尉山堂稿十四卷 興國萬斛泉撰

橘蔭軒全集三十七卷 山陰陳錦撰 光緒三年刊

寫禮廎遺五卷 長洲王頌蔚撰

退一步齋詩集二十卷　定遠方濬師撰
題鳳館稿十卷　富順朱鑑成撰
隱霞詩鈔七卷　湘潭劉本傑撰
蟻餘偶筆一卷附筆一卷讕言一卷　劉因之撰
慕鳳巖詩集八卷醉竹園詩集四卷　仙溪劉璋壽傅肇修撰
漁浦草堂詩集四卷　錢塘張道撰
尊聞堂詩集十六卷　漢陽胡兆春撰
曼志堂遺稿二卷　會稽曹壽銘撰
雪村詩草一卷　臨淄鄭民鑫撰
荻華堂詩存六卷　上元蔡琳撰

種竹軒詩草一卷 歷陽賽開來撰 鈔本

惜心書屋詩鈔一卷懶雲山莊詩鈔一卷桐屋遺稿一卷蘭谷遺稿一卷 達縣王正宜撰

秋嘯堂詩稿二卷 錢塘孫麟撰

十國宮詞一卷 秦安孫海撰 鈔本

客旋草一卷 滄州王國均撰

雪軒詩草四卷 渥川屠之連撰

劍虹居詩文集四卷 山陽秦煥撰

劍虹居詩文集四卷 山陽秦煥撰

詩義堂後集六卷 高要彭泰來撰

碧琅玕館詩鈔四卷續鈔四卷 天津楊光儀撰

碧琅玕館詩鈔四卷續鈔四卷 天津楊光儀撰

古籐書屋詩存二卷 南清河吳以誠撰

陶堂志微錄五卷 湖口高心夔撰

煙嶼樓詩集十八卷附游杭合集徐元第一卷 鄞縣徐時棟撰

道福堂詩集二卷睡餘偶筆二卷 吳縣雷浚撰

種糖吟館詩存一卷 丹徒俞崧齡撰

春柳堂詩鈔四卷 華容丁傳煜撰 鈔本

有竹居存稿一卷 奉賢言吳卿撰 鈔本

半巖廬遺集一卷 仁和邵懿辰撰

遜學齋詩鈔十卷續鈔二卷文鈔十二卷續鈔五卷　瑞安孫衣言撰

清溪草堂十三卷　吳縣陳昌年撰

維周詩鈔十六卷　江夏程之楨撰

維周詩鈔十六卷　江夏程之楨撰

維周詩鈔十六卷　江夏程之楨撰

有眞意齋詩稿六卷　瀏陽賀祥麟撰

澹宜草四卷附雜著　成都徐榯撰

十五弗齊詩文存二卷　平遠丁寶楨撰

六齋詩存二卷　濰縣丁善寶撰

偶憶詩草一卷 江寧胡恩燮撰 不全

梅莊詩鈔十六卷 天津華長卿撰

半行庵詩存八卷 吳縣貝青喬撰

薝蔔花館詩集二十卷 仁和徐鴻謨撰

小隱詩鈔一卷 霸州崔宜枝撰

湘谷吟稿十九卷 丹徒謝庭蘭撰

淩竹泉先生詩稿二卷 江寧淩志珪撰

銘蒼軒詩選二卷 毘陵馮晟撰

鐵瓶集十一卷 平江張岳齡撰

鐵瓶詩鈔四卷 平江張岳齡撰

佩蘅詩鈔十二卷 寶鋆撰

耐菴遺稿二卷 江寧焦光俊撰 鈔本

蓼花齋詩存四卷 湘潭羅萱撰

問園遺集二卷憶秋軒詩鈔二卷 九江范亨范淑撰

蕉鹿山館詩鈔十卷 善化胡傳釗撰

楊勇慤公遺集十八卷 善化楊岳斌撰

飣餖吟十二卷 貴筑石贊清撰

青草堂初二集二十二卷青草堂三集十六卷 豐潤趙國華撰

豹隱堂集六卷 星江趙蓮城撰

思過齋集十二卷 昆明蕭培元撰

五瑞齋詩鈔六卷　桐城姚昌濬撰

如是住齋詩稿一卷　蕭山陳義撰　鈔本

鐵花仙館吟草一卷　華亭張家鼎撰

鴻雪草堂詩集一卷　西寧張思憲撰

歸硯山房遺詩一卷　吳縣劉澂撰

勵齋詩草十卷　大興黃振河撰　鈔本

九梅村詩集二十卷　鐵嶺魏燮鈞撰

四照堂詩集十五卷　湘潭譚溥撰

耕讀亭詩鈔七卷　瑞安項傅梅撰

劉武慎公遺書三十卷　新寧劉長佑撰

劍懷堂詩草二卷 侯官宋謙撰

梅花書屋詩文集三卷 汾陽宋其沅撰

水流雲在館詩鈔六卷 瀨江宋晉撰

纂喜堂詩鈔一卷青芙館詞鈔一卷詩餘一卷 山陰陳壽祺撰

百尺樓詩一卷 寶山陳浩撰

思貽堂詩集十二卷 漢陽黃文琛撰

芝霞莊詩存四卷 善化黃錫彤撰

間味軒詩鈔十卷詞鈔一卷 蕭山韓欽撰

悲庵居士詩賸一卷 會稽趙之謙撰 鈔本

安遇齋詩集一卷蜀輶吟草一卷 新陽李德儀撰

因樹書屋詩稿十二卷 山陰沈寶森撰

魏稼孫全集四種 仁和魏錫曾撰

寶韋齋類稿九十卷 湘陰李桓撰

浙游百三十律一卷 湘陰李桓撰

蓮溪唫稿八卷續刻三卷 秀水沈濂撰

雲寥山人詩文鈔十二卷 浦城蔣蘅撰

德花吟館詩稿五十卷 谿竹李德揚撰

聱仙詩舫遺稿二卷 中江李鴻裔撰

聱仙詩舫遺稿二卷 中江李鴻裔撰

西雲詩鈔四卷 福安李枝青撰

有三惜齋詩二卷 山陰趙福雲撰

蘭坡詩鈔續鈔二卷 平昌李同桐撰

望雲草堂詩集二卷 上海賈勛撰

望雲草堂詩集二卷 上海賈勛撰

海蠡詩集二卷 西平韓允西撰

十三翎閣詩文集七卷 安福趙廷愷撰

洞窩贅遺書六卷 何若瑤撰

何變遺稿一卷 衡山何燮撰 鈔本

是吾齋詩集十三卷 漢軍于卿保撰

復堂集二十一卷 杭州譚獻撰

復堂詩詞十卷待堂詩文一卷

湘谷吟詩文集十二卷 丹徒謝庭蘭撰

還硯齋全集三十三卷 侯官趙新撰

鄒叔子遺書七種 新化鄒漢勛撰

蔣侑石遺書十六卷 陽湖蔣日豫撰

嘯古堂詩八卷 寶山蔣敦復撰

芨竹草堂詩二卷 玉田蔣慶第撰

坪精居集廿卷鈔本 諸暨酈滋德撰

嶽雪樓詩存四卷 南海孔繼勳撰

嶽雪樓詩存四卷 南海孔繼勳撰

鮑大史詩集八卷　會稽鮑存曉撰

蘭園詩集八卷　桐城許麗京撰

香草樓詩集一卷　平陽祝垚之撰　鈔本

洮漁遺詩四卷　溧陽史一經撰

遠志齋詩文稿六卷　上海葛士達撰

人境結廬詩稿十二卷　餘杭褚維塏撰

青萍軒詩錄一卷　無錫薛福保撰

種樹軒詩草一卷　臨榆郭長清撰

思永堂遺稿一卷　諸暨郭承周撰

求初詩稿三十卷　濠州王之藩撰

萬壑松風樓詩十四卷　回浦王吉人撰

西巖草一卷　山陰王星誠撰

俗雲堂詩草一卷　鈔本　江陰沈保靖撰

小宛池仙館四卷　武進李嶽生撰

左文襄公全集一百二十八卷　湘潭左宗棠撰

太古山人集廿卷　桃源向文奎撰

籐香館詩詞刪存六卷　全椒薛時雨撰

籐香館詩詞刪存六卷　全椒薛時雨撰

籐香館詩詞七卷附薛鑫制藝薛春黎賦　全椒薛時雨撰

函樓詩詞十卷　龍陽易佩紳撰

函樓詩鈔八卷　龍陽易佩紳撰

函樓詩鈔二十卷　龍陽易佩紳撰　缺卷十七

貴東書牘節鈔四卷　龍陽易佩紳撰

爾爾書屋詩草八卷　樂亭史夢蘭撰

爾爾書屋詩草八卷　樂亭史夢蘭撰

津門徵獻詩八卷　天津華鼎元撰

樂餘靜廉齋詩稿六卷　吳縣顧復初撰

退補齋詩存二十七卷　永康胡鳳丹撰

啟秀軒詩鈔二卷　大興朱秉璋撰

慎菴古近體詩五卷　寧河高静撰

慎菴古近體詩五卷　寧河高靜撰

愛梧堂詩鈔四卷　祁陽匡南枝撰

漫齋詩稿五卷　汀洲康詠撰　排印

漫齋詩稿五卷　汀州康詠撰

心字香館詩文鈔十卷　新會黄仲畬撰

灃西草堂文集四卷　長安柏景偉撰

松雲精舍詩錄二卷　釋慧霖撰

松雲精舍詩錄四卷　釋慧霖撰

口頭吟二卷　釋嘯溪撰

敦壽廬詩集十卷　吳縣吳恩熙撰

蕙襟集十二卷 大興馮秀瑩撰

靈素堂詩一卷 嘉興徐錦撰 鈔本

倪空侗所箸書十一卷 祁門倪偉人撰

輟耕吟稿五卷 倪偉人撰

輟耕吟稿五卷 倪偉人撰

瑶華閣詩二卷詞一卷 錢塘袁綬女士撰

慈暉館詩草一卷 儀徵阮恩灤撰

桐鳳集一卷 華陽曾彦女士撰

補拙草堂詩文集四卷玩花軒吟草二卷 餘杭褚成允成烈撰

紅餘籀室吟草四卷 烏程李瑞臨女士撰

冷紅館賸稿六卷　金匱秦瑧撰

冠悔堂詩鈔八卷　侯官楊浚撰

希陶軒遺箸三卷　甘泉黃圖成撰

寄龕詩質十六卷　會稽孫德祖撰

退遂齋詩草八卷　桂林倪鴻撰

篌月軒詩集十六卷　宗室奕詢撰

松壽集八卷　長白覺羅廷奭撰

賁字齋詩略四卷　吳縣曹允源撰

復盦類稿十六卷　吳縣曹允源撰

愛日齋集二卷　宗室綿愉撰

茶磨山人詩鈔八卷 吳縣汪芭撰

茶磨山人詩鈔八卷 吳縣汪芭撰

王文毅公遺詩三卷 王懿榮撰 鈔本

退園偶吟小稿三卷 平陽吳樹森撰 鈔本

梅花山館詩鈔一卷 川沙徐光發撰

三聦齋初稿十一卷 新建吳坤修撰

南有吟亭詩草二卷 天津于士祜撰

石船居賸稿十二卷筆錄二卷雜箸二卷賸稿二卷 合江李超瓊撰

楊恩壽全集十九種 長沙楊恩壽撰

榮及甫遺詩二卷 榮及甫撰 未載名

海國勝遊草一卷天外歸帆草一卷 斌椿撰

大小雅堂詩集無卷數 承齡撰

養志書屋詩存二卷 崇祐撰

芝隱室詩存八卷 長白長善撰

芝隱室詩存八卷 長白長善撰

鐵遂仙館詩八卷 蒙古柏春撰

恥不逮齋詩四卷 熊其英撰

玩花軒吟草三卷 餘杭褚成博撰 補拙草堂詩文稿四卷 餘杭褚成允撰

選夢樓詩鈔八卷 長白豫本撰

選夢樓詩鈔八卷 長白豫本撰有榮祿徐桐跋

復復軒詩四卷 蒙古錫縝撰

求眞是齋詩草二卷 宗室恩華撰

求眞是齋詩草二卷 宗室恩華撰

養自然齋詩三卷 仁和鍾駿聲撰

吳摯甫詩一卷 桐城吳汝綸撰

西泠酬唱集一卷 吳縣汪昌撰 鈔本

慕陔堂乙稿二卷 錢塘王麟書撰

扶荔生覆瓿集十卷 湘潭王濟撰

扶荔生覆瓿集四卷 湘潭王濟撰

且巢詩存四卷　江寧周葆濂撰

善思齋詩文鈔十五卷　桐城徐宗亮撰

小酉腴山館詩鈔八卷　沅陵吳大廷撰

柏井集六卷　漢陽汪昶撰

柏井集六卷　漢陽汪昶撰

璞齋集七卷　錢塘諸可寶撰　附鄧瑜慧詩詞

璞齋集七卷　錢塘諸可寶撰　附鄧瑜慧詩詞

袖海樓詩草二卷　太埔何如璋撰　鈔本

茶夢盦詩稿十二卷　仁和高望曾撰

茶夢盦詩稿十二卷　仁和高望曾撰

泥雪堂詩詞鈔十四卷　武進沈昌宇撰

子廉古今體詩合編五卷　襄平姚斌敏撰

見在龕集二十二卷　溧水濮文暹撰

見在龕集二十二卷　溧水濮文暹撰

見在龕詩鈔四卷　溧水濮文暹撰

退思軒詩集七卷　長沙張百熙撰

比竹集六卷　桐城董徵鏡撰

詩民漫詠一卷　青浦姚承燕撰

守丹山房古詩摘鈔三卷　武岡張經贊撰

馬中丞集十卷　安陽馬丕瑤撰

蘧盦詩鈔七卷　元和柳商賢撰

圭盦詩錄一卷　仁和吳觀禮撰

磨綺室詩存一卷　長沙丁蓉綬撰　壽梅山房詩存一卷　善化李謨撰

西垣詩鈔二卷詞一卷　巴陵毛貴銘撰

望眉草堂全集八卷　貴筑顏嗣徽撰

慊齋詩文鈔三卷　吳縣劉廷枚撰

慊齋詩文鈔三卷　吳縣劉廷枚撰

天瘦閣詩半六卷行記一卷　忠州李士棻撰

麓生詩文集十卷　繡川何元普撰

麓生香祖詩集四卷　繡川何元普撰

靜齋古近體詩新集六卷　繡川何元普撰

犬瓠山房詩集二卷　宿遷葉道源撰

齊魯遊草三卷　光州李嘉樂撰

梅華小隱廬詩二卷　江寧李希鄴撰

十三峯書屋全集八卷　劍州李榕撰

菊坪詩鈔三卷　天津姚學程撰

耐冷山房詩存一卷　武陵陳佑撰　石印

壯學堂詩稿卷　宛平許亦嶽撰

十華小築詩鈔四卷　休寧余本愚撰

十華小築詩鈔四卷　休寧余本愚撰

紫荊吟館詩集四卷 番禺曹秉哲撰

瓊州雜事詩一卷 續溪程秉釗撰

小南海詩集二卷梅統十二卷 廣州駐防徐同善撰

小南海詩集二卷 廣州駐防徐同善撰

雪青閣詩集四卷 巴陵謝維藩撰

雪青閣詩集四卷 巴陵謝維藩撰

狹棻書屋詩文稿六卷 甘泉董恂撰

石龕詩卷十八卷 中江劉楚英撰

犨雅堂詩八卷 錢塘張景祁撰

補蹉跎齋詩存一卷 山陰萬同倫撰

三雁東甌紀遊二卷　丹徒戴啓文撰

靈石山房詩草二卷　蒙古貴成撰

荔村草堂詩鈔十卷　南海譚宗浚撰

荔村草堂詩鈔十卷　南海譚宗浚撰

于滇集一卷　南海譚宗浚撰

風月廬賸稿一卷　桐鄉徐煥謨撰

天韻堂詩存八卷　直隸通州徐維城撰

虛受堂集三十五卷　長沙王先謙撰

虛受堂集十七卷　長沙王先謙撰

拙吾詩文稿五卷　仁和高鼎撰

三十二蘭亭室詩存八卷 大城劉淮年撰

劉中丞全集三十三卷 湘鄉劉蓉撰

寶德堂詩鈔十卷 上海周衡撰

刼灰集一卷 合肥陳雲章撰

隱珠龕詩集一卷 元和陳倬撰

適龕詩集十四卷 溧陽彭湘著撰

讀雪齋遺詩九卷 上元孫文川撰

紫微花館詮稿十八卷 震澤王廷鼎撰

南園草堂詩文存五卷 上元秦際唐撰

求是齋詩存四卷 江夏彭崧毓撰

小睡足寮詩錄四卷　吳縣秦敏樹撰

西溪詩存二十八卷　嵊縣商寶慈撰　鈔本

論詩囈語一卷　漢陽汪昶撰　鈔本

坐花書屋詩錄二卷　錢塘諸鎮撰

擇雅堂詩文集十卷二集八卷　桐城許惪撰

寄漚遺集八卷　江寧何延慶撰

寄漚遺集八卷　何延慶撰　惺齋遺集一卷　何允孝撰

子固齋詩存一卷　上虞田維翰撰

聽雪軒詩文鈔二十卷　廬陵胡友梅撰

龠翁詩鈔四卷　金匱錢辰撰

石蓮闇詩集十一卷　海豐吳重熹撰

裒遺草堂詩鈔八卷　遵化楊翰撰

敦素堂詩集八卷　秦州任其昌撰

虛閣遺稿六卷　儀徵嚴玉森撰

鰈硯廬詩鈔二卷　桐鄉嚴永華女史撰

藤華吟館詩錄六卷　晉江陳棨仁撰

香雪齋詩鈔四卷　桐鄉嚴谿撰

香雪齋詩鈔四卷　桐鄉嚴谿撰

焚餘詩草一卷　善化陵翱撰

曾惠敏公集十七卷　湘鄉曾紀澤撰

越吟殘草一卷 山陰平步青撰 鈔本

玉屏山館詩草四卷 長洲彭祖潤撰

秋園小詩四卷 天津張桐撰

報暉草堂詩集八卷 善化黄維申撰

儁見堂詩錄八卷 吳縣張鴻基撰

盼青軒詩鈔二卷 豐城涂香撰

抗古堂詩集十卷 鎮平陳展雲撰

扁善齋詩文存三卷 江寧鄧嘉洋撰

醉山草堂詩文集四卷 郴州黄仲騏撰

醉山草堂詩文集四卷 郴州黄仲騏撰

峴嶕山房詩文集九編 洪洞董文渙撰

蘭墅存二卷 武進陳允頤撰

一漚集詩鈔六卷 武進董威撰

陳百生遺集四卷 東臺陳寶撰

嘯劍山房詩草一卷 萍鄉文星瑞撰

覺華龕詩存一卷 正定王蔭祜撰

蠟花盦詩鈔十卷 山陰宋澤元撰

二知軒詩續鈔十八卷 定遠方濬頤撰

六一山房詩十卷 鄞縣董沛撰

古譚詩錄二卷 新化譚鍾鈞撰

篁韻龕詩稿六卷 金匱顧森書撰

澹勤室詩六卷 貴筑傅壽彤撰

雙清閣袖中詩三卷 歸安朱福清撰

貞石山房詩文集八卷 安福王邦璽撰

龍泉園集八種十二卷 薊州李江撰 問青園集十二種十三卷 薊州王晉之撰

龍泉園集八種十二卷 薊州李江撰 問青園集十二種十三卷 薊州王晉之撰

延壽書齋詩遺稿 德州魏廼勷撰 鈔本

大潛山房詩鈔一卷 合肥劉銘傳撰

黃氏文鈔四卷　湖北黃夏煇撰
弦佩齋吟草一卷　平陽董澐撰
彭剛直奏稿八卷　湖南彭玉麟撰
龍岡山人詩鈔十八卷　黃岡洪夏品撰
退宜堂詩集六卷　會稽孫垓撰
蕉雨山房十卷　會稽丁堯臣撰
悅雲山房詩詞七卷　桐城劉敦元撰
澡雪堂詩文十四卷　四川鍾體志撰
嘯雲軒詩鈔五卷　儀徵程畹撰
虛白堂詩文鈔十三卷　桐城方昌翰撰

種蕉聽雨軒詩鈔六卷　南皮葛之覃撰

種蕉聽雨軒詩鈔三卷　南皮葛之覃撰

東埭詩文鈔十四卷　諸暨郭肇撰

東埭詩文鈔十四卷　諸暨郭肇撰

東埭詩文鈔十四卷　諸暨郭肇撰

三徑草堂詩鈔四卷　上元蔣師軾撰

三徑草堂詩鈔四卷　上元蔣師軾撰

鷗堂詩三卷　會稽馬賡良撰

寄菴詩鈔二卷　上海葛其龍撰

傳棣堂詩稿四卷　平湖葛金烺撰

傳棣堂詩稿四卷 平湖葛金烺撰

重桂堂十一卷 上虞許正綬撰

玉井山館詩二十卷 上元許宗衡撰

尙儉堂詩稿十卷 江浦韓印撰

潄六山房詩集十三卷 三河郝植恭撰

滄江詩集十卷 濰縣郭綬之撰

叢桂山房詩鈔二卷 桐城許鑾撰

彤雲閣遺詩三卷絳雪齋文稿一卷 監利王家仕撰

集義軒詠史詩鈔六十卷 順德羅惇衍撰

退補齋詩文存二十八卷 永康胡鳳丹撰

香禪精舍集二十五卷　長洲潘鍾瑞撰

十二梅花書屋詩六卷　湘陰郭慶藩撰

清嘯樓詩鈔　嚴謹撰

姚慶恩詩集四卷附張瑞清詩一卷張其昆詩一卷　姚慶恩張瑞清張其昆撰　精寫本

奉使車臣汗紀事詩三卷　蒙古延清撰

秋華堂詩一卷　丹徒丁傳靖撰

繡巖詩存一卷　南豐劉孚京撰　鈔本

三國志樂一卷　瑞安宋慈袌撰　鈔本

嘯雪軒詩草十一卷　靈川湯汝和撰

惺諟齋存稿八卷 黄巖喻長霖撰

日本雜事詩二卷 黄遵憲撰

濤園詩集四卷 侯官沈瑜慶撰

幕巢館莫四卷 定信

蕙瓐集二卷 黟陽易夢枚撰

蕙廬集二卷 黟陽易夢枚撰

蘭雪齋詩鈔四卷 武清陳寅撰

檗塢詩存九卷 武陵王以敏撰

檗塢詩存十二卷 武陵王以敏撰

櫻寧齋詩草一卷 獻縣劉肇均撰

朱芷青遺著無卷數　大興朱寯瀛撰

豫齋集一卷　萬方煦撰

豫齋集一卷　萬方煦撰

莫大令遺稿三卷　湘陰莫炳湘撰

仲實詩存二卷　魯蕡撰

犀澥詩集七卷　仁壽毛澂撰

犀澥詩集七卷　仁壽毛澂撰

犀澥詩集七卷　仁壽毛澂撰

履綏堂詩稿八卷　葉河海鍾撰

拙尊園遺詩一卷　遵義黎庶昌撰　鈔本

含光石室詩草四卷 遵義趙山松撰

鎮亭山房詩集十八卷 陸廷黻撰

通雅堂詩鈔十二卷 會稽施山撰

愛吾廬詩鈔六卷 江陰張洵佳撰

愛吾廬詩鈔六卷 江陰張洵佳撰

柏堂全集七十一卷 桐城方宗誠撰

入指頭陀詩集十卷 釋敬安撰

入指頭陀詩集十卷 釋敬安撰

枕經堂詩文鈔一卷 懷寧方朔撰

寒松閣集八卷 嘉興張鳴珂撰

寒松閣集二十卷簃年賡錄二卷　嘉興張鳴珂撰

逸𦶜閣遺詩一卷　長白多敏女士撰

冷紅軒詩集六卷　長白百保女士撰

灌香草堂初稿一卷　常熟吳蘭畹女士撰

話雨樓詩草三卷　海虞言忠貞女士撰

疏景軒遺草　閩何玉英女士撰

西園詩鈔四卷墨花軒詩詞删存二卷　南皮張擴庭張葆謙撰

函樓詩鈔四卷　壺天遯叟撰

金峨山館文集四卷　郭傳璞撰

水流雲在館詩詞鈔三十六卷　丹徒周天麟夫婦同撰

明道書院鈔存八卷　湘潭黃舒昺撰

唐昭卿詩集無卷數　鹽山唐烜撰　鈔本

虞淵集　鹽山唐烜撰

琴志樓游山詩集二卷　龍陽易順鼎撰

晦子詩鈔二卷　崇慶朱滋澤撰

張北牆詩集三卷　奉節張朝鏞撰

笑山詩鈔一卷　江陰梅文明撰

青郊詩存六卷　湘潭梁煥奎撰

望益齋詩存一卷　瑞安孫詒燕撰　鈔本

澹園詩集二卷　鎮洋虞景璜撰

退廬詩集四卷　新昌胡思敬撰

艾廬遺稿六卷　寶山邵曾鑑撰

仿玉局黄樓五卷　輝發廷桂撰

遺園詩集十六卷　番禺徐樾撰

屛山詩集一卷　平度高慶翰撰　鈔本

紫荆花館遺詩一卷　懷寧陳同禮撰

紫荆花館遺詩一卷　懷寧陳同禮撰

紫荆花館遺詩一卷　懷寧陳同禮撰

紫荆花館遺詩一卷　懷寧陳同禮撰

樊山集七十五卷　樊增祥撰

劍閒齋遺集七卷　湘鄉陳瀚撰

劍閒齋遺集七卷　湘鄉陳瀚撰

四遊詩草四卷　宛南張鳳岡撰

退菴詩稿三卷　太倉聞福增撰

通雅堂詩鈔十二卷　會稽施山撰

抱碧齋集七卷　武陵陳銳撰

隨山堂猥稿十卷　山陰汪瑔撰

松夢寮詩稿六卷　錢塘丁丙撰

竹雨齋詩鈔一卷　桂林劉名譽撰

餘樂園詩鈔一卷　桂林劉名譽撰

古紅梅閣遺集八卷 江山劉履芬撰 附紫籐華館詩餘一

卷 江山劉觀藻撰

古紅梅閣遺集八卷 江山劉履芬撰 附紫籐華館詩餘一

卷 江山劉觀藻撰

晴漪閣詩六卷 丹徒陳光劬撰

紅豆簾琴意一卷 丹徒陳克劬撰

冠悔堂詩文鈔十八卷 侯官楊浚撰

壽藻堂詩集八卷 江寧陳作霖撰

壽藻堂詩集八卷 江寧陳作霖撰

可園詩詞存三十二卷 江寧陳作霖撰

可園詩話八卷 江寧陳作霖撰

袁忠節公遺詩三卷 桐盧袁昶撰

漸西村人初集十三卷 桐盧袁昶撰

袁太史詩文遺鈔一卷 天台袁鵬圖撰

于湖小集六卷安般簃集八卷 桐盧袁昶撰

榆園雜興詩一卷 桐盧袁振業撰

味黎集一卷鶩翁集一卷蜩知集一卷 王鵬運撰

𢧐後吟一卷 涇縣吳廣霈撰

缶廬詩存五卷 安吉吳俊卿撰

缶廬詩存四卷 安吉吳俊卿撰

陡南詩錄二卷　隴東王至甸撰　鈔本

松壽堂詩鈔四卷　貴陽陳夔龍撰　不全

松壽堂詩鈔十卷　貴陽陳夔龍撰

花近樓詩存二卷　貴陽陳夔龍撰

崇雅堂詩文稿七卷　黄巖楊晨撰

逸園集一卷　滿洲完顏守典撰

聽蟬書屋詩錄十二卷　歸安吳德純撰

遂思堂詩存四卷　石門吳忠誥撰

餘癡生詩集四卷　宗室毓朗撰

用我法齋詩存一卷　長白廷杰撰　鈔本

世澤堂遺稿三卷　郡王載潋撰

世澤堂遺稿三卷　郡王載潋撰

嶺雲齋詩草一卷醉夢錄二卷　宗室退齡撰

繼澤堂集九卷　宗室載瀅撰

九思堂詩稿續編十一卷　醇親王奕譞撰

萃錦唫八卷　恭親王奕訢撰

勞山甲錄一卷　合肥張士珩撰

磐那室詩存一卷　侯官張亨嘉撰

磐那室詩存一卷　侯官張亨嘉撰

延秋吟館詩八卷　江都張聯桂撰

聽楓館詩存四卷　長沙陳鍾岳撰　鈔本

清修閣稿八卷　南海張品楨撰

棣垞集七卷　蕭山朱啓運撰

古譚詩鈔二卷　新化譚鍾鈞撰　鈔本

出塞吟二卷　泰安安維峻撰

倚雲樓詩一卷　金其恕撰

楞嵒草四卷　象山歐景辰撰

思蘭堂詩集五卷　湘潭曾紀元撰

蘁廬詩鈔十六卷　盧陵曾炎權撰

還讀我書室詩十一卷　曾對顏撰　鈔本

來雲閣詩稿六卷　上元金和撰

縈清樓集四卷　東湖楊毓秀撰

白山節本十八卷　衡山廖壽清撰

菉竹齋詩鈔三卷　望江檀璣撰

幸草亭詩鈔二卷　錢塘楊文瑩撰

僑隱集三卷　句容王貞春撰

悔菴詩存二卷　丹徒張寶森撰

悔菴詩存三卷　丹徒張寶森撰

眛菜堂詩集四卷　績溪汪淵撰

結一宧詩文五卷　武進屠寄撰

節庵先生遺詩六卷 番禺梁鼎芬撰

迦曦堂詩存二卷 慈利于雲贊撰

微尙齋詩詞三卷 汪兆鏞撰

微尙齋詩詞三卷 汪兆鏞撰

寄廬詩草一卷 震澤莊元植撰

湘槙宦遺稿二卷 貴筑高銘彤撰

粤軺集四卷 仁和徐琪撰

小尋暢樓詩鈔六卷 江都于齊慶撰

娛蘭仙館詩鈔一卷 德清徐承祿撰

椒生詩草九卷 清泉王之春撰

師二明齋遺詩一卷 合肥江雲龍撰

井窗蛩吟集二卷 侯官林熙撰

福雅堂詩鈔十六卷 安溪林鶴年撰 排印本

曉亭詩文集一卷 衡山楊攸斗撰 鈔本

師竹軒詩集四卷附孔祥淑韻香閣詩草一卷 劉樹堂撰

師竹軒詩集四卷附孔祥淑韻香閣詩草一卷 劉樹堂撰

師竹軒詩集四卷 劉樹堂撰

師竹軒詩集四卷 劉樹堂撰

濃溪詩鈔一卷 贛縣劉景熙撰 鈔本

冷髯詩鈔二卷 懷遠陳辮撰

思貽齋古近體詩十九卷 寧河高慶恩撰 缺二卷

崇蘭堂詩存十卷 錢塘張預撰

鶴窠村人䄵稿一卷 上海黄協塤撰

倦飛吟草一卷 常忠撰 鈔本

拄頰樓詩鈔二卷 上海王師曾撰

四松草堂詩略四卷 正白旗宗韶撰

春草堂詩稿六卷 祁門胡廷珏撰

羅浮偫鶴山人詩草 香山鄭觀應撰

澹園詩文集四卷 鎮海虞景璜撰

冬暄草堂遺詩二卷 仁和陳豪撰

莊溪草堂詩鈔十卷　孝感梁祚昌撰

淑園詩存一卷　平陽張陶撰　鈔本

貽穀堂稿四卷　武昌黃守謙撰

讀未見書齋詩鈔一卷　武昌黃葆謙撰

玉香齋詩草一卷　黃岡陶鋭撰

楊叔嶠詩文集三卷　綿竹楊鋭撰

聽月樓詩鈔二卷　慈谿嚴恆撰

澗于集四卷　豐潤張佩綸撰

聽桐廬殘稿一卷　會稽王繼穀撰

秋水集一卷　成都吳虞撰

秋水集一卷　都成吳虞撰

怡養齋詩鈔一卷　蘄水聞捷撰　附制藝

石鼎閣遺稿二卷　善化張福恆撰　鈔本

曼殊沙館詩文集五卷　寧鄉程士經撰

賦梅書屋詩集十一卷　晉寧宋廷樑撰

賦梅書屋詩集十四卷　晉寧宋廷樑撰

秋影菴遺詩一卷　侯官王景撰

補山堂詩存二卷　淮南陳雲墀撰　鈔本

東聖齋詩文集三卷　富順劉光第撰

天雲樓詩四卷　大興胡薇元撰

補學齋詩鈔四卷　瑞安胡調元撰

楓江漁唱刪存五卷　震澤徐世勳撰

紅篠館詩三卷　秀水朱善祥撰

寫眞軒詩鈔十二卷　新建蔡希邠撰

學古齋詩草二卷　益陽蔡增澍撰

寫趣軒吟稿七卷　新會譚國恩撰

蘇盦集十六卷　婁縣楊葆光撰

蘇盦集十六卷　婁縣楊葆光撰

友松吟館詩鈔十四卷　宗室毓俊撰

綠莊嚴館詩存三卷晉書隨筆記一卷　天津孟繼壎撰　精鈔本

篷吟集一卷　北平謝光綺撰

虛心齋詩三卷 閩縣王瑩修撰 鈔本

宋晉之詩稿一卷 濰縣宋書升撰 鈔本

拙園詩集二卷 蘭州鄧隆撰 鈔本

果齋前集一卷 皋蘭劉爾炘撰

淡齋詩存一卷 莆田 撰

菊坡詩稿六卷 湘鄉朱漉庚撰 鈔本

厚莊文詩鈔五卷 平陽劉紹寬撰

六一山莊詩集二十卷 鄞縣董沛撰

秋濤閣吟草三卷 寶山朱詒泰撰

霜傑齋詩三卷 金匱秦寶璣撰

澹園文集二卷 鎮海虞景璜撰

養眞堂文詩鈔五卷 上海秦榮光撰 聚珍鉛字本

貞復堂集十三卷 善化黃濼之撰

醉吟草一卷 會稽王繼香撰

麻園遺集一卷 姚江謝烺樞撰 附覞廬初稿一卷 謝掄元撰

寸草吟一卷 桃源宋士冕撰 鈔本

豫齋集二卷 山陰萬方煦撰

亦吾廬草八卷 彭澤歐陽雲撰

靈峯草堂集三卷 貴陽陳矩撰

妙香居小草一卷 無錫孫顯撰 排印本

寧拙堂詩集十二卷 貴陽司炳煃撰

碧衡館集二卷 湘鄉周蕃撰 排印本

補癡詩草二卷 寧鄉傅壽萱撰 鈔本

珠泉草廬詩鈔四卷 寧鄉廖樹蘅撰

孫思奮遺詩一卷 孫思奮撰

玉山詩集四卷 建德周馥撰

玉山詩集四卷 建德周馥撰

欲未能齋詩存一卷 泰安孫海吟撰 鈔本

鍾陵賸草一卷 常熟董敬輿撰

繡橋詩存一卷 休寧程淑撰

慎宜軒詩集八卷　桐城姚永概撰

慎宜軒詩集八卷　桐城姚永概撰

聞妙香室詩鈔五卷　仁和錢錫寀撰

小槐簃吟稿八卷　錢塘丁立誠撰

小槐簃吟稿八卷　錢塘丁立誠撰

撖帚集一卷　烏程周慶森撰

浩山集十二卷　彭澤歐陽述撰

浩山集十二卷　彭澤歐陽述撰

浩山集十二卷　彭澤歐陽述撰

仙心閣詩鈔四卷　長洲彭慰高撰

涵齋遺稿一卷　宛平徐仁鑄撰　排印

涵齋遺稿一卷　宛平徐仁鑄撰　排印

棣華吟館詩集四卷　元晉撰

竢定堂詩鈔一卷　漢陽田文昭撰

竢定堂詩鈔一卷　漢陽田文昭撰

瓣香齋詩草二卷　慶陽錢旭東撰　鈔本

思永堂遺稿一卷　諸暨郭承周撰

滄江詩集十卷　濰縣郭綏之撰

潛園詩草一卷　昆明何廷俊撰

醒齋遺集一卷　江寧何允孝撰

足園遺稿二卷　淮安許寶雲撰

海樵詩鈔二卷　陽邱李滄瀛撰

醉園詩存二十五卷詞一卷　宜興蔣蓴撰

懷園詩鈔二卷　懷寧葉元吉撰

通隱堂詩集四卷慧定菴近詩六卷　衡陽何承道撰

松心堂集五卷　睢州施景舜撰

望烟樓詩草二卷青羊集一卷　蕭山黃元壽撰鈔本

藻川堂詩二卷　武岡鄧繹撰

小雅樓詩文集十卷　順德鄧方撰

石橋賸稿四種　孝感胡體晉撰

蹇菴集二十八卷　江夏楊承禧撰

錄隱堂詩鈔一卷　廣濟夏槐撰

井字山人詩存四卷　黄岡夏葆彝撰

栗園詩鈔一卷　德化羅大佑撰

獨誦堂集六卷　丹徒李佳撰

樂志簃集十七卷　鄞縣沈祥龍撰

濤園集四卷　侯官沈瑜慶撰

午陰清舍詩草十六卷　靈石何福堃撰　附試帖

謏廬詩鈔二卷　新息何士循撰　鈔本

靈樵仙館詩草十四卷　靈石何乃瑩撰

李剛己遺集五卷　南宫李剛已撰

潛頴詩十卷　道州何維棣撰

潛頴詩十卷　道州何維棣撰

荷浦詩鈔十二卷　城武李百盈撰　鈔本

晚悔堂詩集八卷　滋陽李西堂撰

崇實堂詩集十四卷　衡南李長郁撰

行吟日記六卷　茌平李慶豐撰

荷塘詩鈔一卷　衡山李子榮撰　丙戌鈔本

燕臺雜詠八卷　岳陽李光漢撰

強自寬齋稿一卷　曲阜孔祥霖撰　寫本

東齋就正草五卷附馬功儀倚雲亭詩存一卷　上元馬毓華撰

寄庵詩鈔二卷　上海葛其龍撰

曠廬詩集二十卷　平度白永修撰

傳樸堂詩稿六卷　平湖葛金烺撰

傳樸堂詩稿六卷　平湖葛金烺撰

范伯子集十九卷附姚猗雲蘊素軒詩稿　江蘇通州范當世撰

滋樹室詩集二卷　合肥李經連撰

愛日廬詩草一卷　鄞縣李呈祥撰

宜廬詩草二卷　河內李恩祥撰　鈔本

不求聞達詩鈔二卷　賀縣李紹宗撰

雁影齋詩一卷　湘鄉李希聖撰

萸菴退叟詩賸一卷　華亭耿蒼齡撰

綠杉野屋詩集四卷　高安蕭元吉撰

呂緒承遺集七卷　武進呂光辰撰

醉月居詩詞鈔二卷　青浦葉世熊撰

碧漪坊人遺草一卷　嘉興陸惟燦撰

徵息齋遺詩二卷　懷寧潘慎生撰

蔣盦廬詩詞四卷　海寧蔣廷黻撰

補讀齋詩二卷　海州許愛堂撰

眠琴閣詩鈔四卷　山陰史悠咸撰

木屑集二十二卷續集六卷　安福伍兆鼇撰

伍比部詩集六卷　安福伍兆鼇撰

展峯詩草六卷　安福伍兆鼇撰

觀畫百詠四卷　長沙葉德輝撰

消夏集二卷　長沙葉德輝撰

古泉雜詠四卷　長沙葉德輝撰

亦園遺集二卷　宿松石廣均撰

壽雲堂詩集一卷　灤州蔣蘭畬撰

養眞室詩存五卷　銅山王嘉詵撰　鈔本

函雅堂集四卷　黃巖王詠霓撰

友古堂詩集二卷　合肥李經鈺撰　排印
運甓草堂詩鈔六卷　江寧陶一鳴撰　鈔本
春闈新詠一卷　南陽李德炳撰
羽儀閣遺稿一卷　桃源羅潤章撰　鈔本
翠竹軒詩稿二卷　長沙李正衡撰　排印
天根詩鈔二卷　封丘何家琪撰
天根詩閣二卷　封丘何家琪撰
金水嗆草二卷　西平陳國順撰　排印
意園詩存一卷　南海羅度撰
抱鄰山房詩文十七卷　丹徒尹恭保撰

果園詩鈔十卷 濰縣郭恩孚撰

莫宦詩草文草無卷數 山陰黃壽袞撰

夷門草一卷 山陰黃壽袞撰

安吉施氏遺著三卷 施浴升撰

求是齋詩草十一卷 鎮原慕壽祺撰 寫本

張季子詩錄十卷 南通張謇撰

張季子詩錄十卷 南通張謇撰

涵春館詩稿四卷 常熟王慶芝撰

二宋詩鈔二卷 政和宋滋蓍滋蘭撰

二宋詩鈔二卷 政和宋滋蓍滋蘭撰

奉使日記三卷　蒙古錫珍撰　鈔本

薇香館詩鈔一卷　休寧戴壽昌撰

悔晦堂詩集四卷　慈利吳恭亨撰

環天室詩集六卷　湘鄉曾廣鈞撰

古歡室詩詞集四卷　華陽曾懿女士撰

侍柏堂詩一卷　黃平樂嘉藻撰　抄本

自然室詩鈔一卷　漢陽李哲明撰　抄本

荃察余齋詩存四卷文集一卷　成百鄧鎔撰

十二金芝館詩鈔　嘉善顧思温撰　鈔本

味靈華館詩一卷　瀋陽商廷煥撰

味靈華館詩一卷　瀋陽商廷煥撰

瑞芝山房詩鈔八卷文鈔八卷　戴燮元撰

青藜盦詩鈔三卷　蔣兆蘭撰

守拙軒吟稿一卷　山陰馬錫康撰

睫闇詩鈔十卷　霍邱裴景福撰

忍冬書屋詩集三卷　郭家聲撰

惜道味齋集三卷　普定姚大榮撰

四百三十二峯草堂詩十六卷　黃環撰

亥既集一卷　郭曾炘撰

海藏樓詩八卷　閩鄭孝胥撰

知稼軒詩五卷 張元奇撰

知稼軒詩五卷 張元奇撰

自怡悅齋古今體詩　卷 泰順胡睦琴撰 鈔本

藕濱詩集一卷 桐城許斌撰 石印

藕濱詩集一卷 桐城許斌撰

文莫室詩八卷 新城王樹枏撰

雙桂軒詩集一卷 常熟席亮撰

蘿摩亭遺詩四卷 喬松年撰 箋二本

訓眞書屋詩存一卷 貴筑黃國瑾撰

求福居詩鈔一卷 汪清女士撰

飛素閣遺詩一卷　南海梁靄撰

桂室吟七卷　錢淑生撰

錦霞閣詩詞集六卷　包蘭英撰

藹窩遺詩二卷　華東張印女士撰

紅雨樓詩鈔二卷　閩縣劉韻女士撰

華蕊樓遺稿一卷　海寧徐熙珍女士撰

虔共室遺集　華陽曾彥女士撰

繡墨軒詩稿一卷　德清俞慶曾撰

璱園詩錄四卷　桐鄉劉富槐撰

枕雲居詩稿一卷　石棣徐淮生撰

平叔詩存二卷　上元蔣國平撰

臥雪堂詩草二卷　石屏袁嘉穀撰

吳北江詩集五卷　桐城吳闓生撰

滋蘭室遺稿一卷　古鹽官王嗣暉女士撰

瑤園詩錄四卷詞一卷　湘鄉劉富槐撰

南湖室詩草一卷　虞城姚倩姚宦女士撰

韞玉樓遺稿一卷　桐鄉徐咸安女士撰

詹詹集二卷　未著撰者名氏　鈔本

雨亭詩鈔一卷　無名氏撰

耐菴詩鈔二卷　古潤葉茂撰　詩匯未選

九松軒詩稿六卷 平陽華棟撰 詩匯未選

蟲鳥吟八卷 漢陽蕭德宣撰 詩匯未撰

蟲鳥吟八卷 漢陽蕭德宣撰 詩匯未選

寄軒詩稿三卷 錢唐朱上林撰 詩匯未選

倚雲閣詩詞三卷 張友書撰

綠雲仙館詩稿十卷 太原温啓封撰

紫亭詩草一卷 未詳撰者名氏 鈔本

留松堂詩存四卷 張恩霨撰

淡齋小稿一卷 方外載寧撰

梵隱堂詩存十卷 祖觀撰

太菴詩鈔五卷 和寧撰 鈔本

靜思堂續稿一卷 泰興季爾慶撰

前後蜀雜事詩一卷 漢川張祥齡撰

賜錦堂詩四卷 金溪陳珄撰 未選

小停雲館詩鈔一卷 吳縣文靜玉女士撰

佩秋閣詩稿二卷 吳縣吳茝女士撰

裂女集 卷 和碩睿恪親王福晉佟佳氏撰

玉窗遺稿一卷 東海葛宜女士撰

晚香閣詩鈔二卷 仁和朱清遠女士撰

槈經廬詩鈔續編十三卷 洪洞王軒撰

靈素堂詩一卷　嘉興徐錦撰

詩禮堂雜詠五卷　介山

綠雲書屋八卷　溢陽張籛撰

韻泉軒詩一卷　桐城張曾懿撰

王敬之詩三卷　高郵王敬之撰

御製詩初集十三卷　朝鮮紹治三年

古歡堂草十七卷　朝鮮姜瑋撰

古歡堂草十七卷　朝鮮姜瑋撰

海居齋詩鈔三卷　朝鮮洪顯周撰　朝鮮原刻本

書髓樓續收詩文集存目卷八

水竹邨人

總集

同人集十二卷 冒襄輯 光緒刊本

晉四家詩四卷 戴廷栻輯 石印本

寧都魏氏三子集七十六卷 魏禧等

海虞詩苑十八卷 王應奎輯

鳳池集十卷 沈玉亮 陳琰

盛世芻蕘集 無卷數 黃晉等

古瀛詩苑五卷 陳珏編

觀始集十五卷 魏裔介

漪園選勝一卷 張繼輯

嶺南三大家詩二十四卷 王隼輯

霞綺園友聲集五卷 賴鯤升編

商邱宋氏二世遺集四卷 宋犖

江左十五子詩選十五卷 宋犖輯

韋庵詠物詩一卷 宋犖

粵西詩載二十五卷 汪森輯

皇清詩選二十卷 孫鋐輯

畿輔七名家詩鈔四十六卷 王企埥 文安紀𪨧菴 定

郝復陽 鉅鹿楊猶龍 任

邱麗雪崖　永年申鳧盟　雄王荻菴　清宛郭快

圖

江南風雅五卷　謝履厚輯

煙月堂家集八卷　胡彧輯

明末四百家遺民詩十六卷　附卓爾堪詩一卷　卓爾堪輯

甬上耆舊詩三十卷　胡文學輯

詩持一集四卷二集十卷　魏憲輯

詩持三集十卷　魏憲輯

吳門雜詠十二卷　徐元灝

磁人詩五卷　楊方晃輯

清詩大雅二集　無卷數　汪觀選

國朝詩品二十四卷　陳以剛選

山左詩續鈔三十二卷　補鈔四卷　張鵬展

金山姚程三先生集十一卷　姚念曾姚清華　程秉格撰

平昌項氏篋中詩鈔八卷　項樹業輯

國朝六家詩集八卷　劉執玉輯

所知集初編十二卷　陳毅輯

所知集八卷　陳毅輯

禁林集八卷　杭世駿

高都陳氏傳家集三卷　陳秉焯輯

卽墨黃氏詩鈔二卷　黃簪世輯

國朝四大家詩鈔二十四卷 屠德修

棟鄂孺人節烈詩四卷 舒赫德輯

江浙十二家詩選二十四卷 王鳴盛

江浙十二家詩選十二卷 王鳴盛

苔岑集二十卷 王鳴盛

江左十子詩鈔二十卷 王鳴盛

姚公美政四卷 王鳴盛等

玉岑樓紀事詩一卷 許承基輯

春星堂集九卷 汪師韓輯

同岑詩選十二卷 顧光王昶

七十二峯足徵集八十八卷 吳定璋
梁溪詩鈔五十八卷 顧光旭輯
嚶鳴集五卷 張節編
國朝練音初集十卷 王輔銘輯
國朝詩正聲集無卷數 項章輯
雙節堂贈言集錄二十八卷 汪輝祖編
古樹詩續集七卷 邱學敏輯
國朝詩別裁三十二卷 沈德潛
應制和聲集十三卷 沈德潛 王居正
七子詩選十四卷 沈德潛選

千叟宴詩三十六卷

樸村徐公祭輓分編十四卷

叅歲堂古詩存八卷 成書

峽山寺留題詩二卷續一卷 何青輯 阮元續輯

國朝浙人詩存八卷 柴杰注

秋海棠唱和集六卷 徐德元

隨園女弟子詩選五卷 袁枚輯

南州詩略十六卷 朱滋年輯

三台詩錄三十二卷 戚學標

蕭風清籟集六十卷 鄭王臣輯

問梅詩社詩鈔五卷

據經樓本朝詩選四卷 楚攸彭

續甬上耆舊詩一百二十卷 全祖望選

停雲集十六卷 顧宗泰

金華詩錄六十卷外集六卷別集四卷 朱琰夏蘇輯

如蘭集二十卷 董柴輯

廣東詩萃十二卷 梁善長輯

講筵四世詩鈔十卷 張曾敞輯 光緒重刊

吳興董氏詩萃二十卷 董爔輯

東皋詩存四十八卷 汪之珩輯

宛雅五十卷　梅鼎祚輯

越風十五卷　商盤選

蜀雅二十卷　李調元

本朝應制琳瑯集十卷　鄒一桂

國朝山左詩鈔六十卷　盧見曾

西江風雅十二卷　金德英選　沈瀾

西山唱和詩三卷　法式善

懷舊集無卷數　邵玘

長洲彭氏家集六十三卷

無錫膠山安氏詩一卷　安吉輯

什一偶存六卷　徐葉昭輯　吳女士

什一偶存二卷

長沙陳氏詩集四種四卷　陳价英亮洪京洪鎮

洮陽詩集十卷　李苞輯　鈔本

印須集八卷續十二卷　吳翌鳳輯

古體詩箋評自知集廿二卷　柴友誠

陳氏聯珠集廿卷　王犖奎輯

蘭貞集四卷　胡承珙輯

壂再園題詠二卷　王申伯輯

梅州輿頌四卷　徐用善編

勸振唱和詩四卷 易鳳庭

蒲上題襟集十二卷 姚鵬

揚芬集十卷 陶欽輯

蘭亭主人懷舊集一卷 汪松輯

遵義趙氏淵源集十卷 趙紹祖輯

山右詩存二十四卷附八卷 王攀李素

卷勺園集四卷 劉茂榕輯

桐廬詩述二十四卷 宋咸熙

滇南詩略四十七卷 袁文典輯

滇詩嗣音集二十卷 黃琮輯

滇詩重光集十八卷　許印輯

海壖唱和詩六卷　不著編者名氏

邗江錄別詩一卷　謝啓昆

花隖聯吟四卷附一卷　唐仲冕等輯

牟平遺香十六卷　宫卜萬

漢南詩約二十卷　雷楚材輯

國朝三槎存雅二卷　甘受和

禊湖詩拾八卷　徐達源輯

前邱吳氏詩存二十一卷　吳啓襄輯

山右詩鈔三十二卷　李錫麟

黔風十二卷　傅玉書輯

鮫川耆舊詩六卷　張本均輯

竹洲集一卷竹洲秀衍集六卷續集八卷　趙元瑛飴孫同編

國朝全閩詩錄二十一卷續十一卷　鄭杰

熙朝雅頌集一百三十四卷　鐵保輯

國朝滇南詩略二十二卷　袁文揆輯

江蘇詩徵一百八十三卷　王豫

京江耆舊集十二卷　張學仁王豫同輯

京江耆舊集十二卷　張學仁王豫同輯

羣雅集四十卷　王豫

東武詩存十卷　王賡言輯

常德文徵四十八卷　應先烈等輯

江右八家詩選七卷　曾燠編

江西詩徵九十四卷補遺一卷　曾燠

同岑詩鈔六卷　曾燠編

淮海同聲集二十卷　汪之選輯

大梁侯氏詩集四卷　侯資燦輯

辛壬韓江唱酬集四卷　洪梧

國朝詩傳八卷　繆肇甲黄秦來同選

山左詩選十卷　徐宋榦輯

鄧林唱和集一卷 鄧廷楨 林則徐

攸興詩鈔七卷 賀德宗輯

潍海唱和詩四卷

可作集八卷 王慶勳輯

可作集八卷 王慶勳輯

友聲集三十八卷 王相輯

蓉湖草堂贈言錄十二卷 麟慶

端溪詩述六卷 黄登瀛撰

蘭言集二十卷 謝堃

淮郡校士詩選四卷淮海唱和詩鈔四卷 周燾

甎引集四卷　王寶仁

蓉莊題詠二十六卷　鄧天林編

小詩龕同人唱和偶存二集三卷　汪之選

北行酬唱集四卷　梁章鉅輯

南藤雅韻集　托渾布輯

羅陽詩始四卷　董斿撰

周氏家集十卷

潞安詩鈔後編十二卷　常煜輯

金陵朱氏家集四十卷　不詳編者名氏

祖帳集二卷附錄三卷　江藩輯

端人集四卷 彭泰來輯

孔宅詩錄四卷 楊秉杷

是程堂倡和投贈集二十三卷 屠倬一輯

書畫舫詩課十一卷 高鳳臺輯

苔岑集十八卷 蔣檠涓輯

停雲集二卷 謝焜

端綺集四卷 黄奭輯

百廿蟲吟和章一卷 錢步曾

錫山秦氏詩鈔十卷 秦彬輯

國初十大家詩鈔七十五卷 王相輯

舊言集無卷數 李兆洛

渝水詩觀三十二卷 黃之晉

金陵名勝詩鈔四卷秦淮詩鈔二卷 李鰲輯

清尊集十六卷 汪遠孫

清尊集十六卷 汪遠孫

吳中倡和集八卷 梁章鉅輯

錦江聯唫集六卷 潘紫垣 華陽人不詳其名

故友詩鈔十四卷 張維屏輯

故友詩鈔十四卷 張維屏輯

國朝詩人徵略六十卷 張維屏輯

晚香唱和詩九卷 陶樑輯

國朝畿輔詩傳六十卷 陶樑輯

國朝畿輔詩傳六十卷 陶樑輯

涇川文編一百卷 鄭相如編

曲阿詩綜三十二卷詞綜四卷 劉會恩輯

繡水詩鈔八卷 吳連周

國朝中州詩鈔二十七卷 楊淮輯

楚庭耆舊遺詩四十二卷 伍崇曜輯

浙西六家詩鈔六卷 吳應和馬洵選

闕里孔氏詩鈔十四卷 孔憲彝輯

曲阜詩鈔八卷 孔憲彝輯

妝樓摘豔十卷 錢三錫輯

白田風雅二十四卷 朱彬

山左詩彙後編三十卷 余正酉輯

滄州詩鈔十二卷 王國均

滄州詩鈔十二卷 王國均

國朝滄州詩補鈔二卷續鈔四卷明詩鈔一卷 王國均輯

南亭詩鈔十四卷 范士熊輯

關中兩朝詩文鈔四十六卷 李元春

關中兩朝詩鈔十二卷 李元春

關中兩朝賦鈔二卷 李元春

即墨詩乘十二卷 周翕鐄輯

學海堂初集十六卷二集二十二卷三集二十四卷 阮元輯

淮海英靈集二十二卷 阮元輯

兩浙輶軒錄四十卷補遺十卷 阮元輯

兩浙輶軒錄四十卷 阮元輯

沅湘耆舊集二百卷 鄧顯鶴 原缺百七十二至百九十六卷

姜氏家集十五卷 姜慶成輯

章門萍約詩選十四卷 不著輯者名氏

郝氏四子詩鈔七卷 李玉清輯

國朝蜀詩略十二卷　張沅輯

茂陵吳氏詩存三十一卷　吳文炳輯

麥浪園集十二卷　胡翔雲輯

李氏詩存十四卷　李浩輯

寶善堂彙編二十六卷　阮復祖　阮燦暉　阮烜暉撰

海曲詩鈔六卷　宋佩玉輯　按係山東日照

滄江餘韻八卷　周煜輯　按係太倉嘉定

岡洲遺稿六卷　顧嗣協編

增岡洲遺稿一卷續岡洲遺稿八卷　言夏鈺編

聽經閣同聲集六卷　彭崧毓

蜀道聯轡集一卷　王培荀輯

杭郡詩輯三十二卷　吳振棫輯

杭郡詩續輯四十六卷　吳振棫輯

杭郡詩三輯一百卷　丁申丁丙輯　缺一本

蒸陽輿頌六卷　周南甲劉圭編

諸暨詩存二十卷詩餘一卷東埭詩鈔一卷　酈滋德郭肇輯

諸暨詩存十六卷附二卷　酈滋德郭肇輯

淮海秇文忠十卷　不著輯者名氏

對影閒吟草十二卷　裘寶善輯

青南輿頌六卷　焉樹勳德政頌也

資江輿頌續集四卷 周代炳 袁鑒齡撰
曼陀羅館消寒集一卷 言南金輯
五湖漁莊圖題詞四卷 葉承桂輯
國朝詩鐸二十六卷 張應昌
張氏詩集合編九卷 張昀輯
張氏詩集合編九卷 張昀輯
永新詩徵三十三卷 尹繼隆輯
同人詩錄八卷 蔡壽祺輯
琴筑同聲集四卷補錄附錄二卷 周行輯
同人詩錄十卷 王慶勳輯

崇川各家詩鈔彙存七十一卷 王藻輯

國朝庄雅集九十九卷 符葆森輯

蒲編堂詩存五卷 路璜編

滇詩嗣音集二十卷 黃琮輯

桐城方氏七代遺書 方昌翰輯

紅犀館詩課八集八卷 歐星北輯

紅犀館詩課八集八卷 歐星北輯

雪鴻偶鈔四卷詞鈔一卷 倪世珍

皖北同聲集十卷 胡鳳丹

鄂渚同聲集二十七卷 胡鳳丹

柳堂師友詩錄無卷數　李長榮

柳堂師友詩錄無卷數　李長榮

黄巖集三十二卷　王子莊

石筍山房圖題詠六卷　吳德襄輯

白水紀勝二卷　李厚培輯

桐陰吟廚詩四卷　龔顯曾輯

桐溪耆隱集一卷　袁炯

桐溪耆隱集一卷　袁炯

永平詩存二十四卷　史夢蘭輯

永平詩存二十四卷續編四卷　史夢蘭輯

永平詩存二十四卷續編四卷 史夢蘭輯

西泠五布衣遺著三十一卷 丁丙輯

武定詩續鈔二十四卷 李佐賢輯

貞豐詩萃五卷 陶煦

寶應朱氏家集五卷 朱百臻

檇湖十子詩鈔二十二卷 張凱嵩輯

近人詩錄二卷 雷瑨輯 石印

遺逸清音集四卷 延清

蝶仙小史六卷附一卷 廷清

國朝嵊詩鈔四卷 呂岳孫 排印

馮氏清芬集一卷　馮詢集

宜堂類編二十五卷　丁立中輯

瑞芝山房詩鈔八卷文鈔八卷　戴燮元

水澄劉氏遺詩一卷　劉瀚撰

羅烈婦詩二卷　唐華國等

蜀秀集九卷　譚宗浚輯

番禺潘氏詩略二十三卷　潘儀曾

校經堂初集四卷　曹鴻勛編

四明酬倡集二卷　黄大華輯

四明酬倡集二卷　黄大華輯

四明酬倡集二卷　黄大華輯

甲乙消寒集一卷　周慶雲輯

西泠酬倡集五卷　方鼎鋭

居鄞詩徵十卷　劉原道

慕菜堂詩文徵存十卷　周聲溢輯

昭陽扶雅集六卷附樵川二家詩二卷　徐榦

昭陽扶雅集六卷　徐榦輯

上虞詩選四卷　徐榦輯

詩緣十四卷　不著編者名氏

眞州汪氏家集十卷　不詳編者名氏　石印

遵化詩存十卷　孫贊元

江寧黃氏家集

莊氏家集四卷　輯者俟考

勤斯堂詩彙編九卷　顧森書輯

龍喜社唱和詩一卷　黃膺輯　石印

東武劉氏詩萃八卷　劉延圻輯

朱氏一家言一卷　朱士煥

疏勒望雲圖題詠一卷　佚名貴輯

徐州詩徵八卷　桂中行

徐州詩徵八卷　桂中行

晨風廬唱和詩存十卷 劉炳照輯

德禮堂疇唱集八卷 吳謙福輯

廣濟耆舊集十二卷 夏槐輯

十家詩錄十卷 曹允源輯

符江詩存一卷 李超輯

陽羨唱和集一卷 萬立鈞蔣萼撰

竹居錄存一卷 張士珩

鹿鳴雅咏三卷 徐棻

經心書院集四卷 左紹佐輯

湘上詩緣錄四卷 張修府輯

擊鉢吟十集二卷 郭曾炘

菱湖三女史詩詞合刊六卷 談印蓮談印梅孫佩芬撰

寄巢唱和詩鈔一卷 熊錦廷輯

于湖題襟集九卷 袁昶輯

兩浙輶軒續錄五十四卷補遺六卷 潘衍桐輯

兩浙輶軒續錄五十四卷 潘衍桐輯

樂城詩錄四卷 鄭一龍輯

六逝集存六卷 梁菼輯

海豐吳氏詩存四卷 吳重憙

博陵花萼集 崔澄宇

吳興詩存四十八卷 陸心源輯

遵義黎氏家集十六種 黎庶昌

金陵歷代詩徵四十四卷 朱緒曾編

歷下詩鈔四卷 王鍾霖輯

誦芬詠烈編八十卷 徐琪輯

蛟川耆舊詩補十五卷 王榮商編

磁州張氏文徵二卷 編者未詳

黔詩紀略後編三十卷 莫庭芝輯 陳田注

紫陽家塾詩鈔二十四卷 朱琦

續金陵詩徵六卷 朱紹亭等輯 紹亭之名俟考

山南詩選四卷　嚴如熤輯
廣濟耆舊詩集十二卷　夏槐輯
國朝全蜀詩鈔六十三卷　孫桐生輯
帥氏清芬集二十種　帥之憲輯
丹陽周氏家集十八卷　周桂榮輯
黄氏家集十八卷　黄家鼎輯
毘陵楊氏詩存六卷　楊葆彝
舊德集十四卷　不著編者名氏
侯官丁氏家集七卷　輯者未詳　寫本
洛陽四僧集詩鈔一卷　何家琪

疏香閣遺錄四卷　葉德輝輯按此書係輯葉瓊章傳志等詩

新安先集二十卷　朱之榛輯

石遺室師友詩錄六卷　陳衍排印

陽安詩文鈔二卷　傅爲霖

方氏七代遺書二十七卷　桐城方昌翰輯

香痕匳影集四卷　吳仲輯

蓉江曹氏僅存鈔一卷　曹倜輯

廬山詩錄四卷　易順鼎

靄園詩事一卷　易順鼎

清芬集四卷　馮詠芝等輯

孝感詩徵十二卷 徐煥斗輯

清閨秀正始再續集三卷 單士釐 附再續集初編之三一卷

金氏家集五卷 金恭壽撰

金氏家集五卷 金恭壽撰

金氏家集六卷 金恭壽撰

龍邱清詩彙鈔三卷 汪榮封鈔本

龔氏家集四卷 龔乃保輯

長興詩存四十卷 王修輯

信陽詩鈔十二卷 劉海涵輯

王氏先澤殘存一卷 王元增

安化詩鈔二十一卷附夏德渥集十卷 夏德渥輯
醴陵清詩一卷 卜世藩
詩豳初編五十八卷二編四十五卷三編四十卷 不著編者名氏
近代詩選三卷 嚴偉輯
近代詩選三卷 嚴偉輯
桃潭合鈔詩十卷 汪燊輯
桃潭合鈔詩十卷 汪燊輯
兩浙鮑氏文徵九卷 鮑濬寫本
孝感詩徵十二卷 徐煥斗輯
龔氏家集四卷 龔肇新輯

華容詩存十二卷 劉承孝輯

海曲詩鈔十六卷補編二卷二集六卷 馮金伯編 三編二卷 黃協塤編

衡湘泉清集三卷 李揚華輯

祁文惠公雙印集 沈運煥稿本

河間詩集一卷 畢蔭芴輯

螭陽清詩選四卷 張拯滋輯

昌山詩萃六卷 陳世修輯

越臺輿頌二卷 梁廷枏

四館輯錄四卷 編者未詳

德州田氏家集二十一卷 編者未詳

詩苑天聲朝堂集 范與夏輯

春蟄吟一卷 樊鎮輯

湖州詩續錄十六卷補遺二卷 鄭佶鄭祖琛編

適廬叢錄四卷 南匯范氏家集 抄本

慕菉堂詩文徵存五卷 李名俟考字藝淵

書髓樓藏書目附自著刊印刻石

水竹邨人

自著類

大清畿輔先哲傳四十卷列女傳六卷

大清畿輔書徵四十一卷

晚晴簃詩滙二百卷

清儒學案

顏李學十三卷二

續修天津徐氏家譜三卷

東三省政略十二卷附地圖

退耕堂政書五十五卷
明通鑑長編
明清八家文鈔二十卷
退耕堂詩集六卷
水竹邨人集十二卷
歸雲樓詩集十六卷
海西草堂詩集二十七卷
水竹邨人詩選二十七卷
歸雲樓題畫詩四卷
退園題畫詩六卷

海西草堂題畫詩

退園外集題跋一卷文存一卷硯銘一卷含芬集一卷

歸雲樓硯譜

元逸民畫傳一卷

竹窗楹語二十一卷

捄珠錄二卷

歐戰後之中國三卷

弢齋述學二卷

吏治舉要一卷

將吏法言八卷

海西草堂題跋

退園題硯

藤墅儷言

書髓樓藏書目八卷附自著及刊印書籍石刻碑版文字

刊印書籍類

新元史二百五十七卷 柯劭忞著

滋溪文稿三十卷 元蘇天爵著

顔李叢書

唐明律三十卷 薛允升著

宋中興羣公吟稿七卷

見眞吾齋詩草一卷附荻湄殘稿一卷

悅雲山房詩存六卷附風泉館詞存一卷 劉敦元著

悅雲山房集詩存八卷文存四卷詞存四卷附存一卷共十七卷 劉敦元著

悅雲山房駢體文存四卷 劉敦元著
劉南豐文集 劉孚京著
賀先生文集四卷 賀濤著
黔靈山樵集 路璜著
養福齋殘稿二卷 陳文騄著 附漱潤廬殘稿一卷 陳文騶著 共三卷
序異齋集八卷 趙衡著
葵園詩藁一卷 黎承忠著
雪岑殘稿一卷 俞燿著
杜詩鈔五卷 鄭杲著

道藏

棠湖塤譜一卷 吳尋源著

南宋抉祕一卷 夢琳著

東三省沿革表六卷 吳廷燮著

延吉邊務報告書

東甫遺稿 鄭杲著

清肴吟稿 程恭甫著

碑版文字類

石門山人草書孝經 石刻

石門山人臨枯樹賦洛神賦 石刻

石門山人臨十七帖 石刻

水竹邨人臨西樓帖 石刻

水竹邨人詩帖 石刻

水竹邨人書前後赤壁賦 石刻

重修百泉碑 石刻

新建汲縣徐氏家祠記 石刻

遊勞山太清宮 石刻

爲安定君說水竹邨 石刻

石門山人臨書譜 珂羅版印

石門山人臨十七帖 珂羅版印

石門山人臨千字文 珂羅版印

石門山人臨閣帖 珂羅版印

水竹邨人山水畫冊 珂羅版印

水竹邨人花卉扇面冊 珂羅版印

水竹村記 石刻

豐樂橋記 石刻

歸田別墅 石刻

竹隱樓 石刻

楹聯 石刻

遊泰山詩 石刻

對山橋 石刻

豐樂橋 石刻

水竹村 石刻

王文成公客座私祝屏 木刻

程子四箴屏 木刻

爲人書碑誌碣石不備載

書髓樓藏書目全部終